BEI GRIN MACHT SICH IHR WISSEN BEZAHLT

- Wir veröffentlichen Ihre Hausarbeit, Bachelor- und Masterarbeit
- Ihr eigenes eBook und Buch - weltweit in allen wichtigen Shops
- Verdienen Sie an jedem Verkauf

Jetzt bei www.GRIN.com hochladen und kostenlos publizieren

Horst Klein

"Weißt Du noch?"

Zur Geschichte der Familie Klein. Wolhynien, Sibirien, Ostpreußen

GRIN Verlag

Bibliografische Information der Deutschen Nationalbibliothek:

Die Deutsche Bibliothek verzeichnet diese Publikation in der Deutschen Nationalbibliografie; detaillierte bibliografische Daten sind im Internet über http://dnb.d-nb.de/ abrufbar.

Dieses Werk sowie alle darin enthaltenen einzelnen Beiträge und Abbildungen sind urheberrechtlich geschützt. Jede Verwertung, die nicht ausdrücklich vom Urheberrechtsschutz zugelassen ist, bedarf der vorherigen Zustimmung des Verlages. Das gilt insbesondere für Vervielfältigungen, Bearbeitungen, Übersetzungen, Mikroverfilmungen, Auswertungen durch Datenbanken und für die Einspeicherung und Verarbeitung in elektronische Systeme. Alle Rechte, auch die des auszugsweisen Nachdrucks, der fotomechanischen Wiedergabe (einschließlich Mikrokopie) sowie der Auswertung durch Datenbanken oder ähnliche Einrichtungen, vorbehalten.

Impressum:

Copyright © 2013 GRIN Verlag GmbH
Druck und Bindung: Books on Demand GmbH, Norderstedt Germany
ISBN: 978-3-656-41657-9

Dieses Buch bei GRIN:

http://www.grin.com/de/e-book/213416/weisst-du-noch

GRIN - Your knowledge has value

Der GRIN Verlag publiziert seit 1998 wissenschaftliche Arbeiten von Studenten, Hochschullehrern und anderen Akademikern als eBook und gedrucktes Buch. Die Verlagswebsite www.grin.com ist die ideale Plattform zur Veröffentlichung von Hausarbeiten, Abschlussarbeiten, wissenschaftlichen Aufsätzen, Dissertationen und Fachbüchern.

Besuchen Sie uns im Internet:

http://www.grin.com/

http://www.facebook.com/grincom

http://www.twitter.com/grin_com

Horst Klein

„Weißt du noch?"

Zur Geschichte der Familie Klein

Wolhynien, Sibirien, Ostpreußen
1862-1945

FÜR MEINE GESCHWISTER

ohne deren Hilfe und gutes Gedächtnis dieses Buch nicht hätte entstehen können.
Danke!

Ich danke auch meiner Tochter Katja, die mir mit vielen guten Ratschlägen, mit dem Besorgen von Literatur und mit dem Erledigen vieler Arbeiten im Rahmen des Internet sehr geholfen hat.

Inhaltsübersicht

Zum Autor
Vorwort

Verzeichnis der Bilder und Karten

1. Das Entstehen einer Idee

2. Die Vorfahren

2.1. Ostpreußen, Kreis Soldau

2.2. Die Familie väterlicherseits – die Kleins

2.2.1. Wolhynien – Anmerkungen zu seiner Geschichte
2.2.2. Wolhynien – das Land
2.2.3. Einwanderungen nach Wolhynien
2.2.4. Großvater Georg Klein in Wolhynien
2.2.5. Familie Georg Klein in Ostpreußen
2.2.6. Die alte Streitfrage: Wem gehört das Land?
2.2.7. Kurzer Überblick über die Geschichte Przellenks
2.2.8. Im Ersten Weltkrieg

2.3. Die Familie unserer Mutter – die Edemanns

2.3.1. Die Einwanderung der Edemanns nach Wolhynien
2.3.2. Unsere Mutter in Wolhynien
2.3.3. Die Deportation nach Sibirien
2.3.4. Die Rückkehr nach Wolhynien
2.3.5. Unsere Mutter in Ostpreußen
2.3.6. Ostpreußen /Soldau – die Lage nach dem Ersten Weltkrieg
2.3.7. Unser Vater in Ostpreußen

3. Das Ehepaar Klein – unsere Eltern

3.1. Zwischen den Kriegen
    Einschub: Opa Edemann
3.2. Im Zweiten Weltkrieg
3.3. Das Verhältnis unserer Eltern zum Hitler-Regime
3.4. Unser Vater als Volkssturmmann

4. Die Flucht

4.1. Planung und Vorbereitung
4.2. Ostpreußen bei Kriegsende
4.3. Der lange Treck

5. Der Tod unseres Vaters

Zum Autor

Horst (Kai) Klein wurde am 14. August 1941 in dem kleinen Dorf Groß Lensk im Süden Ostpreußens, im deutsch-polnischen Grenzland, geboren. Der Bezirk Soldau, in dem der Ort liegt, war 1920 durch den Versailler Vertrag den Polen übergeben worden, 1939 hatte Hitler ihn gleich zu Beginn seines Eroberungskrieges wieder dem Deutschen Reich eingegliedert. Horst erblickte also – anders als seine älteren Geschwister – in „Deutschland" das Licht der Welt.

Im Januar 1945 ging die Familie auf die Flucht, im März 1945 kamen sie mit ihrem Pferdewagen in Harpstedt, Kreis Grafschaft Hoya, an. Sieben Jahre lebten sie in der großen Baracke am Ortsrand, zogen dann in das benachbarte Dörfchen Dünsen in ein kleines Holzhaus, von da nach Bremen, wo er sein Abitur machte.

Nach einem Studium der Geschichte und der Germanistik in Kiel wurde er dort Gymnasial-Lehrer, heiratete Hella Feder und bekam mit ihr zwei Töchter, Katja und Anja.

1982 ging die kleine Familie nach Spanien, wo die Eltern in Valencia an der Deutschen Schule als Lehrer arbeiteten und die Töchter ihre Schulausbildung abschlossen.

Ein zweiter Auslandsaufenthalt führte sie in den Süden Spaniens, nach Marbella, ein dritter in den Norden Mexikos, wo sie an der Einführung des Deutschen Sprachdiploms bei den Mennoniten mitarbeiteten.

Nach schwerer Erkrankung (erst Hella mit einem Schlaganfall, dann Horst mit einer Herzoperation) mussten sie den Schuldienst vorzeitig beenden. Sie zogen zurück nach Marbella, wo sie nun in einer Urbanisation draußen vor der Stadt ein Haus mit Garten bewohnen.

Mail-Adresse: kaiklein@telefonica.net

Ich nehme gerne Korrekturen, Ergänzungen und Kritik jeder Art entgegen.

Horst Kai Klein

Vorwort

Erzählt wird hier ein kleiner Ausschnitt aus der jahrhundertealten konfliktreichen Geschichte des Grenzbereiches zwischen Deutschen und Polen und Ukrainern und Russen - genauer: ein Stück der Geschichte der Familien Klein und Edemann im Rahmen der großen Geschichte des Ostens, in Wolhynien, in Polen, in Russland / Sibirien und vor allem in Masuren / Ostpreußen.

Auf die allgemeine Geschichte, vor allem die der beiden Weltkriege, kann ich in meinem Bericht natürlich nicht verzichten. Der Fokus liegt dabei aber ganz auf denjenigen Ereignissen, die konkrete Auswirkungen für unsere Familien hatten.

Wenn ich Informationen von anderen Personen oder aus der Literatur übernehme, kündige ich das deutlich an.
Wenn ich zitiere, geschieht das *in diesem Kursivdruck* mit Angabe der Quelle direkt vor Ort, allerdings ohne einen kompletten wissenschaftlichen Apparat.

Ich habe in Vorbereitung dieser Familiengeschichte viele Gespräche geführt, viele Zeitschriftenartikel und viele Bücher gelesen, im Internet und anderswo recherchiert. Ich bitte um Nachsicht, wenn mir trotz aller Mühe Fehler unterlaufen sind – man teile sie mir mit, man kann schließlich alles korrigieren – zumindest in einer zweiten Auflage des Buches.

Ich bitte ebenfalls um Nachsicht, wenn ich dem einen oder anderen nahe oder gar zu nahe getreten sein sollte – das lag nicht in meiner Absicht.

Ich bitte **nicht** um Nachsicht, wenn ich mit meinen Ansichten über Geschichte, Politik, Gott und die Welt nicht jedermanns Überzeugungen getroffen habe – ich hatte und habe meine eigene Meinung und stehe dazu, jeder möge die seine haben und behalten - es sei denn, ich habe ihn durch meine Darstellung in dem einen oder anderen Detail umgestimmt oder gar vom Gegenteil überzeugt.

Die Ausführungen in diesem Buch waren Teil einer bis in die Gegenwart reichenden Familienchronik, die ich 2005 für meine inzwischen sehr umfangreiche Verwandtschaft geschrieben habe. Ich lege hier den ersten Teil dieser Chronik der Öffentlichkeit vor; er wurde überarbeitet und erheblich ergänzt.

Der zweite Teil der Chronik liegt bereits seit 2012 unter dem Titel „Als Flüchtlingskind in Harpstedt" als Erlebnisbericht vor – im Internet, als E-book und als gedrucktes Buch.

Verzeichnis der Bilder und Karten

1. Die Schmiede in Przellenk; Deckblatt
2. Ein See in Masuren
3. Das Haus am Gym-See
4. Karte der Kreise Ostpreußens; Kreis Soldau
5. Die Soldau – Grenzfluß zu Kongresspolen
6. Karte Wolhyniens; das Siedlungsgebiet der Deutschen
7. Skizze: Die deutschen Sprachinseln
8. Skizze: Einwanderung der Wolhyniendeutschen im 19. Jahrhundert
9. Notunterkunft in Wolhynien
10. Ein deutsches Siedler-Haus
11. Ein Backofen im Freien
12. Skizze des Dorfes Anuschin / Hanuszyn
13. Ortsschild Przellenk
14. Google-Earth-Bild: Das Straßendorf Przellenk; Einwohner (Abkürzung GEB)
15. Das Haus unseres Großvaters Georg Klein, erbaut 1913
16. Die Hofanlage
17. Skizze: Die Siedlerstellen in Przellenk
18. Skizze: Die Schlacht bei Tannenberg, Lensk
19. Neidenburg: Der Einmarsch der Russen
20. Georg Klein in hohem Alter
21. Neidenburg: Zerstörungen
22. Skizze: Orszynie / Oreschima
23. Skizze Kowel – Tahazyn
24. Skizze: Der Ort Tahazyn /Taratschin
25. GEB: Der Ort Tahazyn heute
26. GEB: Tahazyn und Umgebung heute
27. Zeitungsausschnitt: Wolhynische Gouvernements-Nachrichten
28. In den Pripjetsümpfen
29. GEB: Der Fluss Goryn mit dem Ort David Haradok
30. Ein Transportschiff
31. GEB: Die Stadt Masyr am Djepr
32. GEB: Der Djepr bis Kiew
33. GEB: Die Stadt Sysran an der Wolga
34. GEB: Die Stadt Balakowo an der Wolga
35. GEB: von Saratov nach Samara
36. Skizze: Der Weg in die Verbannung und zurück
37. Landkarte: von Samara mit dem Transturan nach Taschkent
38. Ofen mit Schlafstelle
39. Dromedare als Zugtiere
40. Ein pockenkrankes Kind
41. Das Büchlein Wasserquelle
42. Unsere Mutter bei Witzkes
43. Karte: Die neue Grenze Ostpreußens, die Eisenbahnlinien
44. Der Gutshof Klein Tauersee
45. Die Einsegnung unseres Vaters
46. Die Schmiede des Julius Schmidt
47. Unser Vater als Jugendlicher
48. Unser Vater als junger Mann
49. Unsere Schmiede in Przellenk
50. Die Heiratsurkunde unserer Eltern

51. Liederabschriften unseres Vaters
52. Ein Brief unserer Mutter
53. Die junge Familie Klein 1934
54. Großvater Edemann in Argentinien – mit Familie, 1928
55. Dieselbe Familie 1935
56. Ottilie, die Halbschwester unserer Mutter
57. Großvater Edemann, aufgebahrt
58. Das neue großdeutsche Reich
59. Die Aufnahme unserer Mutter in die deutsche Volksliste
60. Das Ortsschild Groß Lensk
61. Die Landstraße von Przellenk nach Groß Lensk; Irmgard
62. GEB Groß Lensk
63. Mein Geburtshaus in Groß Lensk
64. Der Giebel dieses Hauses
65. Skizze: Die Einwohner von Groß Lensk
66. Eine Abrechnung der Schmiedearbeiten
67. Groß Lensk: Unser Haus an der Hauptstraße
68. Die Straßenfront mit einem Neubau nebenan
69. Unser Haus von der Hofseite
70. Unser Haus mit dem Ziehbrunnen; „Onkel Paul"
71. Landmaschinen zum Mähen und zum Kartoffelanbau
72. Der Witzke-Hof
73. Erna vor ihrer alten Schule in Przellenk
74. Erich mit Spielkameraden
75. Groß Lensk, die Dorfschule neben der Kirche
76. Treffen vor der Schule; Erna und Bekannte
77. Familienfoto Klein: 1943
78. Familienfoto Onkel Ferdinand
79. Das Orgelpfeifenbild: Die Klein-Kinder
80. Besuch bei Frau Savatzke
81. Einberufung zu einem Volkssturm-Lehrgang
82. Die Dienstverpflichtung zum Volkssturm
83. Unser Vater als Volkssturmmann
84. Frauenleichen in Nemmersdorf
85. Die Familie des Bürgermeisters Radtke
86. GEB: Die beiden Dörfer Przellenk und Groß Lensk
87. Olla und ihr Mann Benno Janz
88. Fluchtwagen
89. Festung Graudenz; Speicher an der Weichsel
90. Die Weichsel südlich von Graudenz
91. Unsere Fluchtroute
92. Heiligenbeil – Pillau
93. Heiligenbeil; der Marktplatz
94. Die Todesnachricht
95. Die Sterbeurkunde
96. Der Soldatenfriedhof in Pillau
97. Der Friedhof; Kreuze
98.-100. Erich am Grab unseres Vaters

1. Das Entstehen einer Idee

Wir standen auf dem Badesteg der Feriengemeinschaft „Klubad" am Gym-See in Nowa Kaletka in Polen: in Masuren, dem südlichen ehemaligen Ostpreußen. „Wir", das waren meine Geschwister Erna, Erich und seine Frau Natalie, Artur und seine Frau Traute, Irmgard und ich. Wir hatten uns dort ein Ferienhaus gemietet, um noch einmal die Orte unserer Kindheit zu besuchen. Die meisten Menschen sprechen von „Heimat", wenn sie diese Orte meinen, aber ich meide dieses Wort: Zu oft ist es von Vertriebenenverbänden, Flüchtlingsverbänden und eben „Heimat"-Verbänden politisch funktionalisiert und dadurch missbraucht worden.

Wir hatten schnell die Zimmer verteilt, die Sachen verstaut und waren dann an den See hinuntergegangen und auf den Badeanleger hinaus, obgleich ein Schild nach Ernas Auskunft diesen Steg für die Gäste der Genossenschaft reservierte und für Nichtbefugte verbot. Aber falls sich jemand beschweren sollte, verstand eben niemand von uns Polnisch - also auch nicht das Verbotsschild.

Wir standen da und schauten in die untergehende Sonne, die den Himmel und den See neben dem Mischwald aus Birken und Kiefern rot färbte.

Es war still, im Wasser versuchten kleine Kinder mit einer Blechdose Fische zu fangen: Drei schwammen schon in einem Marmeladenglas.

Erna begann, einen Text zu rezitieren:

„Sie sagen all, du bist nicht schön,
Mein trautes Heimatland,
Du trägst nicht stolze Bergeshöhn
Nicht Reben grün Gewand.
In deinen Lüften rauscht kein Aar,
Es grüßt kein Palmenbaum.
Doch glänzt der Vorzeit Träne klar
An deiner Küste Saum."

Wir schauten sie an. Erna schaute uns an: „Kennt ihr das nicht?" Irmgard: „Doch, aber nicht auswendig. Das musst du mir unbedingt aufschreiben!" Natalie: „Das ist nicht nötig. Ich habe das in einem Buch zuhause. Ich kann dir das fotokopieren." Irmgard: „O ja. Denk bitte dran!"

Erna fuhr fort:

„Und wenn ich träumend dann durchgeh'
Die düstre Tannennacht
Und hoch die mächtgen Eichen seh'
In königlicher Pracht,
Dann überkommt mich solche Lust,
Dass ich's nicht sagen kann."

Alle schauten aufs Wasser, als Erna fortsetzte:

„Ich sing' ein Lied aus voller Brust,
Schlag froh die Saiten an.
Und trägst du auch nur schlicht Gewand
Und keine stolzen Höhn,
Ostpreußen hoch, mein Heimatland,

Wie bist du doch so schön!"

2. See in Masuren

Alle brauchten eine Weile, um wieder ein Gespräch anfangen zu können.
Erna hatte dieses Lied noch in der Schule gelernt, sie hatte von uns allen am längsten hier in Ostpreußen gelebt, hatte hier ihre Kindheit und Teile der Jugend verbracht, Erna liebte – und man kann ohne Übertreibung das Präsens benutzen – Erna **liebt** dieses Land, für Erna war und ist Masuren wirklich Heimat, sie konnte und kann das Ostpreußenlied ohne falsches Pathos vortragen, sie steht dahinter.

Als ich am nächsten Morgen nach einem Bad im Gymsee und einem anschließenden Waldlauf, barfuß über den weichen, federnden Boden, zurückkam zu dem Ferienhaus und zu Erna und Irmgard hochstieg auf die Terrasse, war man sich einig, hier noch einmal ein Stück Ostpreußen erleben zu können, wie man es von früher her kannte:
„Ist es nicht schön, nach dem verregneten Juli und August in Norddeutschland jetzt einen richtigen Sommer zu haben? Ja, und so war es hier immer. Weißt du noch...?"
Da war sie wieder, die Zauberformel zur Beschwörung der Vergangenheit! Nein, ich wusste nicht, ich war zu jung gewesen, um mich zu erinnern – und Erna begann zu erzählen...

Und ich formulierte den Entschluss, den ich beim Waldlauf gefasst hatte, in Form einer Frage:
„Wie wäre es, wenn ich mich an die Arbeit machte und aus all den Erzählungen und Informationen einen Bericht zusammenstellte, eine Familiengeschichte, historisch möglichst genau, aber immer eng an dem Schicksal unserer Familien orientiert?"
Ich stieß auf ungeteilte Zustimmung - und begann gleich mit den ersten Notizen. Schnell waren fünf Seiten in meinem Reisetagebuch mit Daten, Namen, Details gefüllt, der Fluchtwagen entstand wieder, Maße wurden durch Abschreiten auf der Ter-

rasse ermittelt, die klirrende Kälte in der Nacht des Aufbruchs wurde in Erinnerung gerufen...

3. Unser Haus am Gym-See

2. Die Vorfahren

2.1. Ostpreußen - Kreis Soldau

Im Herbst 1918 musste auch dem letzten Deutschen klar geworden sein, dass der Krieg nicht mehr zu gewinnen war - eine Chance dazu hatte spätestens seit dem 6. April 1917, dem Kriegseintritt der USA gegen Deutschland, nicht mehr bestanden - wenn es sie denn jemals gegeben hatte.

Der Kaiser war abgesetzt worden und hatte sich der Verantwortung für sein Land und der Mitverantwortung für den Kriegsausbruch dadurch entzogen, dass er nach Holland ins Exil gegangen war. Der erste demokratische deutsche Staat konnte entstehen, die Weimarer Republik.

In Versailles trafen sich die Siegermächte, um über das Schicksal Deutschlands zu beraten. Die Deutschen waren nicht geladen worden - sie waren Gegenstand der Beratungen, nicht Partner. Sie waren enttäuscht, zum Teil sogar entsetzt, hatten sie doch den Waffenstillstand auf der Basis der 14 Punkte des amerikanischen Präsidenten Wilson abgeschlossen, und in diesen 14 Punkten war viel vom Selbstbestimmungsrecht der Völker die Rede gewesen. Die Deutschen sollten bald merken, dass die absolute Mehrheit der Sieger dieses Recht nicht für Deutschland gelten lassen wollte, hatte man ihnen doch im Paragraphen 231 die alleinige Schuld am Ausbruch des Krieges zugeschoben und - als Konsequenz aus diesem Urteil - auferlegt, die durch den Krieg entstandenen Schäden wieder gutzumachen und die Kosten dafür zu tragen.

Polen, so beschloss man in Versailles, sollte endlich nach vielen Leiden als souveräner Staat wiedererstehen; und um ihm gute Start-Chancen zu sichern, sollte der junge Staat Zugang zur Ostsee erhalten und diejenigen Gebiete zugesprochen bekommen, die mehrheitlich von Polen bewohnt waren. Das waren nach den Landkarten, die die Polen im März 1919 erstellt hatten, u.a. das ganze „Weichselland" (also Westpreußen), Masuren (also die Südhälfte Ostpreußens) und das Memelland. Als die Deutschen das hörten, waren sie so verbittert, dass sie den Waffenstillstand kündigen und die Kriegshandlungen im Osten wieder aufnehmen wollten.
In dieser Situation setzte der englische Verhandlungsführer Lloyd George durch, dass in Westpreußen rechts der Weichsel und in Masuren denn doch das Prinzip der Selbstbestimmung angewendet werden solle: Die dort Wohnenden sollten per Volksabstimmung selbst entscheiden, ob sie deutsche oder polnische Staatsbürger werden wollten.

Bei den zähen Verhandlungen über die Abstimmungsgebiete bestanden die Polen allerdings erfolgreich auf einer kleinen Einschränkung; ich zitiere aus einem Geschichtsbuch über Ostpreußen:
„Einen Zipfel des südlichen Masuren, nämlich Teile des Kreises Neidenburg mit der Stadt SOLDAU - nach der Volkszählung von 1910 betrug hier der Anteil der polnisch sprechenden Bevölkerung 21% - durfte Polen ohne Volksabstimmung übernehmen. Die Stadt war ein wichtiger Eisenbahnknotenpunkt."

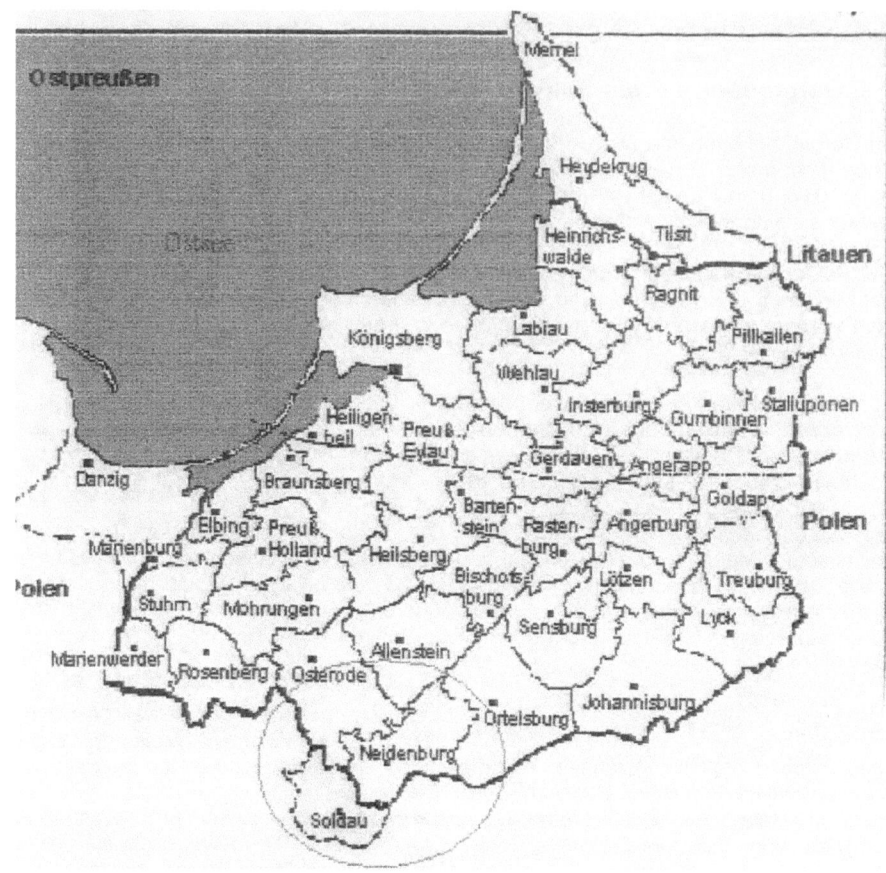

4. Karte der Kreise Ostpreußens. Ganz im Süden liegt der „Kreis" Soldau, der abgetrennt wird.

Da die Abstimmung im restlichen Südostpreußen für Deutschland ausfiel, Masuren also bei Deutschland verblieb, gab es in diesem Bereich eine neue Grenzziehung.
Hatten bisher Soldau und die Wohnorte der Kleins, also Przellenk und Groß Lensk, auf deutscher Seite ganz dicht an der Grenze zu Polen gelegen, so lagen diese Orte jetzt auf polnischem Gebiet – relativ dicht an der neuen Grenze zu Deutschland, zum „Reich".

5. Die Soldau; ehemaliger Grenzfluss zu Kongreßpolen; im Hintergrund der Ort Przellenk

Genau in diesem Bereich, der mit dem Inkrafttreten des Versailler Vertrages am 10. Januar 1920 auch rechtlich abgesichert polnisch wurde, wohnten damals unsere Vorfahren, die damit zu Untertanen des polnischen Staates wurden.

Besagte Vorfahren - väterlicherseits logischerweise die Kleins und mütterlicherseits die Edemanns - waren nicht von alters her in Ostpreußen ansässig gewesen, beide hatten lange Zeit in Wolhynien gelebt und waren dann in den Kreis Soldau gezogen.
Großvater Georg Klein kam aus der österreichisch-ungarischen Doppelmonarchie, seine Familie stammte aus dem Schwabenland, Großvater Karl Edemann kam irgendwo aus Pommern. Beide hatten aus vorwiegend wirtschaftlichen Gründen die Heimat verlassen und sich in Wolhynien eine neue Existenz geschaffen. Beide hatten auf Dauer nicht in Wolhynien bleiben können, waren aber auf ganz unterschiedliche Art und Weise und aus sehr unterschiedlichen Anlässen von dort weggegangen.

2.2. Die Familie väterlicherseits - die Kleins

Georg Klein war am 10. Mai 1863 in Kamin im Kreis Nisko geboren worden, eine Woche später, am 17. Mai wurde er getauft. Dieses Gebiet in Galizien gehörte zu der Zeit zu Österreich, ist heute aber wieder polnisches Staatsgebiet. Von seinen schwäbischen Vorfahren sind mir nur wenige Namen bekannt; der Vater hieß Johann Michael Klein (unser Urgroßvater) und dessen Eltern (also unsere Ur-urgroßeltern) Jakob Klein und Margarethe, geborene Maifort.
Aus dem Schwabenland brachte er den sprichwörtlichen Fleiß und das Bemühen um wirtschaftlichen Erfolg mit – wenn man sich denn solchen Klischees anschließen mag. Als Soldat diente er unter Kaiser Franz Joseph in einem Wachbataillon, und er pflegte stolz zu erzählen, dass es zu seinen Aufgaben gehört habe, bei Ausfahrten hinter der Prinzessin auf der Kutsche zu stehen und sie zu beschützen. Seine Stellung war offenbar so hoch angesiedelt, dass er aus dieser Zeit den Anspruch mitbrachte, von allen mit „Ihr" angesprochen zu werden: „Opa, wollt Ihr jetzt frühstücken?"
Er heiratete eine Katharina Klein, die am 16.2.1861 in Jerowod zur Welt gekommen war.

Nach der Dienstzeit wanderte er mit seiner Familie in das nördlich benachbarte Wolhynien aus.

2. 2. 1. Wolhynien – Anmerkungen zu seiner Geschichte

Dieses Wolhynien ist ein schwer zu beschreibender Bereich, weil es zu unterschiedlichen Zeiten unterschiedliche Gebiete umfasste, die zum Teil zu Österreich, zu Polen, zur Ukraine, zu Russland gehörten – die Besitzer und die Grenzen wechselten im Verlauf der Geschichte sehr. Erst im 19. Jahrhundert meint dieser Landschaftsbegriff ein genau definiertes Gouvernement im Süden des russischen Zarenreiches.

Ich beginne mit einem knappen Überblick über das höchst wechselhafte Schicksal dieses Gebietes – jedes Herrschervolk hat dort seine Spuren hinterlassen und ein hochinteressantes buntes, aber zum Teil auch explosives Gemisch geschaffen.
Im 9. Jh. gründeten die „Rus" hier ihr erstes Reich, indem sie verschiedene slawische Stämme vereinigten; Kiew wurde der Mittelpunkt dieses „Russland".
Im 13. Jh. zerfiel das Reich in zahlreiche Fürstentümer, darunter das Fürstentum Halytsch/ **Wolhynien**, das als erster selbständiger Staat auf dem Gebiet des Bereiches gilt, den wir heute als Ukraine kennen. Zeitweise herrschten hier die Mongolen unter der bekannten Goldenen Horde.
Seit 1654 wurde das östliche Gebiet der Ukraine schrittweise der Oberherrschaft des Zaren einverleibt, den Westen übernahm Österreich/Ungarn.
1772, bei der ersten Teilung Polens, fiel dieser Westen unter der Bezeichnung „Galizien" und „Bokuwina" offiziell an Österreich. Am Ende des 18. Jahrhunderts wurden unter Kaiser Josef II. in Ostgalizien 5000 deutsche Protestanten aus der Pfalz angesiedelt – **mag sein, dass unser Großvater Georg Klein dazugehörte.**
Als 1793 die zweite Teilung Polens vollzogen wurde, kamen weitere wolhynische Gebiete der Ukraine westlich des Dnjepr an Russland.

1915 wurde Wolhynien Aufmarschgebiet der Österreicher und Deutschen im Krieg gegen Russland, **die Edemanns wurden in diese Auseinandersetzungen aufs Schlimmste mit hineingezogen,** wie fast alle anderen Wolhyniendeutschen auch.

1917 kam es in Kiew im Rahmen der bolschewistischen Revolution unter Lenin zur Gründung der „Freien Ukrainischen Sowjetrepublik", die das wolhynische Gebiet mit umfasste, im Frieden von Riga 1921 wurde das Gebiet geteilt, die Ukraine wurde Mitbegründer der ‚Union der Sozialistischen Sowjetrepubliken'. Das Ostgebiet um Lwiw / Lemberg blieb bei Polen.

1939 wurde auch dieser Bereich West-Wolhyniens in die Ukraine eingegliedert, den Polen also weggenommen.
1941 besetzen deutsche Truppen die Ukraine, rotteten die Juden aus und deportieren eine Millionen Ukrainer als Zwangsarbeiter nach Deutschland.
1943 wurde das Gebiet von der Roten Armee zurückerobert und wieder der Sowjetunion eingegliedert.
Nach dem Zerfall des Sowjetimperiums bekam Polen einen kleinen Teil Wolhyniens, das größte Stück gehört seit dem 16. Juli 1990 zur heutigen souveränen Ukraine – **auch der Teil, in dem unsere Vorfahren gelebt haben.**

2.2.2. Wolhynien – das Land

Da ich von meinen Großeltern praktisch nichts Konkretes über dieses Gebiet erfahren habe, versuche ich hier in einem zweiten Schritt, Informationen aus verschiedenen Büchern, auch Erinnerungsbüchern von Deutschen, zusammenzutragen, so dass zumindest eine ungefähre Vorstellung von dem Land und dem Leben unserer Vorfahren entstehen mag. Bei unserer Mutter kann ich auf Erzählungen zurückgreifen, die das Bild dann noch ein bisschen abrunden.
Ich zitiere hier zuerst aus einem Buch von Bernhard Schwarz, in dem er seinen Lesern Wolhynien vorstellt. (Bernhard Schwarz. Wolhyniendeutsches Schicksal. München 1942)

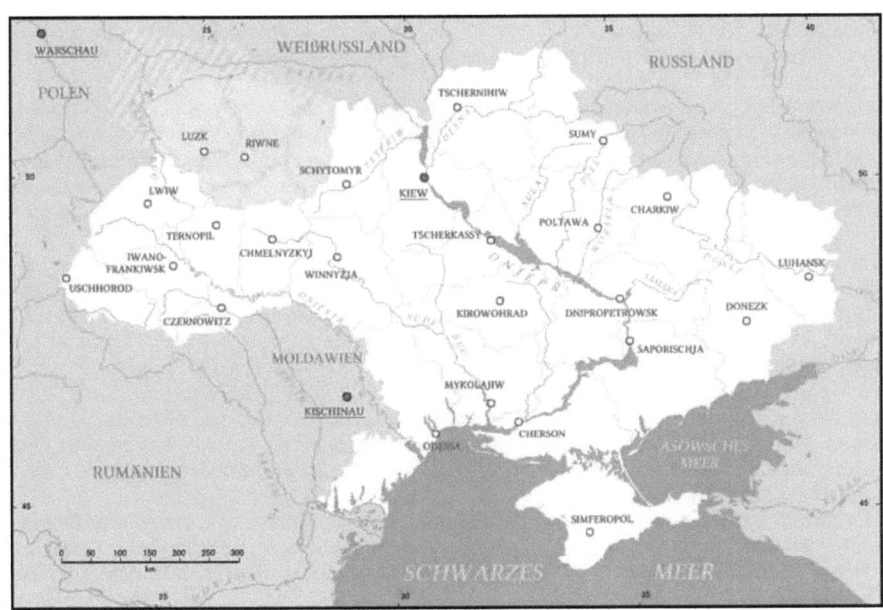

6. Gelb: Wolhynien, das Siedlungsgebiet der Deutschen

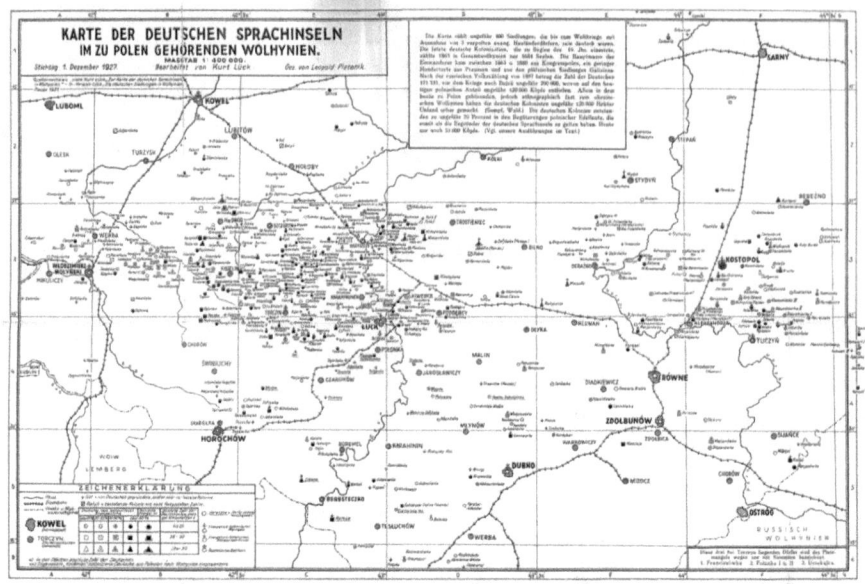

7. Deutsche Orte in Wolhynien

„Das Land ist weit. Stundenlang kann der Reiher über Wälder fliegen, nichts als Wälder, ein grünes, wogendes Meer bis an den Horizont. Das helle Grün der Laubbäume wechselt mit dem dunklen Grün der Tannen, die im heißen Sommerwind, der aus der ukrainischen Weizenebene herüberweht, schwanken. Wenige Straßen nur ziehen durch das Land, oft kaum Straßen zu nennen: breite, ausgemahlene, von Wind und Regen zerfurchte Sandwege, die die wenigen Lichtungen, auf denen armselige Siedlungen stehen, miteinander verbinden. Die Häuser sind aus Holz, gedeckt mit filzigem, bemoostem Stroh, die kleinen Felder schließen sich direkt an die Häuser an - das Ganze ist eingeschlossen vom Wald, der hier alles umfasst und die Lichtungen in wenigen Jahren zurückerobert, wenn die Bewohner fortziehen - und die wenigen Deutschen, die hier gewohnt haben, sind oft gezwungen gewesen, ihre armseligen „Höfe" zu verlassen und sich eine neue Heimat zu suchen.

„Weiter nördlich schimmert das Land graugrün von den unzähligen Sümpfen und Teichen, die vom Stochod, Styr, Pripjet und Hunderten weiteren kleinen Flüssen und Bächen versorgt werden. Die üppigen Sumpfwälder sind undurchdringlich, es gibt keinen festen Weg, nur mit flachen Booten kann man sich hier bewegen - wenn sich hier jemand her verirrt. Wer weiter im Süden - etwa von Pinsk nach Kolki - tagelang durch die Wälder gelaufen oder geritten ist, gelangt plötzlich in ein Heideland mit Sand, dürrem Gras und Birken. Hier, im Schutze des Waldes, der den eisigen Nordwind abhält, haben sich deutsche Siedler aus Schlesien... ihre einfachen Blockhütten gebaut und Felder angelegt - sie gehören zu denen, die schon vor Jahrhunderten dem Ruf des polnischen Königs gefolgt waren.

„Noch weiter südlich ragt der Wald in langen Zungen in fruchtbares Ackerland hinein. Auch hier gibt es deutsche Siedlungen; wo immer zwischen den Ukrainern und Muschiken Platz war, haben die Deutschen ihre Siedlungen gebaut, und hier sind es nicht einfache Holzhäuser, sondern stattliche Höfe mit Ställen und Scheunen und Obstgärten ums Haus. Hunderte von deutschen Siedlungen gibt es hier um Luzk und

Roschyschtsche, um Kostopol und Tutschyn, um WLADYMIR-WOLYNSK und Kisielyn."

Hier, nördlich dieses Ortes Wladymir-Wolynsk, ist unsere Mutter geboren.

2.2.3. Einwanderungen nach Wolhynien

Dieses Gebiet gehörte (wie oben dargelegt) seit der zweiten polnischen Teilung 1793 weitgehend zu Russland und bot neu siedelnden Einwanderern oft gute Bedingungen, zumal es dort bereits seit langem eine deutsche Volksgruppe gab: 1340 hatte der letzte selbständige Fürst von Wolhynien, Boleslav Georg, den polnischen König Kasimir III. zu seinem Nachfolger bestimmt. Dieser polnische König hatte das Land dem Westen geöffnet und die Kolonisierung stark gefördert, indem er deutsche Siedler ins Land rief und ihren neu gegründeten Städten und Dörfer sogar deutsches Recht verlieh.

Später - in der Mitte des 19. Jahrhunderts - kamen neue deutsche Siedler, die aus der Rheinpfalz, aus dem Badischen und aus Schwaben stammten. Sie hatten sich zuerst südlich von Wolhynien in Galizien, das bei den polnischen Teilungen an das Kaiserreich Österreich-Ungarn gekommen war, niedergelassen. Diese aufblühende Provinz hatten bereits Bauern aus dem Böhmerwald und Mähren unter Kaiser Josef II. „zu einem Garten Eden" gemacht (wie es der Buchautor Schwarz national-stolz formuliert). Dort in Galizien waren sie dann aber tyrannisiert worden, hatten ihren Glauben ablegen sollen und in der Armee dienen müssen, hatten gegen alle Gesetze hohe Steuern zahlen müssen - und hatten daher Hab und Gut verkauft und waren nach Norden, ins russische Wolhynien ausgewandert und dort bei neuen Herren in bäuerliche Dienste getreten. Diese neuen Herren waren zum Teil Russen, zum Teil aber auch Polen, denen die Russen als neue Herrscher das Land nicht weggenommen hatten. Die hiesigen Bauern behandelten die neu ankommenden Deutschen recht unterschiedlich und die soziale Stellung der Deutschen war deshalb – und auch auf Grund unterschiedlichen Fleißes und unterschiedlich hoher Eigeninitiative – sehr uneinheitlich. Mancher blieb sein Leben lang als Knecht in der Abhängigkeit des Großbauern, mancher wurde Pächter mit gewisser Selbständigkeit, andere arbeiteten sich zu freien Bauern auf eigenem Grund und Boden empor, wobei es stets sehr nützlich war, viele Kinder zu haben, die auf dem Hof die Arbeit verrichten
konnten.

Zu dieser späten Gruppe von Umsiedlern wird auch die Familie meines Großvaters Georg Klein gehört haben, wenn ich den wenigen Angaben, die ich von ihm und über ihn habe, Glauben schenken darf. Alle Aussagen passen dazu.

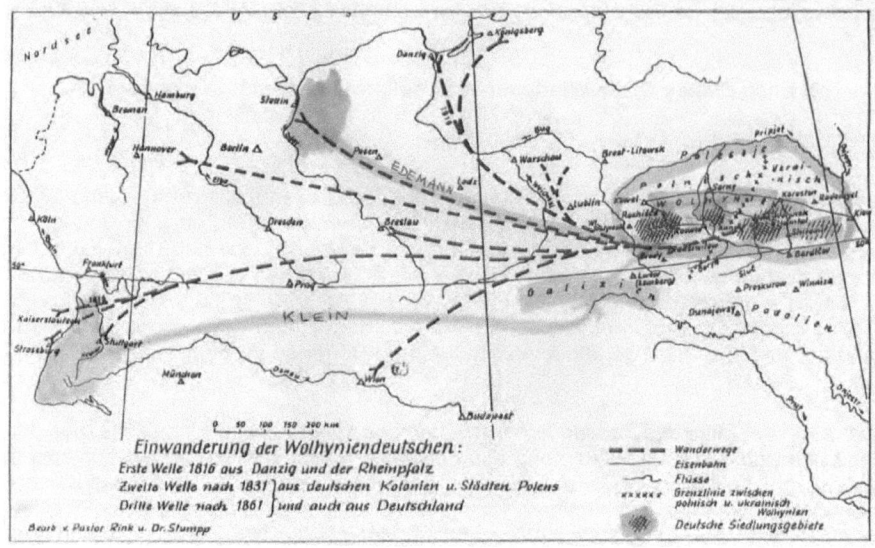

8. Skizze: Einwanderung der Wolhynien-Deutschen im 19. Jahrhundert

Die Gesamtbevölkerung dieses seit 1797 südrussischen Gouvernements, das an die Gouvernements Grodny, Minsk, Kiev, Podolin, Sjedletr, Lublin und Österreichisch-Gallizien grenzte und 71.852 km² umfasste, betrug am Ende des 19. Jahrhunderts, also in der Zeit, als unsere beiden Großväter dort wohnten, 2,9 Millionen; 73% davon waren Russen unterschiedlichster Ausprägung, 13% Juden, 6,2% Polen und 5,7% Deutsche. Die Religionszugehörigkeit war ziemlich genau parallel verteilt: griechisch-orthodox die russische Mehrheit, jüdisch natürlich die Juden, römisch-katholisch die Polen und die Mehrheit der Deutschen evangelisch-lutherisch oder freikirchlich-baptistisch.

Etwa ein Drittel war Ackerland, eben so viel blieb von Wald bedeckt, etwa 20% konnte als Weide und Wiese genutzt werden, der Rest (10%) war Ödland.
Zur Zeit unserer Großväter fühlten sich die Deutschen in Wolhynien nach Aussagen unterschiedlichster Historiker als normale und treue Untertanen des Zaren, wenn sie auch ihre Herkunft und Sprache und Religion nicht vergessen hatten und meistens in eigenen Dörfern unter sich wohnten. Etwa 30.000 Russland-Deutsche kämpften denn auch im Ersten Weltkrieg auf der Seite Russlands.

Wer sich auf eigene Füße stellen wollte, bekam üblicherweise erst einmal ein Stück von den unendlichen Wäldern, das er zu roden hatte. Um bis zur Fertigstellung eines Hauses irgendwo „wohnen" zu können, baute man sich eine Hütte, meistens in der Weise, dass man Erde aushob und das Loch dann mit Balken und Laub abdeckte. In diesen Erdhöhlen brachte man auch die Pferde und die anderen Tiere unter.

9. Notunterkunft; aus Längin, Die Rußlanddeutschen, S. 110

Wer heute im Fernsehen die Bilder sieht, mit welcher Leichtigkeit in Brasilien und anderswo der Urwald beseitigt wird, wie ein, zwei Männer mit großen Motorsägen die Baumriesen zu Fall bringen, wie dann Spezialmaschinen die Stämme zuschneiden, verladen, wie Bulldozer die Stubben beseitigen, wie der „Abfall" verbrannt und die frei gewordenen Flächen in kürzester Zeit in Ackerland verwandelt werden, auf denen Mais- oder Ölpalmen-Kulturen entstehen, der kann sich kaum vorstellen, welche Mühe es damals gemacht haben muss, die Bäume mit langen Sägen per Hand zu fällen, die Äste abzuhacken, die Stubben freizugraben und mit den Pferden herauszureißen, das Material dann zu Baumaterial und zu Brennholz weiterzuverarbeiten.

Auf der gerodeten Fläche konnte der Pächter dann Ackerbau und Viehzucht betreiben und einen kleinen „Hof" bauen. Ich setze das Wort ‚Hof' in Anführungsstriche, weil nach den Schilderungen vieler Deutscher aus der Gegend die Häuser meistens ziemlich klein und bescheiden waren.

In Linstow, in Mecklenburg, hat man in einem Museumsdorf ein typisches Bauernhaus einer solchen Umsiedlerfamilie, wie es unser Großvater war, aufgebaut:
Das erforderliche Baumaterial hatte man zum großen Teil schon aus der Rodung des Waldes. Die Stämme wurden zu Balken und Bohlen zersägt und zu Blockhäusern verarbeitet. Es gab zu der Zeit bereits gute Gattersägen, von Flüssen und Bächen über Wasserräder angetrieben wie die vielen Wassermühlen, aber es blieb doch eine Knochenarbeit, die rohen Stämme zusammenzufügen, die Innenseiten der entstehenden Wände einigermaßen zu glätten, mit Axt und Dexel. Die Fugen wurden mit Moos und Lehm abgedichtet. So machte man das seit Jahrhunderten – und solche Häuser stehen noch heute, im 21. Jahrhundert, in Hülle und Fülle in Polen und Russland und anderen Staaten des Ostens. Das Dach wurde meistens mit Schilf oder Reth gedeckt, die vielen Sümpfe lieferten hinreichend Rohmaterial.

Die Grundkonzeption war so, wie wir sie auch aus Ostfriesland oder Niedersachsen und auch aus Bayern kennen: Das Haus bot Mensch und Vieh und Ernte Raum unter einem Dach. Eine große Küche gab es, in der sich das tägliche Leben abspielte, einen Wohnraum und einen Schlafraum für alle Familienmitglieder – vielleicht hatten die Häuser bei so vielen Kindern, wie unser Großvater sie hatte, auch mal ein zweites Schlafzimmer – aber das galt dann schon als Luxus. Daran schloss sich der Stall-Teil an, mit Unterstellmöglichkeiten für zwei, drei Pferde, ein paar Schweine und Kühe und Schafe, einem Verschlag für die Kaninchen und für Hühner, Enten und Gänse. Die Erntevorräte wurden auf dem großen Dach-Boden gelagert, die Pfeiler und Balken der Häuser waren möglichst aus solider Eiche gefertigt und konnten daher große Lasten tragen. In einigen Dörfern baute man nach einer gewissen Zeit auch Scheunen und Ställe, so dass das Wohnhaus nun ganz den Menschen vorbehalten war.

Das Mobiliar war einfach bis primitiv, niemand stellte große Ansprüche. Elektrisches Licht und fließendes Wasser hatte selbstverständlich niemand, der Fußboden bestand üblicherweise aus gestampftem Lehm, nur selten aus Holzbohlen. Allerdings liest man häufig, dass auf den deutschen Lattenzaun rings um das Haus und den obligatorischen Obstgarten ungern verzichtet wurde. In manchen Dörfern gab es richtige Wettbewerbe, wer das schönste Haus hatte.

10. *Ein typisches deutsches Siedlerhaus aus Bohlen gebaut; der Giebel ist senkrecht mit Brettern verschalt, das Dach mit Stroh gedeckt. (Aus: Längin, Die Rußlanddeutschen S. 105)*

Draußen gab es einen großen Backofen, in dem die Brote für die ganze Woche gebacken wurden – jeder Bauer war weitgehend Selbstversorger.

11. Die Öfen im Freien wurden oft von ein paar benachbarten Häusern gemeinsam benutzt. Man erkennt wartende Frauen, man achte auf die Füße der Frau vorne links – sie ist barfuß. (Aus Längin, S. 76)

Man hatte Milch und Käse (auch von den zahlreichen Ziegen und Schafen), man hatte durch große Roggenfelder genügend Mehl für das Brot, baute auch Weizen an, um Feingebäck und Kuchen für die guten Tage zu haben. Klee, Gras, Gerste, Hafer, Futterrüben, Kartoffeln, Zuckerrüben waren die Basis der weiteren Nahrungsmittel für Mensch und Tier. Natürlich wurde alles Ackerland per Hand-Pflug mit Pferden oder Ochsen davor umgepflügt und geeggt, per Hand gesät und auch per Hand geerntet, Sichel und Sense kamen bei Roggen, Weizen, Gerste, Hafer zum Einsatz. Fast überall gab es Windmühlen, die Mehl und auch Öl aus Leinsamen herstellen konnten, fast jeder Haushalt hatte ein Spinnrad, um die Wolle zu spinnen, die meisten Frauen konnten auch Flachs verarbeiten und auch weben, in jedem Dorf hatte jemand einen Webstuhl. Holzschuhe und Lederpantoffeln wurden ebenfalls vor Ort hergestellt, einen Schmied und einen Tischler gab es fast überall – nur selten fuhr man in die Stadt, um Kleidung und Gerätschaften zu kaufen.

Die Kinder besuchten die Schule höchstens in zwei oder drei Winterperioden. Der Pastor unterrichtete. Es gab auch keine (deutsche) Polizei oder Ärzte - man regelte alles unter sich in der deutschen Kolonie. Jede Hausfrau hatte ihre Hausmittel, bei denen Kräuter eine große Rolle spielten. Beliebtes Heilmittel bei schwerer Erkrankung war das Schröpfen mit Blutegeln oder einer kleinen erhitzten Glasglocke.

Industrie und Handel steckten in diesem Gebiet zu jener Zeit noch in den Kinderschuhen, obwohl man in manchen Büchern über Wolhynien liest, nach der Einwanderung so vieler Deutscher in dieses Gebiet ab 1860 habe es eine wahre Blütezeit gegeben: Die Wirtschaft habe floriert, zumindest in den größeren Orten habe es Handwerks- und auch erste Industriebetriebe und natürlich Geschäfte gegeben, in denen es fast alles zu kaufen gab, was man brauchte, während in vielen Gegenden des Russischen Reiches bittere Armut herrschte. - Das wird wohl so stimmen, aber sicherlich spielt bei Aussagen dieser Art der deutsche Nationalstolz eine nicht unwesentliche Rolle.

2.2.4. Großvater Georg Klein in Wolhynien

Georg Klein war nicht in der Abhängigkeit von irgendeinem Adligen stecken geblieben, er hatte sich in Hanuszyn/Anuschin/Anusin einen kleinen Bauernhof erarbeitet und Katharina Klein, geborene Klein (man sieht, das klingt nach Inzucht innerhalb der deutschen Kolonien!) geheiratet, mit der er insgesamt neun Kinder hatte: Michael (16.8.1892), Ferdinand (30.6.1895), Pauline (11. 11. 1902), Auguste, genannt Justa (27.12.1903), **Rudolf, (unser Vater, der am 7./20 April 1905 in Hanuszyn/ Anuschin/Anusin geboren wurde)**, Jakob (18.8. 1909), Georg (1.5.1912), Anna (6.11.1914) und schließlich Else/Ella, eine Nachzüglerin, die erst am 28.11.1920 in Ostpreußen zur Welt kam. Mit diesen Tanten und Onkel wohnten wir viele Jahre in enger Nachbarschaft in Przellenk. D.h. „wir" ist nicht ganz zutreffend, da ich erst nach dem Umzug unserer Familie in das direkt benachbarte Groß Lensk auf die Welt kam.

Den Ort Hanuszyn/Anusin habe ich im Internet mit Hilfe von Gerhard König (04.12. 2012, 17:38) gefunden: *Aus dem russ. Ortsverzeichnis von 1906:*
Kolonie Anusin-Dubnikskij (Nachbarort von Dubniki) im Wolost Werba, Ujesd Wladimir-Wolynsk mit 22 Höfen und 139 Einwohnern - 10 Werst bis Werba
Zu finden auf der polnischen Karte P45-S38 WLODZIMIERZ, direkt nördlich von Wladimir-Wolynsk. Historischer Verein Wolhynien e.V., Forschungsstelle Wolhynien in der AGoFF

Das Messtischblatt aus der Zeit kurz nach der Jahrhundertwende zeigt eine der sehr einfachen Kolonien, ein Straßendorf, an einem Weg gelegen, der südwärts nach Wladimir Wolynsk führt. An der – sicherlich unbefestigten – Dorfstraße und an dem vorbeiführenden Weg liegen die 22 Höfe, wobei offenbar nur diejenigen zum Dorf zählten, die südlich des Weges liegen, der hinüberführt zum Friedhof der Nachbarkolonie Dubniki. Gerodet ist offenbar nur der Bereich in der Nähe der Ansiedlungen, ansonsten ist der Wald noch stehengeblieben.

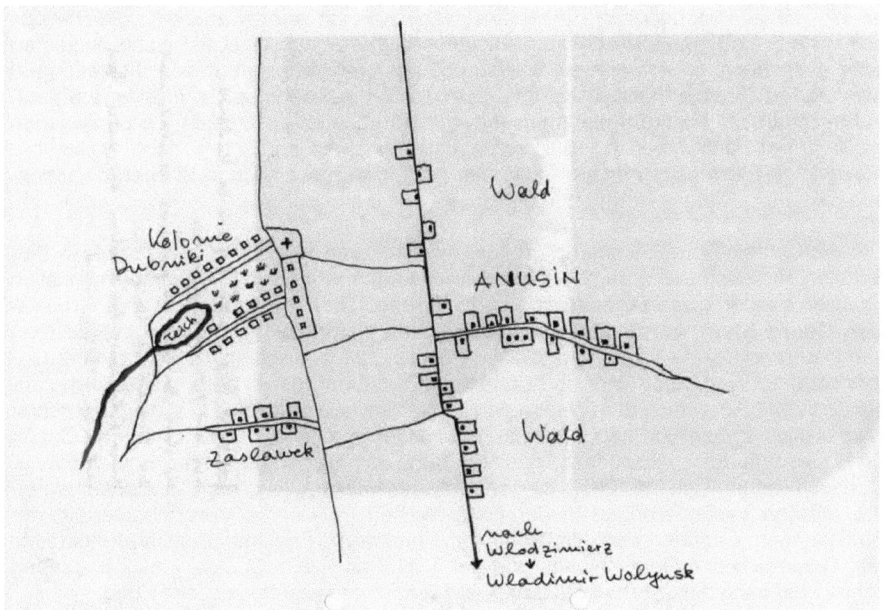

12. Skizze des Ortes Hanuszyn / Anusin

Die Deutschen hatten in ihren Dörfern eine weitgehende Selbstverwaltung, wählten in öffentlicher Abstimmung ihren Bürgermeister, der natürlich der russischen Kreisverwaltung unterstand und ihr rechenschaftspflichtig war und bei ihr die Steuern abzuliefern hatte. Wenn es etwas Wichtiges zu entscheiden gab, wanderte ein Zettel mit Datum und Uhrzeit von Hof zu Hof und man traf sich dann in der Dorfversammlung zu Debatte und Abstimmung.

Sie hatten ihre eigenen Schulen, in denen – wie auch in ihren Kirchen – Deutsch gesprochen wurde. Im Dorf unseres Großvaters gab es allerdings weder eine Schule noch einen Pastor. Es ist davon auszugehen, dass die Kinder in der Zeit, in der sie nicht in den Landwirtschaft gebraucht wurden, in einem der größeren Nachbardörfer unterrichtet worden sind, zumindest die vier älteren: Michael, Ferdinand, Pauline und Auguste. Sicher ist das aber nicht. Viele Kinder wuchsen dort ohne jede Schulbildung auf, blieben Analphabeten. Die jüngeren haben dann weitgehend regulären Unterricht nach der Umsiedlung in Ostpreußen erhalten.

Zum Ende des 19. Jahrhunderts gewannen in der russischen Politik am Hofe des Zaren die so genannten ‚Slawophilen', die „Slawenfreunde", zunehmend an Einfluss. Sie hatten den Eindruck, dass die vielen Deutschen in den verschiedenen Gebieten des Reiches (man kann in Gesamtrußland von etwa 2,5 Millionen Deutschen ausgehen), vor allem in den Grenzbereichen, die gewünschte Russifizierung behindern könnten, dass die vielen deutschen Bauern im Gegenteil einer Germanisierung Vorschub leisten könnten. Sie forderten deshalb, das deutsche Bauerntum müsse zurückgedrängt werden – und sie hatten Erfolg. Im Laufe der Jahre wurden immer wieder neue Gesetze erlassen, um den Deutschen das Leben zu erschweren. So mussten sie ab 1867 Steuern zahlen, 1874 hob man ihre Befreiung vom Wehrdienst auf (das war z.B.

für die meisten Mennoniten der Anlass, nach Kanada auszuwandern), 1887 wurde das erste Fremdengesetz erlassen: Ausländern war es nun verboten, Land zu kaufen oder auch nur zu pachten, auslaufende Pachtverträge durften nicht verlängert werden. Die Reaktion darauf war unterschiedlich: Viele nahmen die russische Staatsbürgerschaft an, mehrere Zehntausend wanderten aus, zu diesem Zeitpunkt zum größten Teil nach Amerika. 1892 entzog man potentiellen Bauern noch weiter ihre notwendige Existenzgrundlage: Ausländer durften sich nur noch in Städten niederlassen.

Die deutschfeindliche Stimmung breitete sich aus und führte u.a. dazu, dass in den Schulen Russisch als Unterrichtssprache eingeführt wurde. In allen Dörfern, in allen Familien sorgten diese Veränderungen für Unruhe. **Auch im Hause unseres Großvaters Georg Klein wurde diskutiert: Wo sollte das alles hinführen?** Würde man den Deutschen eines Tages ihr Land wegnehmen, sie ausweisen? Sollte man der Gefahr nicht zuvorkommen, Hof und Land verkaufen und auswandern, wie es Zehntausende taten? Aber nach dem Neubeginn in Galizien und dann hier in Wolhynien schon wieder alles stehen und liegen lassen, um wieder irgendwo in einem fremden Gebiet alles neu aufbauen zu müssen, das war hart, das war keine leichte Entscheidung. Dennoch rangen sich die Kleins zu genau dieser Entscheidung durch. Auslöser waren dramatische Veränderungen in der europäischen Politik, die Verschlechterung der Beziehungen zwischen den Großmächten Frankreich, England, Russland einerseits und Österreich und Deutschlands und der Türkei andererseits. Alle Zeichen standen schon bald nach der Jahrhundertwende auf Sturm, genauer gesagt: auf Krieg.

Georg Klein und viele andere erkannten die daraus resultierenden Gefahren für die Wolhynien-Deutschen und zog die Konsequenzen – ein paar Jahre bevor dann 1915 die Liquidationsgesetze erlassen wurden, die 240.000 bis 250.000 (die Zahlen variieren in der Literatur) Deutsche aus Wolhynien vertrieben.

Davon wird beim Schicksal unserer Mutter Genaueres zu berichten sein.

2.2.5. Großvater Georg Klein in Ostpreußen

1911 bereits ging unser Großvater zusammen mit seinen zwei ältesten Söhnen Michael und Ferdinand nach Ostpreußen. Den Hof in Wolhynien hatte er verkauft, (seine Familie behielt aber für zwei Jahre Wohnrecht), weil er die Zeichen der Zeit erkannt hatte und mit Recht davon ausging, dass es bald Krieg zwischen Deutschland und Russland geben würde, und weil er ahnte, welche Konsequenzen ein solcher Krieg für die in russischem Gebiet lebenden Deutschen haben könnte.
In den Jahren 1905 bis 1913 wanderten viele Wolhynien-Deutsche nach Ostpreußen aus. Da vor rund hundert Jahren zahlreiche Bauern aus diesem Bereich nach Wolhynien gekommen waren, kannte man in den Dörfern dieses Gebiet zumindest vom Hörensagen - und möglicherweise ist die Reklame der Alldeutschen (einem Verband wie die Slawophilen), mit den Informationen über Ansiedlungsmöglichkeiten auf ostpreußischem Gutsland bis nach Wolhynien gedrungen – erste Zeitungen gab es dort bereits.

Man kann sich vorstellen, welche heftigen Diskussionen es in allen deutschen Dörfern über diese Frage gegeben haben wird. Auf der einen Seite standen die Skeptiker, die behaupteten, dass auch die Deutschen vor Ort in einem Krieg als Feinde angesehen würden, die man dann vielleicht in ferne Gebiete des Riesen-Zaren-Reiches verschleppen würde, auf der anderen Seite standen diejenigen, die darauf verwiesen, dass man hier doch schon seit vielen Jahrzehnten zusammenlebte, dass die Deutschen treue Untertanen des Zaren waren, ihre Steuern bezahlten und in großer Zahl sogar im russischen Heer dienten. Was sollte ihnen schon passieren? Man hatte hier doch sein gutes Auskommen! Anderswo müsste man sicher wieder ganz von vorne anfangen. Wer wüsste schon, was dran war an dem Gerede über die neuen Siedlungsstellen, die es in Ostpreußen geben sollte?

Georg Klein gehörte zu den Skeptikern, was die Behandlung der Deutschen hier in Wolhynien anging – und zu den Optimisten, was die versprochenen Siedlungsstellen in Ostpreußen betraf – mit Pferd und Wagen machte er sich auf den etwa 700 km weiten Weg und fand im südlichsten Zipfel Ostpreußens, in **Przellenk**, eine neue Heimat. Der Name „Przellenk" ist unschwer als slawischen Ursprungs zu erkennen; im Gegensatz zu tausend anderen Ortsbezeichnungen ist er durch die Jahrhunderte beibehalten worden, selbst in ‚großdeutscher' Zeit.

13. Ortsschild Przellenk

Bevor ich unseren Großvater und seine Familie hier „heimisch" werden lasse, möchte ich kurz auf die heißumstrittene Frage eingehen, wem denn nun eigentlich dieses Land gehör(te), wer historisch-legitimen Anspruch darauf hat: Deutsche oder Polen? Die Frage ist nicht nur von akademischer Bedeutung, sie spielte bei den Verhandlungen über die neue Staatswerdung des polnischen Reiches und speziell über das Staatsgebiet, das man den Polen zugestehen wollte/sollte, eine ganz wesentliche Rolle.

In diesem Bereich Südostpreußens hatte der Deutsche Ritterorden seit dem 13. Jahrhundert systematisch Burgen angelegt, hatte Land an Adlige verteilt, auf dem sie Güter errichteten, und hatte um die Burgen herum deutsche Bauern angesiedelt, so dass abhängige „Zinsdörfer" entstanden. Waren die ehemaligen Kreuzritter in ein leeres wildes unkultiviertes Land gekommen, das sie einfach in Besitz nehmen konnten, um dann aus Ödland Kulturland zu machen? Oder hatten sie dort schon lange ansässige Polen (bzw. deren Vorfahren) gewaltsam aus ihren Besitzungen vertrieben?

In einer Unzahl von deutschen und polnischen Schriften und Büchern und Debatten in Rundfunk und Fernsehen ist darüber gestritten worden. Bis heute sind die Differenzen nicht ausgeräumt, auch wenn man sich durch die Arbeit verschiedener Kommissionen auf manchen Kompromiss (auch in Bezug auf die neueste Geschichte der beiden Länder) hat einigen können: Sie haben Eingang in die Geschichtsbücher gefunden, was meines Erachtens erfreulich ist, weil es verhindern hilft, dass in den Kindern auf beiden Seiten die alten unsäglichen Vorurteile gegen das andere Land weitergetragen werden und mit historischen Pseudo-Argumenten und –beweisen alte Ansprüche am Leben erhalten werden, die jederzeit wieder in gefährliche politische Forderungen umgemünzt werden können.

Die deutsche Haltung fand ich sehr klar und mit viel Wissenschaft untermauert unter anderem in dem Buch von Fritz Gause, Geschichte des Amtes und der Stadt Soldau, Marburg 1958. Gause geht hier auf über 400 Seiten den Anfängen und der Geschichte unseres Heimatbereiches nach - bis hin zum Zweiten Weltkrieg. Es hätte wenig Sinn, hier alles auszubreiten, was er untersucht und herausgefunden hat, aber seine Zusammenfassung zu dem eben angesprochenen Punkt (die er in einem Vortrag 1959 in Bochum formulierte und vorn in seinem genannten Buch abgedruckt hat) will ich hier zitieren:

„Das Land Sassen, in dem Neidenburg und Soldau gegründet wurden, war ein prußischer Gau (die „Prußen / Pruzzen" sind ein slawischer Stamm und nicht mit den deutschen „Preußen" zu verwechseln!) *und hat nie zu Polen gehört, auch nicht, bevor die Ordensritter nach Preußen kamen.* (1257 verzichtete der polnische Herzog Kasimir von Kujawien auf alle Ansprüche auf dieses Land und gab es dem Deutschen Ritterorden zur Besetzung frei.)

„Das Land war, als der Orden es in Besitz nahm, Wildnis, die nur von Jägern und Fischern durchstreift wurde. Erst der Orden hat in ihm von der Komturei Christburg...aus zwei Pflegeämter, Soldau und Neidenburg, geschaffen und die Wildnis vom Jahre 1321 an, im Westen beginnend, kolonisiert, d.h. mit Burgen und Städten, Zinsdörfern und Gütern, Mühlen und Krügen besetzt. Eine Kette von Burgen sperrte die Flussübergänge, an denen dann Städte gegründet wurden...Im Jahre 1410 brach das große polnisch-litauische Heer von Süden her in Preußen ein, zerstörte Gilgenburg und marschierte auf das Schlachtfeld von Tannenberg (wo der Deutsche Ritterorden eine schlimme Niederlage erlebte). *Die Grenze blieb noch lange unruhig (...)*

„Von Kämpfen der Ritter zur Besitznahme Sassens ist nichts überliefert – (so schreibt jetzt Fritz Gause in seiner eigentlichen Untersuchung) - *Wahrscheinlich waren sie auch nicht erheblich, denn das Land war Wildnis, als der Orden von ihm Besitz ergriff. Von den meisten Gütern und Dörfern, die später das Land bedeckten, sind Handfesten* [das sind Urkunden, in denen der Orden einem Adligen das Recht gibt, eine Burg/ ein Gut/ einen Ort/ eine Stadt zu gründen] *erhalten oder bezeugt. Da in ihnen ausnahmslos Freijahre* [das sind Jahre, in denen der Adlige bzw. der Ort keine Zinsen an den Orden zu zahlen braucht] *gegeben sind, sind die Ortschaften auf unbesiedeltem Land, das erst durch Rodung kultiviert werden musste und nicht durch Umlegung etwa bereits vorhandener prussischer Siedlungen entstanden.... Andererseits ist kein Zweifel, dass Sassen früher von einem prussischen Stamm bewohnt gewesen ist. Wo dieser geblieben sein und was zur Entvölkerung des Landes geführt haben mag, darüber fehlen leider alle Nachrichten. Wir können nur vermuten, dass die Bevölkerung in den heftigen Kämpfen zwischen Prussen und Polen, bevor der Orden ins Land kam, teils zu Grunde gegangen, teils nach Norden ins Innere des Preussenlandes ausge-*

wichen ist. Jedenfalls besteht hier ebenso wenig wie für die anderen Teile der Wildnis Grund zu der Annahme, dass der Orden die Bevölkerung ausgerottet und die Wildnis absichtlich als Grenzschutz angelegt hat.
„Im ersten Viertel des 14. Jahrhunderts war also das spätere Amt Soldau eine von Wäldern bedeckte und von sumpfigen Flusstälern durchzogene Landschaft...Erst die deutschen Ritter haben dieses Land besiedelt und in den deutschen Herrschafts- und Kulturbereich einbezogen..."

Na bitte, das Land war also mehr oder weniger leer, als die Deutschen es mit Erlaubnis des polnischen Herzogs in Besitz nahmen, und wo es Prußen/ Pruzzen gegeben hatte, waren sie bereits durch die Hand der Polen umgekommen oder nach Norden geflüchtet.
(Man schaue z.B. auch in das „Werk" von Hans Schoeneich, Tausend Jahre Kampf im Osten, Leipzig 1933)

Die polnische Position ist die folgende:
Das Gebiet war seit je her durch slawische, genauer: durch prußische Völkerschaften bewohnt. Es war also keineswegs leer und wartete keinesfalls darauf, aus dem Dornröschenschlaf wachgeküsst zu werden.
Am Anfang der deutschen Besiedlung stand nach polnischer Meinung dann auch die *Eroberung* durch den Deutschen Ritterorden und das heißt, dort wurden bereits existierende Bewohner mit Schwert und Feuer vertrieben, um Platz für eigene, deutsche Landsleute zu schaffen. Und das Erobern und Vertreiben gelte doch wohl – so die einsichtige Argumentation der Polen - zu allen Zeiten und an jedem Ort der Welt als UNrecht, auch wenn geschickte Propagandisten es immer wieder verstanden hätten, Gründe zu erfinden, dieses Unrecht zu einem „guten Recht" umzudefinieren. So hatten die Kreuzritter damals argumentiert, sie hätten die Pflicht, den christlichen Glauben und ihre höhere Kultur gegen die heidnischen und privimiten Pruzzen durchzusetzen, natürlich auch mit Gewalt.
(Und mit exakt denselben Argumenten haben bekanntlich später die Europäer in Nord- und Südamerika die Indianer weitgehend ausgerottet und die Schwarzen in Afrika versklavt – als Träger des wahren Glaubens und der höheren Kultur.)

Wie man sieht, beschreiben und bewerten beide Völker die Geschichte der Frühzeit sehr unterschiedlich. Ich will nun nicht die müßigen und dennoch immer wieder ausgebreiteten Argumentationen weiterverfolgen, ob die deutschen Bauern durch die Kultivierungsarbeit einen dauerhaften und moralisch einwandfreien Anspruch auf dieses Land erworben haben oder ob man den Deutschen im 20. Jahrhundert vorwerfen kann, dass ihre Vorfahren im 13. und 14. Jahrhundert eventuell Gewalt eingesetzt haben oder ob andererseits die Polen im 20. Jahrhundert im rechtlichen Sinne Nachfahren und Erben der slawischen Pruzzen in eben dieser Zeit waren und damit das ältere Anrecht auf das Land besitzen...

Ich weiß, ich habe die Frage, wem denn nun das Land eigentlich gehört, nicht wirklich beantwortet. Ich denke, das kann man auch nicht seriös tun – und man braucht es auch nicht. Wann wird man endlich einsehen, wie wenig sinnvoll und zielführend solche Debatten sind? Es wäre doch in all den Jahrhunderten Platz für beide Völker vorhanden gewesen. „Europa" ist da endlich ein hoffnungsvoller Ansatz zur Überwindung dieser nationalistischen Denkansätze, die stets nur Hass und Mord und Totschlag zur Folge hatten – wir werden leider mehrfach davon zu hören bekommen...

14. Google-Earth-Bild: Das Straßendorf Przellenk

Ich liefere nun einen kurzen Überblick über die Geschichte „unseres" Dorfes, damit der Leser weiß, in welch einem Gemeinwesen die Kleins gelebt haben.

1232 entstand der Ort Kulm, und der Hochmeister des Deutschen Ritterordens gab im folgenden Jahr bereits die „Kulmer Handfeste" heraus, ein Dokument, das ein Stadtrecht nach dem Vorbild Braunschweigs und gleichzeitig sehr günstige Rechte für Adlige und Siedler, Bauern und Bürger, enthielt und ein einheitliches Münz- und Maß-Recht festschrieb. Dieses Kulmer Recht wurde maßgeblich für das ganze Ordensland – auch für unser kleines Przellenk.

Die ersten Informationen über unser Dorf stammen aus einem Vertrag vom 3. April 1328, in dem der Komtur Christburg Luther von Braunschweig, also der Verwalter der Provinz für den Deutschen Ritterorden, den beiden Adligen Claus von Seelen und Walter von Faulenbruch 80 Hufen für zwei Dienstgüter übergab: Daraus entstanden die Güter Grodtken und Przellenk. [Eine „Hufe" ist eine Siedlerstelle mit dem dazugehörigen Land. Sie umfasst ca. 17 ha, also etwa 34 Fußballfelder, ist aber je nach Qualität des Bodens etwas unterschiedlich bemessen, aber stets so, dass ein normaler Bauer davon gut leben kann. 40 Hufen sind also ein schönes Stück Land für ein Gut.]

Im Zinsbuch des Jahres 1437 werden die Güter Klein Przellenk, Groß Przellenk und Grodtken als Güter nach Kulmer Recht genannt. Aus dem Jahre 1583 liegen Informationen über die Aufteilung der Ländereien vor, die Güter Klein und Groß Przellenk haben Ländereien an vier Junker weiter vergeben, 16 freie Bauer wohnen dort und 31 Hufen sind mit abhängigen Bauern besetzt. Aus dem Jahr 1755 sind Teil-Verkäufe aus beiden Gütern an die Adligen von Kleist und von Sternberg bekannt. Das Jahr 1820 bringt eine neuerliche Änderung: 38 Hufen aus Groß Przellenk und 19 Hufen aus Klein Przellenk werden zu *einem* Gut zusammengelegt und kommen in den Besitz der Familie Küchmeister von Sternberg, einem fränkischen Grafengeschlecht; der

Rest von Klein Przellenk wird ein unabhängiges Dorf mit 19 Hufen, die sich zehn (gut gestellte) Bauern teilen.

In den neunziger Jahren des 19. Jahrhunderts kam das Gut Groß Przellenk dann mit dem Vorwerk Arthushof und dem Nachbargut Grodtken durch Erbfolge an die Adlige Gottliebe von Boddin, geborene von Wulffen. Sie bewirtschaftete die Güter bis 1913. Der Wald wurde von einem Gutsförster betreut, die evangelischen Gemeindemitglieder gehörten zur Kirche in Heinrichsdorf (wo unser Vater denn auch konfirmiert wurde), für die Katholiken bestand eine Filialkirche in Groß Przellenk. Hier gab es auch eine einklassige Volksschule.

1913 teilte Frau Boddin das Gut Groß Przellenk auf und verkaufte es weitgehend an die Ostpreußische Landgesellschaft. Sie selbst behielt das Restgut mit 1200 Morgen Ackerland und 250 Morgen Wiesen. [Ein Morgen entspricht in Preußen 2550 m², also etwa einem halben Fußballfeld; sie hatte demnach eine Fläche von gut 700 Fußballfeldern – ausreichend, aber für preußische Verhältnisse nicht riesig.] Am 1. Juli 1917 erwarb Friedrich Riemer dieses Gut und behielt es bis zum Ende des Zweiten Weltkrieges...

Die ostpreußische Landgesellschaft machte aus dem erworbenen Land 37 Siedlerstellen in den Gemarkungen Klein und Groß Przellenk. Das war in ganz Ostpreußen ab 1910 üblich. Die Ländereien mussten käuflich erworben werden und hatten eine einheitliche Größe von etwa 20 ha - also etwa 40 Fußballfeldern. In Przellenk war nur der Arthushof [also das ehemalige Vorwerk des Gutes] deutlich größer.

Zu den Neusiedlern, die hier in Przellenk ein Grundstück von der Ostpreußischen Landgesellschaft erwarben, gehörte unser Großvater Georg Klein.

Offensichtlich, so hatte ich auf Grund meiner bisherigen Geschichtskenntnisse immer gedacht, handelte es sich bei diesen Güteraufteilungen um Aktionen, die in der Nachfolge der großen Landreformen und Bauernbefreiungen des 19. Jahrhunderts standen. Man wollte mit diesen Aktionen auch der zunehmenden Auswanderung nach Amerika entgegenwirken, so hatte ich gedacht - bis ich dann durch die Lektüre einer Quellensammlung für den Geschichtsunterricht an Schulen mit dem Thema „Deutschland und Polen von der ersten polnischen Teilung (1772) bis zum Beginn des Ersten Weltkriegs (1914)" ein ganz anderes, weit weniger erfreuliches und sehr nationalistisch geprägtes Bild gewann:

Schon 1752 hatte der Preußenkönig Friedrich „der Große" geschrieben, man müsse sich beim Tod des jeweiligen polnischen Königs die Zerrissenheit des Landes durch Parteikämpfe bei der Vorbereitung einer Neuwahl des nächsten Königs [*Polen besaß ein Wahlkönigtum*] „zunutze machen und ...bald eine Stadt, bald ein anderes Gebiet *erwerben, bis man alles geschluckt hat"*.

Seine Nachfolger hielten an dem Ziel, möglichst alles zu schlucken, fest, waren aber in der Wahl der Mittel nicht so zimperlich, zumal die beiden anderen Nachbarn Polens – Österreich und Russland – auch ihren Teil der polnischen Beute haben wollten und sich dann auch in verschiedenen Kriegen holten: In drei Teilungen, 1772, 1793 und 1795, wurde der polnische Staat von diesen drei Mächten annektiert, verschwand von der Landkarte – aber nicht aus den Köpfen und Herzen der polnischen Menschen, und das war lästig für die drei Herrscher, den russischen Zaren, den österreichischen Kaiser, den preußischen König.

Als im 19. Jahrhundert der Nationalismus in ganz Europa stark wurde, gab es auch in Polen Aufstände gegen die Fremdherrschaft der Deutschen und Österreicher und Russen – man wollte wieder einen polnischen Staat unter eigener, polnischer Herrschaft.

Hier soll nun nicht die ganze bittere Leidensgeschichte der Polen ausgebreitet werden. Nur der kleine deutsch-polnische Ausschnitt, der letztendlich unserem Großvater zu seiner Parzelle in Przellenk verhalf, wird hier dargelegt.

In den neu erworbenen polnischen Gebieten und auch in den deutsch-polnischen Mischgebieten und ebenso in den alten Reichsteilen mit polnischen Minderheiten (also auch in Ostpreußen) war gegen Ende des Jahrhunderts die erklärte Politik Preußens und des ganzen Deutschen Reiches, das deutsche Element zu stärken und das polnische entsprechend zurückzudrängen, eingedenk des polnischen Spruches, den ich in den Memoiren Bismarcks, des Kanzler des neu geschmiedeten deutschen Kaiserreiches, zitiert fand: *„Jak swiat swiatem....."* zu Deutsch: *„Solange die Welt Welt sein wird, wird der Deutsche dem Polen kein Bruder sein"*. Sprüche gleichen unversöhnlichen Inhaltes kann man allerdings auch in deutschen Reden und Veröffentlichungen finden.

In zwei Bereichen vor allem wurden man aktiv, um das deutsche Element zu stärken, weil man sich hier eine besonders intensive Wirkung versprach: in der Schulpolitik und im Bereich des Landbesitzes.

Bereits zwei Jahre nach der Reichsgründung, am 27. 10. 1873, kam ein Erlass des preußischen Oberpräsidenten zur Abschaffung der polnischen Unterrichtssprache in der ehemals polnischen Provinz Posen heraus (in den anderen Provinzen war es ähnlich oder zeitverschoben identisch). *„In allen Lehrgegenständen, mit Ausnahme der Religion und des Kirchengesanges, ist die Unterrichtsprache deutsch"*, hieß es da im ersten Paragraphen.

Als man dann um die Jahrhundertwende auch noch versuchte, den polnischsprachigen Religionsunterricht abzuschaffen, kam es zu jahrelangen Schulstreikaktionen, gegen die die preußischen Behörden mit aller Härte vorgingen.

In Sachen Grundbesitz förderte man die Ansiedlung deutscher Bauern. Zu diesem Zweck drängte man die polnischen Großgrundbesitzer dazu, ihre Güter zu verkaufen; der preußische Staat kaufte sie auf, parzellierte sie und verkaufte sie an Deutsche.
In den ersten Jahrzehnten ging das alles nach Recht und Gesetz vor sich. Da die preußische Verfassung von einsichtigen Leuten formuliert worden war und daher allen Staatsbürgern, Polen wie Deutschen, dieselben Rechte und Pflichten einräumte und die Unantastbarkeit des Privateigentums garantierte, konnten die Polen relativ frei entscheiden, ob sie verkaufen wollten oder nicht. Man half hier nur von deutscher Seite ein wenig nach, indem man am 26. 4. 1886 ein *„Gesetz betr. die Beförderung deutscher Ansiedlungen"* herausgab, auf Grund dessen der Staat 100. 000. 000 Mark bereitstellte (die Summe wurde dann verdoppelt und 1902 sogar auf 350.000.000 erhöht), um möglichst vielen kleinen Leuten den Land-Kauf zu ermöglichen.

Um die Jahrhundertwende gewannen der „Alldeutsche Verband" und der „Deutsche Ostmarkenverein" zunehmend an Einfluss auf die deutsche öffentliche Meinung und auch auf die Politik: Sie forderten und erreichten eine Verschärfung der nationalistischen antipolnischen Politik – und hier findet man bereits in den Aktionen und Argumentationen Vorstellungen, die eine Generation später unter Adolf Hitler ihre konsequente und schreckliche Vollendung erfahren.

Eine Ansiedlungskommission wurde gegründet, die 1911 in ihrem Bericht davon sprach, man müsse darauf verzichten, Deutsche einzeln verstreut wohnen zu lassen, weil das *„zu einer Verpolung oder Inzucht"* geführt habe. Man müsse die neuen Ansiedler in *„großen leistungsfähigen Gemeinwesen"* zusammenfassen, damit sich *„das deutsche Leben um so kräftiger entwickelt und das Eindringen des polnischen Einflusses unterbleibe"*. Auch müsse *„die richtige **Blutmischung** in Rechnung gezogen werden. **Durch Kreuzung der verschiedenen Landsmannschaften wird allmählich ein ganz neuer deutscher Bauernschlag entstehen, der hoffentlich wie alle vernünftigen Kreuzungen eine wetterfeste Rasse hervorbringt...*"

Bis 1910 hatte der Verein 343 000 ha aufgeteilt und Hunderte von neuen deutschen Dörfern gegründet, 19 000 Familien waren angesiedelt worden.

Wenn man neue deutsche Siedlungen förderte, so war es nur konsequent, dass man umgekehrt die polnischen Gemeinden behinderte oder – wenn möglich – gar nicht erst entstehen ließ. Da viele Polen nach Deutschland in das Ruhrgebiet umgezogen waren (noch heute gibt es dort bekanntlich zahlreiche Jablonskis und Jaruselskis), dort in jahrelanger Arbeit ein kleines Vermögen zusammengebracht hatten, nun mit dem Geld in ihre Heimat zurückgingen, um dort ein Grundstück zu kaufen und einen Hausstand und Hof zu gründen, schuf man am 10. 8. 1904 das sogenannte „Feuerstättengesetz", das es den Polen verbot, außerhalb schon bestehender Ortschaften neue Ansiedlungen zu gründen. Die *„feindliche Konkurrenz"*, so formulierte man in Preußen ungeniert, sollte *„gelähmt"* werden.

Die Polen reagierten darauf mit solidarischen Gegenaktionen: Sie weigerten sich nach diesem Gesetz, ihr Land zu verkaufen, und die deutsche Ansiedlungskommission hatte immer mehr Probleme, polnische Güter aufzukaufen und für die deutschen Neusiedler zu parzellieren. Und so ging der Staat dazu über, *deutsche* Gutsbesitzer zur Parzellisierung eines Teils ihres Grundbesitzes zu bewegen, um auf diesen Territorien möglichst viele deutsche Familien anzusiedeln und so das Deutschtum zu stärken:

In diesem ideologisch-nationalistischen und antipolnischen Zusammenhang ist die Aktion in Przelenk zu sehen, die meinem Großvater und einer großen Zahl weiterer Deutscher - auch vieler Verwandter der Kleins - den Grundstückserwerb und den Aufbau eines Bauernhofes ermöglichte. Man muss fairerweise hinzufügen, dass dem einzelnen Deutschen, der dort die Chance ergriff, sich eine Existenz aufzubauen, wohl kein Vorwurf zu machen ist.

Da die deutschen und natürlich auch die polnischen Gutsbesitzer nicht auf den Kopf gefallen waren und sahen, dass die staatlichen Kommissionen fast jeden Preis für große landwirtschaftliche Areale zahlten, stiegen die Grundstückspreise in schwindelnde Höhen. Das brachte die radikalen Nationalisten auf die Idee – Verfassung hin, Verfassung her! – eine Ausnahmeregelung für (oder besser: gegen) die Polen zu schaffen, sprich: ein Enteignungsgesetz für polnischen Grundbesitz einzuführen. Die vielen dagegen protestierenden Abgeordneten wurden damit beruhigt, man wolle ja den kleinen polnischen Grundbesitz nicht antasten, es gehe nur um die großen Güter, man wolle auch niemanden drangsalieren. So manch einer war aber nicht zu überzeugen, hatte seine Bedenken, ob denn jeder Enteignete *„gutwillig und ohne Polizeihilfe aus seinem Gute an die Luft zu befördern sein würde"*, wie es ein Abgeordneter formulierte. Schließlich setzten sich die Befürworter mit der Argumentation durch, das neue Gesetz stehe „nicht im Widerspruch mit der Reichsgesetzgebung und ebenso wenig mit der preußischen Verfassung. Nach Artikel 9 ist das Eigentum unverletzlich und darf nur genommen werden gegen Entschädigung im Interesse des öffentlichen Wohls. Die Vorlage steht nun aber auf dem Boden, dass das öffentliche Wohl diese Maßnahme erfordert..." Das war doch logisch schlüssig, oder? So wurde das Enteignungsgesetz am 20. März 1908 beschlossen. In einer Graudenzer Zeitung erschien als Reaktion darauf der folgende polnische Kommentar:

Die Deutschen morden unsere Seele,
impfen den Kindern preußischen Geist ein,
germanisieren sie mit der Knute.
Und jetzt rauben sie uns den Boden.
Diesen Raub nennen sie Enteignung
Und nennen die Vergiftung der Seele
'Verbreitung der Kultur'. "

Georg Klein erhielt ein Stück Land am Ortsausgang, nahe der Grenze zu „Kongresspolen", wie man das Polen zu nennen pflegte, das 1815 auf dem Wiener Kongress entstanden war und vom russischen Zaren verwaltet wurde. Dort richtete er sich mit seinen Söhnen ein, dort hatte er wieder Pionierarbeit zu leisten, fast so wie einst in Wolhynien. Er entwässerte Teile des nassen Landes, er rodete Teile des Waldes und half beim Hofbau mit, der zentral von großen Firmen der Ansiedlungskommission durchgeführt wurde: Ein Wohnhaus entstand zur Straße hin, an der linken Seite ein Wagenschuppen, gegenüber ein Stall, davor kam später die Schmiede und nach hinten hin, wo das Land lag, eine Scheune. Der Giebel zeigt heute noch die Jahreszahl der Fertigstellung: 1913.

Hier waren allerdings die Rahmenbedingungen wesentlich besser gewesen als damals in Wolhynien: Man konnte in den Scheunen des Gutes nächtigen, brauchte sich keine Erdwohnungen zu schaffen und hier standen bessere Maschinen Verfügung.
 Als die Gebäude bezugsfertig waren, holten sie die restliche Familie aus Wolhynien nach.

15. *Das Foto zeigt das Haus unseres Großvaters.* Die Zahl „1913" oben im Giebel ist leider nicht zu erkennen. In diesem Haus haben jahrelang unsere Eltern mit gewohnt, hier sind auch die ersten fünf Kinder geboren worden.

16. *Das Bild zeigt die ganze Hofanlage unseres Großvaters.* Vorn im Garten – hinter dem Baum in der Bildmitte, also rechts neben Erna, Erich, Irmgard - stand die Schmiede, von der nichts mehr übrig ist. Es ist die Schmiede, die die Titelseite dieses Buches ziert.

2.2.6. Im Ersten Weltkrieg

Über die Zeit im Ersten Weltkrieg gibt es wieder nur wenige Informationen. So weiß ich nichts darüber, wie die auf der folgenden Kopie abgebildete Verteilung der Höfe zustande kam, offensichtlich sind die drei Kleins meine Onkel. Wann haben sie diese Häuser erworben?

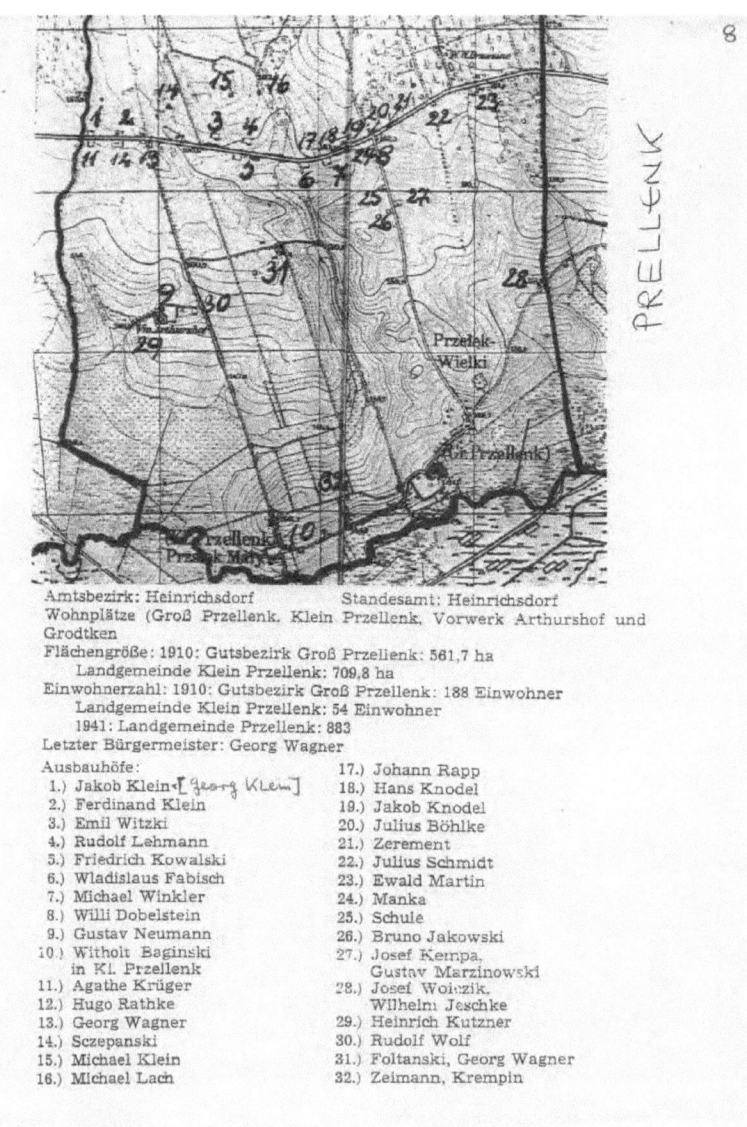

Amtsbezirk: Heinrichsdorf   Standesamt: Heinrichsdorf
Wohnplätze (Groß Przellenk, Klein Przellenk, Vorwerk Arthurshof und Grodtken
Flächengröße: 1910: Gutsbezirk Groß Przellenk: 561,7 ha
           Landgemeinde Klein Przellenk: 709,8 ha
Einwohnerzahl: 1910: Gutsbezirk Groß Przellenk: 188 Einwohner
           Landgemeinde Klein Przellenk: 54 Einwohner
      1941: Landgemeinde Przellenk: 883
Letzter Bürgermeister: Georg Wagner

Ausbauhöfe:
1.) Jakob Klein [Georg Klein]   17.) Johann Rapp
2.) Ferdinand Klein   18.) Hans Knodel
3.) Emil Witzki   19.) Jakob Knodel
4.) Rudolf Lehmann   20.) Julius Böhlke
5.) Friedrich Kowalski   21.) Zerement
6.) Wladislaus Fabisch   22.) Julius Schmidt
7.) Michael Winkler   23.) Ewald Martin
8.) Willi Dobelstein   24.) Manka
9.) Gustav Neumann   25.) Schule
10.) Withold Baginski   26.) Bruno Jakowski
    in Kl. Przellenk   27.) Josef Kempa,
11.) Agathe Krüger   Gustav Marzinowski
12.) Hugo Rathke   28.) Josef Woiczik,
13.) Georg Wagner   Wilhelm Jeschke
14.) Sczepanski   29.) Heinrich Kutzner
15.) Michael Klein   30.) Rudolf Wolf
16.) Michael Lach   31.) Foltanski, Georg Wagner
                                32.) Zeimann, Krempin

*17. Übersicht über die Verteilung der Siedlerstellen im Straßendorf Przellenk.
Unten rechts im Bild ist der alte Rest-Gutshof Gr. Przellenk zu sehen, links Klein Przellenk.*

Aus den Memoiren des Erich von Ludendorff, der zusammen mit Generalfeldmarschall von Hindenburg die Kämpfe in Ostpreußen leitete, weiß ich, dass der Bereich, in dem Georg Klein und seine Familie wohnten, im Zusammenhang mit den Kämpfen gegen die Russen eine zentrale Rolle spielte. Hier fanden die Auseinandersetzungen statt, die unter dem Namen **„Schlacht bei Tannenberg"** ins Bewusstsein der Deutschen und in die Geschichtsbücher eingegangen sind. Wie man weiß, gelang es den Deutschen hier, den Russen eine vernichtende Niederlage beizubringen und erst einmal aus Ostpreußen hinauszudrängen. (Die Deutschen dankten es Hindenburg, indem sie ihn nach dem Krieg zum Reichspräsidenten wählten, der dann als Politiker versagte und einen Teil der Schuld daran trug, dass Hitler zum Kanzler der Deutschen aufsteigen konnte.) Die Russen kamen allerdings wieder, viermal insgesamt standen sie auf dem Boden des Soldauer Gebietes und viele Bewohner sind jedes Mal vor ihnen geflohen, um dann wieder auf ihre Höfe zurückzukehren, wenn die deutschen Truppen den Feind wieder vertrieben hatten.

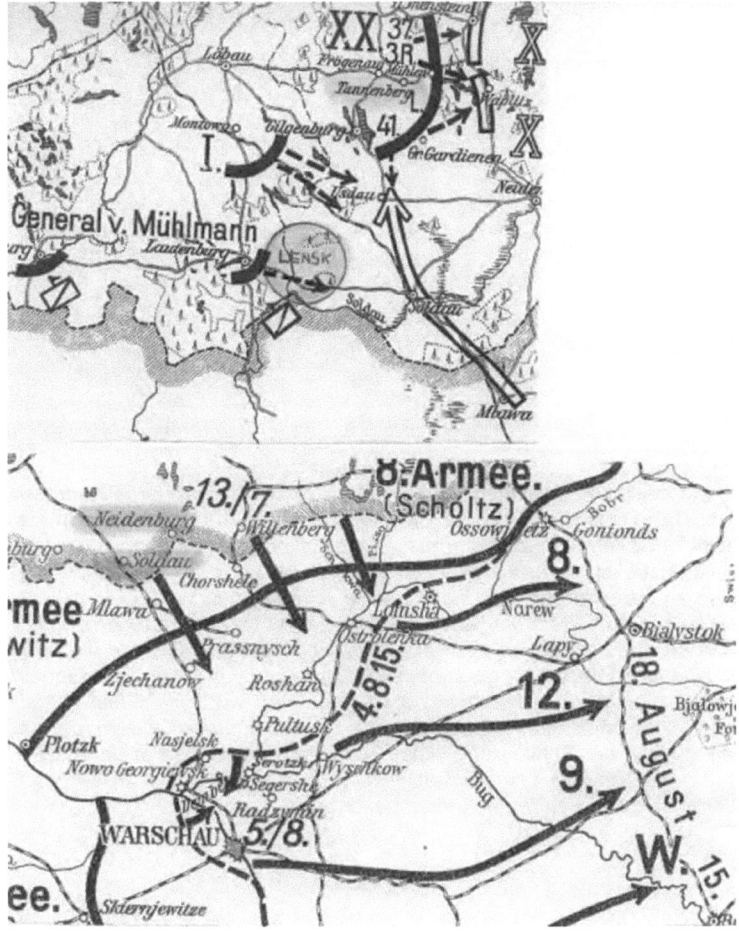

18. Karte: Tannenberg - Lensk

19. Russeneinmarsch in Neidenburg

Man sieht, unsere Familie siedelte auf geschichtsträchtigem Boden.
Ob Opas Familie bei diesen Flüchtlingen dabei war? Mein Vater war damals immerhin zehn Jahre alt. Hat er nie von diesen Ereignissen erzählt? Auch dann, wenn sie nicht selbst beteiligt gewesen sein sollten, müssen sie davon gehört haben. Was haben sie von den kriegsüblichen Gräueltaten mitbekommen, über die der schon genannte Fritz Gause zu berichten weiß: „*Die russische Führung (war) beim Einmarsch bestrebt, Disziplin zu halten...Trotzdem wurden überall Läden und Wohnungen ausgeraubt, weniger von den Kampftruppen, als von den Truppen und Kolonnen, die dem Heer nachzogen und ihre Wagen mit geraubtem Gut beluden.* (Und hier sieht Gause wieder eine Chance, die Polen anzuschwärzen):*...geht man wohl nicht fehl in der Vermutung, dass viele von den Plünderern polnische Bauern aus den Dörfern südlich der Grenze waren...*(Nach der Schilderung vieler Gewalttaten resümiert er dann) : *Es sind also in diesem kleinen Teil Ostpreußens allein nicht weniger als 26 Männer, Frauen und Kinder von Russenhand ums Leben gekommen.*"

20. Georg Klein

Die Ansichtskarte von 1915 zeigt das zerstörte Neidenburg.

21.Zerstörungen in Neidenburg

In Neidenburg, in Soldau und auch in manchen kleinen Ortschaften – Gause nennt in seiner Liste auch unseren späteren Wohnort Gr. Lensk, in dem meine kleine Schwester Edith und ich das Licht der Welt erblickten - waren übrigens bei diesen Kämpfen ganze Ortsteile zerstört worden, denn man setzte zwar im Ersten Weltkrieg noch keine Bomben ein, aber die Kanonen waren durchaus in der Lage, Häuser etc. zu sprengen und in Brand zu setzen.

2.3. Die Familie meiner Mutter - die Edemanns

So, nun habe ich die väterliche Familie an dem Ort des Geschehens, dem Ort unserer Geburt, eingerichtet. Der Weg der zweiten, der weiblichen Hauptperson, hierher ist weitaus umständlicher und umfänglicher - das gilt für die von ihr zurückgelegte Kilometerzahl wie für die notwendigen Seiten, auf denen dieser Weg darzustellen sein wird.

Zur Überleitung sei noch gesagt, dass auch eine Familie Witzke im Ort Przellenk etwa dreihundert Meter weiter auf derselben Straßenseite wie Georg Klein eine Siedlungsstelle erhielt - wir werden Herrn Witzke ein Jahrzehnt und viele Seiten später in Wolhynien wiedertreffen.

2.3.1. Die Einwanderung der Edemanns nach Wolhynien

Aller Wahrscheinlichkeit nach hat die Einwanderung dieser Familie auf ganz andere Weise stattgefunden als die der Kleins.

Ich kann im Folgenden nur für die Richtigkeit der historischen Details garantieren, nicht dafür, dass die Darstellung wirklich genau das Schicksal, den Weg der Edemanns erfasst, aber es passt alles ganz gut zusammen und deshalb traue ich mich....

Wolhynien hatte – das habe ich schon dargelegt - mehrfach seinen Besitzer gewechselt, Polen hatten es beherrscht, dann Tartaren und Russen, dann Ukrainer und wieder Polen, dann wieder der russische Zar.

Von jedem Volk waren einige dageblieben, die meisten in die Städte gegangen, nach Luzk, Kowel, Ostrog, Rowne, Dubno, Wladimir-Wolynsk. Hier gab es ein buntes Völkergemisch aus Weißrussen, Litauern, Ukrainern, Polen, Deutschen, Tartaren, Tscherwenen, Polowzen, Chasaren und Juden.

Nur wenige waren auf dem Lande geblieben und Muschiken geworden, Leibeigene der Slachta, der polnischen Adligen, die schon seit früher Zeit die Ländereien besaßen und russische, ukrainische und polnische Bauern in Fron ihre riesigen Höfe bestellen ließen.

Im Jahre 1855 kam im fernen St. Petersburg Zar Alexander II. auf den Thron, wodurch auch die Wolhynier einen neuen Herrscher bekommen hatten, denn – s.o. – seit 1793 gehörte dem russischen Zaren dieses Gebiet. Alexander gehörte zu den Herrschern, die sich nach Westen orientierten und liberale, fortschrittliche Ideen übernahmen.

Da in Frankreich durch die Französische Revolution (1789) und in Deutschland nach den Freiheitskriegen gegen Napoleon (1813) fast überall eine Bauernbefreiung stattgefunden hatte, die Leibeigenschaft also aufgelöst worden war, kam auch Zar Alexander auf die Idee, seinen Bauern die Freiheit zu geben. Im Jahre 1861 ließ er verkünden, dass die Muschiken ab sofort keine Steuern mehr an ihre adligen Herren zu zahlen brauchten und auch keine Arbeitsdienste (Fron) mehr zu leisten hatten.

Es dauerte lange, bis die Information in den letzten Dörfern des riesigen russischen Reiches - also auch in Wolhynien - angekommen war. Die polnischen Adligen protestierten: Ohne die Dienste ihrer Leibeigenen könnten sie die Höfe nicht bewirtschaften. Der Zar blieb hart und nahm das Gesetz trotz aller Proteste nicht zurück.

Die Befreiten reagierten unterschiedlich: Es kam zu Gewalttaten gegen die ehemaligen Herren, Gutshöfe wurden angezündet, Adlige erschlagen. Andere wussten mit der Freiheit nichts anzufangen, denn da das Land im Besitz des Adels blieb (fast in allen Ländern war die Bauernbefreiung auf diese halbherzige Art und Weise umgesetzt worden), konnten sie mit ihren Hütten wenig anfangen, konnten das Geld für die Land-Pacht nicht aufbringen, gingen als Arbeiter oder Bettler in die Städte – einige wenige baten die Adligen, bei ihnen weiterarbeiten zu dürfen.
Den Adligen fehlte es also allerorten an Bauern, die ihnen das Land bestellten, bezahlte Knechte zu finden war schwer - und da kamen sie auf die Idee, Werber auszuschicken: in die deutschen Dörfer im Weichselland.

Die Werber zogen durch Mittelpolen und an den Ufern der Weichsel, am Bug, an der Warthe und an der Netze entlang bis nach Pommern hinein. Sie sahen sich die deutschen Dörfer an, und wo es ihnen gut schien, da blieben sie und verhandelten mit den Bauern.

Die Schwaben und Pfälzer, die sich dort vor einem Menschenalter niedergelassen hatten, waren aus ihrer Heimat fortgegangen, weil sie kein Auskommen mehr gehabt hatten. Die Höfe waren immer wieder unter den zahlreichen Kindern aufgeteilt und dadurch so klein geworden, dass sie die Familien nicht mehr ernährten. Nur wenige konnten in einen Handwerksberuf ausweichen, da die Zünfte [die Handwerker-Organisationen] Bauern nur sehr selten aufnahmen. So blieb Tausenden nichts anderes übrig als auszuwandern. Und da die preußischen Könige religiös tolerant waren und es Platz im Land gab, waren viele in die deutschen Ostgebiete gezogen, hatten dort die Pflichten, die sie den Gutsherren gegenüber zu leisten hatten, durch Geldzahlungen abgelöst und wohnten und arbeiteten nun als freie Bauern auf dem gepachteten Land. Weil ihnen dieser Boden aber bereits nach wenigen Generationen zu eng geworden war, da er auch hier auf immer neue Generationen mit immer mehr Kindern verteilt wurde, stießen die polnischen Werber vielerorts auf offene Ohren.
Ein weiterer Grund war, dass die Toleranz der preußischen Herrscher inzwischen eingeschränkt war: Vor allem Mennoniten und Baptisten – beide vereint die Ablehnung der Taufe im Kleinkindalter, die die Katholiken als Sakrament pflegten und die auch Luther so übernommen hatte – litten unter den Repressalien und wanderten fast vollständig aus - zum großen Teil nach Wolhynien.

Großvater Edemann gehörte zu den Baptisten.

Diese Werber kamen zu den Pfälzern in Stopnica und im Kreis Sandomir, zu den Schwaben an der mittleren Warthe und an der Bzura und zu den Pommern bei Radomsko, Petrikau, Kalisch und Konin:
Nach den Erzählungen unserer Mutter wurde ihr Vater immer „Kaschube" genannt, was der scherzhafte Ausdruck für Leute aus Pommern war – das ist ein wichtiges Indiz dafür, dass Großvater Karl Edemann in diese hier genannte Gruppe von Pommern gehört, die von polnischen Werbern besucht worden sind.

Die Werber erzählten den Bauern Geschichten über das ferne Wolhynien, über das Land, das dort unbeackert liege und die Höfe, die nur auf neue Herren warteten. Sie versprachen, dass die Deutschen ihre Kultur ungestört weiterpflegen dürften, dass sie keinen Wehrdienst leisten müssten, was besonders für die Mennoniten von großer

Bedeutung war. Viele unterschrieben Verträge - manche unter Alkohol und falschen Versprechungen -, die sie verpflichteten, im folgenden Sommer bei bestimmten polnischen Herren zu erscheinen und dort Land und Dienst zu übernehmen, hatten ein Handgeld dafür erhalten - und machten sich im nächsten Sommer auf den Weg.

Vielen der angeworbenen Neusiedlern ging es miserabel auf dem langen Weg in den Südosten. Sie trafen oft auf Deutsche, die schon lange dort lebten, und diese Deutschen gaben den Reisenden zahlreiche Warnungen mit auf den Weg. Dennoch hielten sich die meisten an die Verträge und fuhren weiter bis zu dem Adelshof, mit dem sie durch den Werber den Vertrag abgeschlossen hatten. Ihnen blieb allerdings auch kaum etwas anderes übrig, da sie die eigene Bauernstelle aufgegeben hatten und nirgendwo - außer bei dem Vertragspartner - eine Chance hatten, einen neuen Hof oder wenigstens Arbeit zu erhalten.

1864 kam man nach großen Strapazen auf den Vertragshöfen an. Viele wurden enttäuscht, als sie die Realität mit den Versprechungen verglichen, und manch einer geriet in eine Abhängigkeit, die er an der Weichsel seit Jahrzehnten nicht mehr gekannt hatte. Ein Vertrag, den der oben schon genannte Autor Schwarz mitteilt, sah zum Beispiel so aus:

Die neuen Siedler erhielten vom Wald, der nahe am Dorf lag, vier Desjatinen Land [das sind etwa acht Fußballfelder, denn eine Desjatine entspricht ungefähr einem Hektar = 10.000m²], das aber erst noch zu schlagen und dann zu roden war. Von dem geschlagenen Holz durften sie soviel behalten, wie sie für den Bau ihrer Häuser und Ställe brauchten. Dafür mussten sie dem Adligen in der Kartoffelernte im ersten Jahr zehnmal ein Gespann zur Verfügung stellen, in den Folgejahren dann nur noch fünfmal. Im Frühjahr hatte jeder ein Stück Adelsland zu pflügen, zu eggen und zu säen, im Sommer abzuernten und die Ernte mit eigenem Gespann einzubringen. In der Heuernte mussten sie an sechs Tagen für den Herrn arbeiten. Zu Michaeli [also zu Ende September] hatten sie fünf Silberrubel an Steuern zu zahlen. Von der eigenen Ernte lieferten sie 14 Pud [1 Pud = 16 kg], also einen guten Doppelzentner Korn und 10 Pud Weizen ab. Jeder hatte die Pflicht, mindestens drei Kühe zu halten und für Kälber zu sorgen: Jedes dritte erhielt der Adlige, dazu noch eine bestimmte Menge Butter pro Jahr. Dafür durften die Deutschen den Wald als Weide benutzen und dort auch Abfallholz zum Heizen holen. Außerdem hatten sie für sich die Wege zu bauen und beim Instandhalten der Adelsstraßen und der Entwässerung zu helfen. Des Weiteren konnte sie der Adlige bis zu zwei Tage pro Woche zu anderen Diensten heranziehen, jedoch nur außerhalb der Zeit, in der sie ihre eigenen Felder bestellten und abernteten.

Wer vor der Frist von zehn Jahren den Hof verließ, konnte nur das mitgebrachte Eigentum mitnehmen, Haus und Stall und Vieh und alles inzwischen Erwirtschaftete verfiel automatisch an den Herrn. Proteste gegen solche Knebelungsverträge halfen nicht, es gab keine Alternative und kein Gericht, bei dem die Deutschen sich hätten Recht holen können.

Es mag sein, dass Großvater Edemann mit solch einem oder einem ähnlichen Vertrag hier in Wolhynien begann – belegen kann ich das nicht.

2. 3. 2. Unsere Mutter in Wolhynien

Karl Edemann hatte sich – das ist nun wieder verbürgt - in Orszynie/ Orzeszyna eine Existenz geschaffen. Ob und gegebenenfalls in welcher Weise diese Kolonie von einem adeligen Gut abhängig war, ist mir nicht bekannt.

Diese sehr einfache Kolonie, die keinerlei Dorf-Charakter hat, liegt (wie alle Wohnorte unserer Familie) etwa in der Mitte zwischen Brest-Litowsk im Norden und Lemberg im Süden, nördlich von der Stadt Wladimir Wolynsk, am nordwestlichen Rand des deutschen Siedlungsraumes.

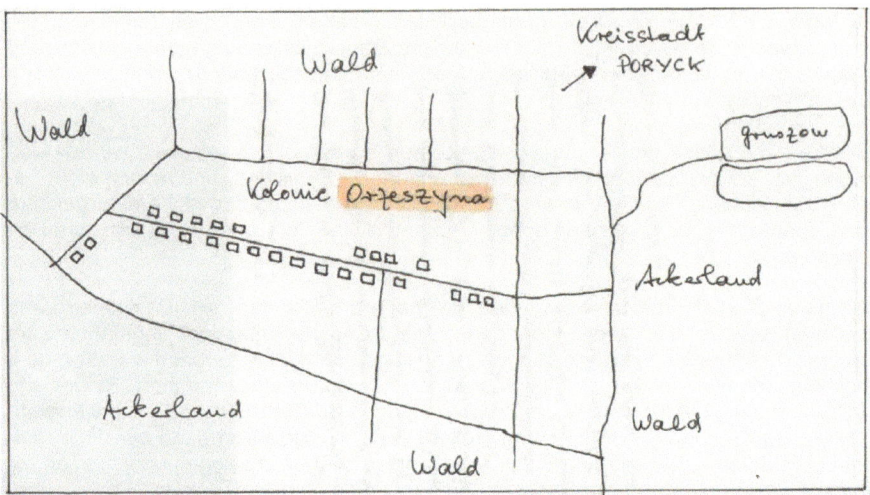

22.Skizze der Kolonie Orszynie/ Orzeszyna

Ich habe diese Lokalität mit Hilfe von *Gerhard König im Internet* gefunden: *(04.12.2012, 17:38): Chutor **Oreschina** im Wolost Poritzk, Ujesd Wladimir-Wolynsk mit 2 Höfen und 25 Einwohnern - 7 Werst bis Poritzk/ Poritzk (Порицьк); wurde 1951 umbenannt in Pawliwka (Павлівка), süd-östlich von Wladimir-Wolynsk gelegen, auf der Karte A46-B39 HOROCHOW als Poryck eingezeichnet. Südlich dazu befand sich der Ort Orzeszyna, hier als Kolonie eingetragen.*
Historischer Verein Wolhynien e.V., Forschungsstelle Wolhynien in der AGoFF

Die unterschiedlichen Schreibweisen dürfen einen nicht irritieren, die Deutschen haben die Schreibung dem Gehörten, der Lautung angepasst; hinzukommen die Probleme zwischen dem Polnischen und dem Russischen.

Die Angabe „2 Höfe" macht deutlich, dass es erst zwei der Ansiedler gelungen war, einen wirklichen Bauernhof zu errichten, der Rest wird in einfachen Behausungen gewohnt haben. Man erkennt auch, dass nur ein kleiner Teil des umgebenden Landes bereits unter den Pflug genommen wurde, der Wald dominiert noch. Unser Großvater wird nicht zu den beiden Hofbesitzern gehört haben, denn er verlegte seinen Wohnsitz bereits um die Jahrhundertwende, wie aus dem Geburtsort unserer Mutter im Jahre 1907 hervorgeht.
Noch in Oreschina/Orzeszyna hatte Karl Edemann die Polin Emilia von Szerpinsky, eine Frau *„aus verarmtem Landade*l", wie unsere Mutter immer zu sagen pflegte, geheiratet. Nach anderen Aussagen soll unsere Großmutter nicht Polin, sondern Russin

gewesen sein, aber das ist unwesentlich, zumal es in diesem Landstrich oft keine klare Trennung zwischen den beiden Nationalitäten gab. Unsere Mutter schwärmte oft von der Schönheit ihrer Mutter - Schönheit bei Menschen, vor allem bei weiblichen, war ihr stets eine ganz wichtige Tatsache. Die Größe betonte sie, die rotbraunen Haare, („wie Kastanien") und die Stimme und den freundlich-ruhigen Umgang mit den Kindern und das Frommsein. Leider gibt es kein Foto von dieser Frau.

Solche „Mischehen" wie die unseres Großvaters waren in Wolhynien durchaus an der Tagesordnung, die zahlreichen Völkerschaften lebten meistens tolerant nebeneinander und hatten mit dem Heiraten anderer Staatsangehöriger keinerlei Probleme. Unsere Oma soll perfekt Deutsch gesprochen haben, was darauf schließen lässt, dass sie wohl schon lange in einer deutschen Kolonie gewohnt hatte. Engstirniger Nationalismus existierte nur in bestimmten Kreisen russischer Intellektueller, unter den sogenannten „Slawophilen" – ich habe das schon bei Georg Klein erwähnt– von ihnen wird leider noch die Rede sein müssen.

Die Familie unseres Großvaters gehörte zu den freikirchlichen Gruppierungen, die die Baptisten mit leicht unterschiedlichen Glaubensschwerpunkten auch in Wolhynien gegründet hatten. Manche hielten Kontakt mit baptistischen Predigern im „Reich", die sich als Missionare verstanden und im fernen Wolhynien „Hauskreise" als Keimzellen von Gemeinden gründeten. Man versammelte sich im kleinen Kreis in den Wohnzimmern von Gleichgesinnten zum Bibellesen, Singen und Beten, richtige Gottesdienste wurden in Scheunen abgehalten. Als unser Großvater nach Wolhynien kam, gab es bereits erste baptistischen Kirchengebäude – allerdings nur in wenigen großen Städten. Es war zwar absolut verboten, Missionierungsarbeit zu betreiben, die orthodoxe Bevölkerung zum katholischen oder evangelischen Glauben herüberzuziehen, aber die Baptisten kümmerten sich – als einzige Glaubensgemeinschaft – nicht um dieses Verbot, sie warben unter den Ukrainern recht ungeniert für ihren Glauben.

Unsere Mutter wurde 1907 in **Taratschin** (russisch: Tahaczyn) im Kreis Wladimir-Wolhynsk geboren, genau am 12./ 25. März, je nachdem, ob man den deutschen oder russischen Kalender zu Grunde legt.

Bei der Suche nach diesem Ort war wieder der der Historische Verein Wolhynien hilf- und erfolgreich: Von Regina Steffensen fand ich am 27.02.2012, 21:13 im Wolhynien-Forum im Internet die folgende Auskunft: Einen Ort "Taratschin" habe ich auf keiner Karte gefunden, dafür aber auf der Lueck-Karte im Quadrat B2 (südwestlich von Lubitow) und bei mapywig ein Tahaczyn. Der russische Buchstabe für "g" und "h" ist "г", sieht also aus wie das deutsche "r", und im Polnischen wird "tschin" zu "czyn", so hat sich also auf den Karten ... "Taratschin" in "Tahaczyn" verwandelt.

23. Dieser Ort liegt 15 km südlich von Kowel, unten links im Bildausschnitt

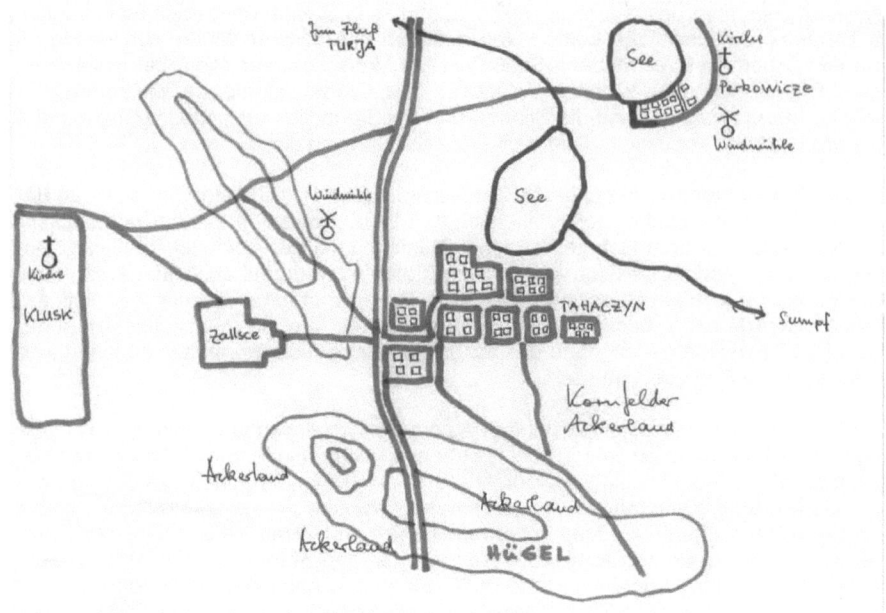

*24. Der Ort **Taratschin / Tahaczyn**.* Die roten Bereiche sind die bebauten Teile des Dorfes mit den Obst- und Gemüsegärten am Haus. Der kleine See im Norden hat nach Osten hin Verbindung zu einem Moor, nach Norden hin hat er über ein weiteres Moor Anschluss an den Fluss Turja, der im Nordosten in den Bug fließt. Die am Ort vorbeigehende Straße führt nordwärts in das Städtchen Kowel (damals vielleicht 3-5.000 Einwohner, heute 10.000), die grünen Linien geben Feldwege an. In den Nachbarorten Klusk (etwa drei km entfernt) und Perkowicz steht jeweils eine Kirche, auch verschiedene Windmühlen gibt es nahe am Ort.

Zur Zeit der Geburt meiner Mutter gab es in dem Dorf 39 Hofstellen, die von 256 Personen bewohnt wurden.

Sie wurde auf den Namen Leokadia getauft, der im Russischen recht geläufig ist.

25. Google-Earth-Bild von Tahachyn heute

Unsere Mutter hat nach dem Zweiten Weltkrieg oft von dem Dorf ihrer Kindheit erzählt. Sie muss dort mit ihren damals sechs Geschwistern (ein siebtes wurde in Sibirien geboren) eine schöne Zeit verbracht haben, selbst wenn man in Rechnung stellt, dass die Erinnerung manches in rosiges Licht taucht. Denn die Verhältnisse, in denen sie aufwuchs, werden sehr einfach gewesen sein, natürlich ohne Elektrizität, ohne fließendes Wasser, ohne sanitäre Verhältnisse, wie man sie heute unverzichtbar findet - aber das stört einen nicht, wenn man als Kind hinreichend Freiräume zum Spielen hat, und die gab es zwischen Kartoffel- und Weizen- und Kohl- und Mohn-Feldern und in den Wäldern rings um das kleine Dorf zur Genüge.

26. Google-Earth-Bild: Tahachyn und Umgebung heute

In den monatelang warmen Sommern konnte man barfuß laufen. Von ihrer Mutter hat unsere Mutter die Regel übernommen, das Barfußlaufen sei erst nach dem ersten Gewitter erlaubt; sie hielt sich auch in Ostpreußen und nach der Flucht 1945 in Harpstedt ganz strikt an dieses ungeschriebene Gesetz. In den schneereichen und bitterkalten Wintern konnte man auf dem kleinen Dorfteich Glitschbahnen genießen, Schneeballschlachten veranstalten und Schneemänner bauen: Monatelang blieben sie stehen. Man musste bei den Winter-Spielen allerdings aufpassen und gut angezogen sein, sonst riskierte man, dass einem die Ohren oder die Finger oder die Zehen abfroren.

Zur Schule brauchte sie noch nicht zu gehen, ihre Freiheit und Spielzeit war also nicht beschnitten, zu grober Feldarbeit war sie noch zu jung, lediglich beim Gänse- und Kühe-Hüten und beim Grasbesorgen in dem östlich vom Dorf gelegenen sumpfigen Gebiet, das „Almende" war, also von allen Bewohnern für die Kühe, Schafe, Ziegen und Pferde genutzt werden konnte, wurde sie manchmal beteiligt.

Anfangs hatte es in den Wäldern viele Füchse und sogar Wölfe gegeben, aber die großflächigen Rodungen hatten diese Tiere stark reduziert, übrig geblieben waren Kaninchen und Schlangen, die nun weniger natürliche Feinde hatten. Die Schlangen hielten sich oft in der Nähe der Häuser auf, man musste beim Spielen und bei der Feldarbeit auf sie acht geben, viele von ihnen waren giftig, ein Biss tödlich, denn es gab im Dorf keinen Arzt und auch der im 15 km entfernten Kowel hatte nicht unbedingt immer ein Serum als Gegengift in seinem Medikamentenschrank, wie es heute fast überall selbstverständlich ist.

Leider fand das schöne Leben auf dem Lande schon nach wenigen Jahren (die kleine Leokadia war gerade acht Jahre alt) ein jähes Ende und das kam so:

Wie schon erwähnt, hatte es in Russland eine Gruppe von „Slawophilen", also Slawenfreunden gegeben, die zusammen mit manchen russisch-orthodoxen Geistlichen gegen die evangelischen und römisch-katholischen Deutschen zu Felde zogen. Besonders die Wolhyniendeutschen hatte man ins Visier genommen. Die Abneigung und das Misstrauen steigerten sich besonders, als sich die Stimmung in ganz Europa verschlechterte und Krieg zwischen Russland und Deutschland drohte. Es wurden regelrechte Pressekampagnen organisiert, in denen man den Wolhyniendeutschen unterstellte, sie würden im Kriegsfall mit dem deutschen Feind zusammenarbeiten, ihm als Spione und Saboteure und Attentäter dienen. Groteske „Belege" wurden angeführt: Deutsche hätten in ihren Häusern und in den Flügeln der Windmühlen Spiegel installiert, mit denen man den deutschen Truppen Signale übermitteln konnte.

Dieser Vorwurf von Spionage und möglicher Kollaboration mit dem deutschen Feind war nach Aussage aller Historiker, die ich dazu gelesen habe, unzutreffend und ging an der Wirklichkeit des wolhynischen Lebens weit vorbei. Die Wolhynier waren an politischen Ereignissen wenig interessiert oder gar beteiligt, sie waren schlecht unterrichtet, sie hatten keine organisierte Oberschicht, hatten fast keinen Kontakt zum Deutschen Reich, waren voll gläubigen autoritätsgeprägten Vertrauens auf den Zaren, so habe ich überall gelesen...

Dennoch hatten die Deutschen-Feinde bereits 1887 mit den „Fremdengesetzen" erste Erfolge in der russischen Politik. Und als nun zu Beginn des August im Jahre 1914 der Erste Weltkrieg begann und die Deutschen ins Russische Reich einmarschierten (in Wolhynien / Galizien waren es zuerst – Ende August - die verbündeten Österreicher/Ungarn), triumphierten diese Kreise natürlich, hatten sie doch Recht behalten mit ihrer Behauptung, von den Deutschen könne nur Böses kommen, sie müssten aus dem russischen Reich verschwinden.

Für die Wolhyniendeutschen hatte das umgehend Konsequenzen – und zwar bereits vor Beginn der Kampfhandlungen. Ich lasse die Erzählerin aus Helmut Exners Buch (Die Frauen von Janowka, Duderstedt 2010, S.48 f.) berichten, weil unsere Mutter von diesen Ereignissen nie erzählt hat. Sicher liegt das daran, dass ihr Vater bereits zu alt war, um zum Militär eingezogen zu werden, und die Einberufung junger Männer aus dem Dorf (wenn es denn dort auch Einberufungen gab, was aber wahrscheinlich ist) keinen großen Eindruck auf sie machte und deshalb nicht im Gedächtnis gespeichert wurde.

In dem wolhynischen Dorf Jonowka näherte sich eine Staubwolke... *„Nach einiger Zeit war darin ein Vierspänner zu erkennen mit je vier Reitern vor und hinter dem Wagen: >Das sind russische Soldaten<, sagte Friedrich und bewegte sich in Richtung Straße. >Ich will wissen, was die wollen<.*
„Karl ging mit ihm und nach einigen Minuten hatten sie den Platz vor dem Bethaus erreicht, an dem sich bereits über hundert andere Dorfbewohner eingefunden hatten. Und immer mehr Menschen strömten herbei. Einer der Soldaten nagelte ein Blatt mit einem russischen Text an die Tür des Bethauses: Allgemeine Mobilmachung. Unterzeichner: Zar Nikolaus II.
„Schließlich erhob sich der Uniformierte in seinem Vierspänner, signalisierte, ruhig zu sein und sprach laut in russischer Sprache: >Seine Majestät, Zar Nikolaus II., hat am 30.Juli dem Deutschen Reich den Krieg erklärt.< Verständnislose Blicke, nackte Angst, entsetzte Schreie einiger Frauen, Jammern. Der Uniformierte las unentwegt weiter. (...)
„>Folgende Männer haben sich morgen früh sieben Uhr an diesem Platz einzufinden: Abel Maximilian... <
„Von den etwa 160 Männern des Dorfes wurden mehr als 50 aufgefordert, sich in weniger als 24 Stunden zur Armee zu melden. >Wer dem Befehl nicht Folge leistet, wird mit dem Tod durch Erhängen bestraft.<"

Die russische Armee hatte erst einmal nur Männer unter 30 Jahren zum Militär eingezogen.

Die „Rekruten" wurden in der Nähe in einem Baracken-Lager zu etwa 500 Mann zusammengezogen und dort durch Haarschnitt, Uniform und Ausbildung zu russischen Soldaten gemacht. Der Kommandeur dieser Truppe erklärte den jungen Kämpfern von morgen, in welcher Weise sie der Güte und Gnade des Zaren teilhaftig werden und wie segensreich sie für ihre Landsleute sein würden:
„Soldaten! Rußland befindet sich im Krieg. Wir rechnen damit, dass das Deutsche Reich unser geliebtes Vaterland überfallen wird. Normalerweise sollten alle Deutschen, die hier leben, weit in den Osten geschickt werden, damit sie nicht mit ihren angreifenden Landsleuten gegen Rußland kollaborieren oder spionieren. Unser geliebter Zar Nikolaus II. hat aber in seiner Güte beschlossen, den Deutschen eine Chance zu gegen. Nutzt diese Chance! Seid gehorsame, brave Soldaten und verteidigt unsere Heimat, die ja auch Eure Heimat ist. Wer die Gutmütigkeit des Zaren ausnutzt, um zu sabotieren und zu spionieren, wird gnadenlos aufgehängt und seine Familie wird in das entfernte Sibirien gebracht..." (Exner, S.56)

„Den Deutschen eine Chance zu geben..." Es sollte sich in wenigen Monaten zeigen, für wie wenige Personen diese Chance wirklich eine solche war – zumindest für kurze Zeit. Ich markiere in den Gesetzen die einschlägigen Stellen durch Fettdruck.

In den nächsten Monaten schickte die Armee Kosaken durch die Dörfer, die rücksichtslos Vieh auf den Weiden requirierten und mitnahmen, Vorratskeller und Scheunen plünderten und die Waren auf beschlagnahmten Pferdewagen abtransportierten, Furcht und Schrecken unter der Bevölkerung verbreiteten.

„Wir führen Krieg nicht nur gegen das Deutsche Reich, sondern gegen das Deutschtum überhaupt" – betonte der damalige russische Ministerpräsident Goremykin.
Dass diese Haltung nicht die des gesamten russischen Volkes war, beweist die Tatsache, dass man sich nicht traute, die geplanten Gesetze zur Zerstörung der Lebensgrundlage der Deutschen, des Landbesitzes also, auf dem normalen Wege zu erlassen. An der Duma [dem für die Gesetzgebung zuständigen ‚Parlament'] vorbei, wurde eine Notverordnung erlassen, die vom Zaren betätigt und am 2. Februar 1915 von dem Großfürsten Nikolai Nikolajewitsch, dem russischen Oberkommandierenden, in Kraft gesetzt wurde – schon die Zeitgenossen gaben dieser Verordnung den Namen „Liquidationsgesetz".

Das Gesetz bestimmte,
- dass alle Personen deutscher, österreichischer und ungarischer Nationalität, die erst nach dem 1. Januar 1880 russische Staatsbürger geworden waren, in einer Zone von 150 Werst [das entspricht in etwa unseren Kilometern] entlang der Grenze zu Deutschland und Österreich-Ungarn sowie in einer Zone von 100 Werst entlang der Küste von Ostsee, Schwarzem und Asowschem Meer ihren Grundbesitz innerhalb von zehn bzw. sechzehn Monaten zu verkaufen hatten;
- dass Personen, die zur orthodoxen Kirche übertraten, von dieser Regelung ausgenommen blieben ebenso wie **Kolonisten, die selbst oder deren Söhne an der Front dienten;**
- dass alle Miet- und Pachtverhältnisse innerhalb eines Jahres aufgelöst werde mussten.

Am 13. Dezember 1915 trat das zweite Gesetz in Kraft, das die Bestimmungen des ersten Gesetzes auf alle Grenzbereiche ausdehnte und den Verkauf an eine Staatsbank anordnete, was fast einer Enteignung gleichkam.
Es folgten weitere Gesetze, die den Geltungsbereich auf praktisch ganz Russland ausdehnten – die Februar-Revolution 1917 verhinderte aber deren Umsetzung vor allem gegen die vielen Wolgadeutschen.

Dagegen traf es die Wolhynien-Deutschen besonders hart. Hier begnügte man sich nicht mit der Wegnahme des Grundbesitzes.
Schon zwischen dem ersten und dem zweiten Gesetz, genau am 28. Juni 1915, konnten die Wolhynier-Deutschen in ihrem amtlichen Blatt, den auf Russisch und Deutsch erscheinenden „Wolhynischen Gouvernements-Nachrichten" die folgende Bekanntmachung lesen:
„ Alle Deutschen, Kolonisten, Nichtorthodoxen des Kreises, die nicht in geschlossenen Ortschaften leben (man sieht, es geht um die Bauern und deren Landbesitz), *unterliegen der Aussiedlung. Sie haben bis zum 10. Juli des Jahres Zeit, ihren Landbesitz aufzulösen. An ihren Wohnorten können verbleiben:* ***Frauen der Kolonisten, die sich in unserem aktiven Heer befinden, ihre Kinder, Mütter und Familienoberhäupter.***

Auszusiedelnde dürfen ihre Besitztümer mit sich nehmen. In den deutschen Siedlungen werden vorübergehend Flüchtlinge aus Galizien einquartiert [in diesen Bereich im Südwesten war inzwischen die deutsch-österreichische Armee einmarschiert], *denen entsprechende Gebäude zur Verfügung gestellt werden. Sie werden auch mit der Einbringung der Ernte sowie der Aufsicht über den Besitz der Auszusiedelnden beauftragt, der aus irgendwelchen Gründen am Orte zurückgelassen werden muss. Für Gewaltakte, die die Kolonisten an den Flüchtlingen verüben, wird der Schuldige dem Kriegsgericht überstellt. Für die Ausführung dieses Aussiedlungsbefehls werden Bürgen für die Kolonisten einstehen. Die Bürgen werden für alle ordnungswidrigen Handlungen ihrer kolonistischen Glaubensgenossen bis hin zur Todesstrafe verantwortlich gemacht und bis zur Beendigung der Aussiedlung in Gewahrsam gehalten...."*
Vor allem Pastoren, Kirchenvorstände, Bürgermeister, auch Lehrer wurden in Geiselhaft genommen.

In dem berichtenden regionalen Teil der Zeitung wurde die Vorgeschichte der Vertreibung / Ausweisung folgendermaßen zusammengefasst, wobei man bei den Datumsangaben den hier verwendeten russischen Kalender einkalkulieren muss (dreizehn Tage kommen für uns hinzu); außerdem gab es nicht in allen Bezirken gleichlautende Anweisungen und vor allem auch nicht identische Fristen.

> Am 14. Juni 1915 kam der Befehl an alle Einwohner, bis zum 7. Juli die Häuser zuräumen, und sich auf die Flucht begeben; denn der Feind schien vorzudringen. Am 6. Juli abends kam die frohe Botschaft: "Der Feind ist geschlagen, weiter kann er nicht mehr vordringen in Wolhynien, 2 Monate lang kann man jetzt ruhig wohnen. Am 7. Juli kam der Befehl, von Eilboten ausgeschrien, welcher lautete: "Am 10. Juli darf keine deutsche Seele in deutschen Wirtschaften mehr vorgefunden werden." — Alles bereitete sich zum Aufbruch.

27. Wolhynische Gouverments-Nachrichten

"Alles bereitete sich zum Aufbruch. *Vom Inventar* – so heißt es weiter in dieser Zeitung - *verkaufte man sehr wenig, wobei die Nerven der Deutschen übel zugerichtet wurden, da man die Gegenstände unter großem Drängen für den acht- bis zwölffach verringerten Preis veräußern musste. Am 10. Juli kam die Botschaft, dass alle Deutschen noch wohnen bleiben können bis zum 20. Juli. Alle dankten Gott, denn die Ernte war reif und man machte sich schnell zur Ernte, um dadurch sich etliche Rubel für die Zukunft zu retten. Am 1. Juli , da schon manche Scheuer mit Getreide gefüllt war, erging der Befehl:* **"Alle diejenigen, die aus ihrer Familie jemand im Kriege haben, wenn man mit Briefen von der Front es beweisen kann, können bleiben, alle anderen müssen weichen".**

Für unsere Mutter und ihre Familie wurde es jetzt bitter ernst – und hier kann ich endlich wieder auf ihre Erzählungen zurückgreifen:
Anfang Juli, wohl am dritten oder vierten, erschien überraschend ein russischer Polizist im Dorf, rief die Bewohner zusammen und verkündete an Stelle des üblichen Ausrufers, alle Deutschen hätten sich darauf vorzubereiten, ihren Hof zu verlassen. Da

Deutschland sich mit Russland im Krieg befinde und deutsche Truppen schon in Russland einmarschiert seien, müsse man die Leute hier wegbringen, damit sie sich nicht mit dem näher kommenden Heer verbünden könnten. Drei Tage habe man Zeit, Haus und Hof und Hab und Gut zu verkaufen und ein paar Sachen für eine lange Reise zusammenzupacken...

Von dem Krieg hatte man in der Familie Edemann durchaus gehört und gelesen, aber niemand war ernsthaft auf die Idee gekommen, dass er Konsequenzen für ihr Leben haben könnte, und dann auch noch so schreckliche. An eine mögliche Unterstützung der deutschen Soldaten hatte hier niemand gedacht, man fühlte sich zwar als Deutsche, aber das hinderte niemanden daran, ein loyaler Untertan des Zaren zu sein. Viele Söhne dienten doch in der russischen Armee, seitdem 1874 die Befreiung vom Wehrdienst für die Deutschen aufgehoben worden war (nur die Mennoniten hatten daran Anstoß genommen und waren zum größten Teil ausgewandert nach Kanada...) und seitdem man bei Kriegsbeginn junge Deutsche eingezogen hatte.

Nun überschlugen sich die Ereignisse. Man hatte es plötzlich sehr eilig, weil die Front schneller als erwartet näher kam. Großvater Edemann hatte zwar einen Käufer für den Hof gefunden und auch einen halbwegs akzeptablen Preis vereinbart – natürlich weit unter Wert, denn plötzlich standen zehntausende von Bauernstellen zum Verkauf und ein Überangebot drückt bekanntlich auf den Preis – aber der „Kunde" musste das Geld erst von seiner Bank als Kredit genehmigt bekommen, und das ging nicht so schnell – wahrscheinlich war auch diese Verzögerung von den Behörden angeordnet und Bestandteil der Vertreibung der Deutschen.

Bereits am zweiten Tag nach der Ankündigung des Polizisten ritten Kosaken durch das Dorf, verbreiteten Panik, indem sie mit ihren Lederpeitschen hektisch und laut gegen die Stiefel klatschten (diese einschüchternde Geste mit der „Nagaika" erzählte unsere Mutter besonders gern und anschaulich) und auf jedem Hof zur Eile aufriefen: Noch heute musste aufgebrochen werden. Nein, nicht jeder durfte einen Pferdewagen beladen, immer eine Gruppe von Nachbarn hatte sich zusammenzutun und ein Fuhrwerk gemeinsam zu nutzen. Man wollte die entstehenden Trecks überschaubar halten und außerdem brauchte die Armee selbst Fuhrwerke und Pferde, die man dann auch gleich konfiszierte.
Unser Großvater war verzweifelt, er konnte das ausgehandelte Geld nicht mehr bekommen, er konnte auch nicht annähernd das, was er gerne auf die Reise ins Unbekannte mitgenommen hätte, auf den Wagen laden – zu viel hatten schon die Nachbarn aufgepackt.

Auf allen deutschen Höfen tauchte die Polizei und berittene Kosaken auf und überbrachten den Befehl zum Aufbruch: Alle mussten sich – je nach Wohnbereich - in der Zeit zwischen dem 5. und dem 15. Juli auf den Weg machen.

Den Aussiedlern war - s.o. - erlaubt worden, ihr Hab und Gut zu verkaufen, aber das Überangebot drückte nicht nur die Preise, es gab auch nicht genügend Interessenten und Käufer. Es kam daher zu Zwangs-Versteigerungen, bei denen die russische Staatsbank das Vorkaufsrecht hatte. Sie konnte die Preise diktieren und auf ein Niveau von 10% des Vorkriegswertes herunterdrücken. Von dem niedrigen Erlös wurde nur ein kleiner Teil bar ausgezahlt, der Rest wurde in so genannten Namensobligationen gutgeschrieben, die man nicht verkaufen durfte und die man erst in 25 Jahren – also am Sankt-Nimmerleins-Tag – einlösen konnte.

Exner lässt in seinem uns schon bekannten Buch (S. 77) erzählen, was die Versprechungen an die jungen Soldaten wirklich wert waren. Als am 9. Juli die Kosaken in ihr Dorf kamen und den Befehl überbrachten, in zwei Stunden bereit zur „Abreise" sein zu müssen, protestierte eine Frau lautstark: *„Man hat mir garantiert, dass ich nicht weg muss, weil mein Mann in der russischen Armee gefallen ist, mein Bruder ist auch in der Armee, und ich habe drei kleine Kinder. Außerdem habe ich einen russischen Pass; also verschwinde und lass mich in Ruhe!"*
„Weib, du bringst mich zum Lachen. Es interessiert keinen, wer dein Mann war, was dein Bruder macht oder ob du Kinder hast. Pack deine Sachen, sonst haben deine Kinder keine Mutter mehr!"

2.3.3. Die Deportation nach Sibirien

Die oft recht präzisen Angaben in den folgenden Ausführungen verdanke ich vor allem den umfangreichen Untersuchungen von Waldemar Giesbrecht über die Verbannung der Wolhyniendeutschen, die er in den Wolhynischen Heften (Schwabach, Wiesentheid) veröffentlich hat. (Folge 3, S.18-42, Folge 4, S.9-97, Folge 5, S.6-67). Auf Einzelbelege und Seitenangaben für jedes übernommene Sach-Detail verzichte ich.

In den verschiedenen Orten waren die Einzelheiten des Aufbruchs ganz unterschiedlich, je nachdem wie die örtliche Polizei gestimmt war. Mancherorts durfte jeder seinen Pferdewagen mit allem beladen, was er als mitnehmenswert ansah, in anderen mussten sich alle zu Fuß auf den Weg machen, in den Städten traf man sich am Bahnhof und musste mit seinem Handgepäck in die Züge steigen, in wieder anderen Dörfern mussten sich zwei, drei Nachbarn ein Fahrzeug teilen, weil die anderen vom Militär konfisziert worden waren.

In Taratschin galt die letztgenannte Regel. Die Edemanns konnten nicht annähernd alles auf dem mit drei Nachbarn zu teilenden gemeinsamen Wagen unterbringen, und deshalb packte man für jeden – auch für die Kinder – einen Rucksack voll oder schnürte ein Bündel, das nun zu tragen war: Kleidung enthielt es, das notwendigste Essgeschirr und eine Bettdecke.

Mit dieser Bürde machte man sich auf den Weg – in der Hitze des Sommers, zu Fuß hinter den Pferdewagen, geleitet von Kosaken auf ihren Pferden. Wohin die Reise ging, wusste niemand – klar war nur die Richtung: Nach Osten musste es gehen, hinein in das Riesenreich Russland. Das Gepäck – jeder Rucksack-Tourist kennt das - wurde mit jeder Stunde schwerer, der Wunsch, es einfach in den Straßengraben zu werfen, wurde vor allem bei den Kindern übergroß, aber der Vater sorgte dafür, dass niemand der Versuchung nachgab.

Hunderte von Gruppen der Deutschen aus dem Westraum Wolhyniens waren als erste unterwegs. Österreichische und deutsche Truppen marschierten bereits auf Wolhynien zu, deshalb tat Eile not. Und da man die Straßen und die Schienen dringend brauchte, um Soldaten und Waffen und anderes Kriegsmaterial aus dem russischen Landesinnern nach Westen an die Front zu schaffen, schickte man erst einmal die Pferdewagenkolonnen und die Fußgänger der Deutschen auf einen Ausweichkurs in den Norden, in die Priepjetsümpfe.

Jede Gruppe hatte ihr eigenes Schicksal, aber wenn man ihre Wege vergleicht, schälen sich doch einige Gemeinsamkeiten, Grundstrukturen gewissermaßen, heraus, wo es entlang ging und welche Transportmittel auf den Strecken eingesetzt wurden.

Ich lasse in meiner Darstellung die vielfältigen Varianten weg und versuche nur, den Weg herauszuarbeiten, den die Edemanns aller Wahrscheinlichkeit nach zurückgelegt haben - die Erzählungen meiner Mutter bieten dazu manchen Anhaltspunkt, aber insgesamt doch wenig genaue Angaben.

Die Deportation war vom russischen Staat zwar befohlen, aber nicht geplant, geschweige denn durchorganisiert worden. Die Versorgung mit Essen wurde ein Problem, Soldaten mit ihren Feldküchen mussten einspringen, die Bewohner der Dörfer, durch die man kam, halfen, kochten, mal mitleidig, manchmal auch misstrauisch und ablehnend, manchmal von den Behörden gezwungen. Das Essen musste bezahlt werden, schmälerte bald die sowieso nicht üppige Reisekasse. Man schlief, wo man gerade Platz fand, im Freien (es war ja warm genug), in Scheunen, in Strohschobern - Betten sah man auf der „Reise" natürlich nicht.

Für die erste Etappe bis DAWID GORODOK, kurz vor dem Zusammenfluss des Goryn mit dem Pripjet gelegen, war eigenes Fahren und Laufen vorgesehen. Aber auch hier gab es Unterschiede: Manche konnten mit ihren Fuhrwerken und dem reichlich aufgeladenen Besitz in Ruhe bis zum Zwischenziel fahren. Für die Dörfler unserer Mutter verlief diese Etappe recht uneinheitlich. Unsere Mutter erzählte, manchmal sei es möglich gewesen, mit einer kleinen Gruppe zusammen ein zusätzliches Pferdefuhrwerk zu mieten, um die Kinder und die Habseligkeiten wenigstens tageweise zu transportieren, aber da die russischen Bauern auch nicht dumm waren, die Not der Leute erkannten und die Mietpreise entsprechend hoch ansetzten, konnte man sich das bald nicht mehr leisten. Also lief man wieder zu Fuß.

Anderen erging es noch schlechter. Ich zitiere hier einen Bauern, den der uns schon bekannte Bernhard Schwarz in seinem Roman von dieser ersten Etappe berichten lässt. Seine Erlebnisse und Erfahrungen decken sich weitgehend mit dem, was ich von meiner Mutter weiß und bieten auch ein Stück Anschaulichkeit, die unsere Mutter in dieser Form und Ausführlichkeit mir nie hatte vermitteln können. Dieser Bauer gehörte zu den Pechvögeln, die schon auf der ersten Etappe fast alles Hab und Gut verloren, das sie beim Aufbruch erst einmal hatten retten können....

„Drei Tage lang fuhren wir durch den großen Wald. Bei Sarny [an der Eisenbahnstrecke Warschau, Lublin, Kowel, Kiew gelegen] *lagen wir dann eine Woche im Wald versteckt und warteten ab, aber russische Regimenter kamen und trieben uns weiter. Abends stellten wir unsere Wagen immer in langen Reihen eng aneinander unter die Bäume und hielten Gottesdienst ab. Wir hielten zusammen und teilten, was wir besaßen. Manch einer starb unterwegs wegen der Hitze oder kam unter die Räder des Wagens - Kinder vor allem. Die Sonne brannte unbarmherzig und die Wege waren sandig und tief, so dass wir oft durch den Wald fahren mussten, um nicht bis zu den Achsen im Sande zu stecken. So brauchten wir bis Stolyn fast zwei Wochen.*
„Eines Tages erkrankten viele von uns an der roten Ruhr, einer blutigen Durchfallkrankheit. Auf jedem Wagen gab es Leidende, denn wir hatten entlang dem Gornyfluß [von Süden über Saryn und Stolyn in die Pripjetsüpfe hineinführend] *unseren Weg genommen und uns Wasser aus dem Fluss zum Kochen geholt, das wohl nicht sauber genug gewesen war. Mit vielen Kranken kamen wir nach Stolyn hinein, aber da gab es kein Spital, in dem sie gesundgepflegt werden konnten, denn alles war mit verwundeten Soldaten belegt.*

28. In den Pripjetsümpfen

„So mussten wir mit unseren Kranken die Stadt wieder verlassen; auf einer nahen Wiese schlugen wir unser Lager auf, da viele das Weiterfahren auf dem Wagen gar nicht ertragen konnten.

„Da begann ein großes Sterben unter den Menschen, das in wenigen Tagen zwanzig von ihnen dahinraffte, meist alte Männer und Frauen und ganz kleine Kinder. Nachts stöhnten und röchelten um uns die Todkranken - das währte drei Tage und Nächte. Gleich zu Beginn der Krankheit wollten viele aus Angst vor Ansteckung flüchten und spannten ihre Pferde ein, um wegzufahren, aber ein russischer Offizier kam, sperrte das Lager ab und verbot allen davonzufahren; sie stellten Wachen um das Lager auf und ließen keinen hinaus: Wir waren praktisch Gefangene. Jede Nacht brachte man die Toten auf ein nahes Feld und begrub sie - jeden Morgen konnte man mehr Holzkreuze zählen.

„Eines Morgens hörten wir fernes Grollen und dachten an Gewitter - es war aber die Front, die bis auf Hörweite an uns herangekommen war. Das brachte für uns eine Änderung mit sich. Plötzlich waren sehr viele russische Soldaten da, die am Flussufer Gräben und Erdlöcher schaufelten. Uns ließ der russische Hauptmann zusammenrufen und befehlen, Wagen und Pferde abzugeben - wir würden auf Staatsfuhren nach Russland hineingebracht. Kaum hatten wir unser Hab und Gut abgeladen und die Pferde eingespannt, waren die Soldaten mit unseren Fuhren auf und davon. Wir bekamen eine Bescheinigung ausgestellt und das Versprechen, eine Entschädigung zu erhalten - später, wenn der Krieg zu Ende sein würde.

„Wir saßen auf unserem Gepäck und beratschlagten, was zu tun sei. Einige meinten, wir sollten doch auf die schon nahen Deutschen warten und uns auf ihre Seite schlagen, aber noch bevor es eine Möglichkeit dazu gegeben hätte, tauchte der russische Hauptmann wieder mit großen Transportwagen bei uns auf. Die Kranken wurden zuerst verladen und ins Spital gebracht - von ihnen mussten wir Abschied nehmen, ebenso wie von einem großen Teil unser Habe, die auf den viel zu wenigen Wagen keinen Platz fand. Betten und Kleider und Geräte blieben so auf der Wiese zurück und *die Polen und Ukrainer hatten an dem Tag fette Beute; sie kreisten wie die Geier um unsere Waren, und wir mussten froh sein, wenn sie uns für die besten Stücke wenigstens noch ein Almosen zahlten. Ich hatte eine große alte Familienbibel dabei, die ich nicht weiter mitnehmen konnte, und als man mir zehn Kopeken dafür bot, zerriss ich sie und warf sie unter die Räder, bevor ich sie fortgab...*

„*So zogen wir nach Osten über den Horyn, auf dessen hölzerner Brücke sich mit uns russische Soldaten, Offiziere, Kanonen, Reiter, Heer aller Art über den Fluss ergoss. Die Brücke war schon in der Reichweite der deutschen Kanonen und so manchen sahen wir ins Wasser stürzen, wenn eine Granate ganz in der Nähe einschlug - wir aber kamen heil ans andere Ufer. Nur wenige Minuten, nachdem unsere etwa 50 Fuhrwerke zählende Gruppe unter wütendem Peitschengeknalle das steile Ufer hochgefahren war, erwischte ein deutscher Volltreffer die Brücke und riss alles in die Tiefe, was noch an Mensch und Tier und Gerät darauf war. Nur wenige erreichten um ihr Leben schwimmend das Ufer...*

„*Wir fuhren weiter ins russische Land hinein, der Krieg blieb hinter uns. Nur anfangs trafen wir noch russische Truppen. Die Soldaten sahen uns erstaunt an und manche Offiziere fragten uns, woher wir kämen. Wenn sie hörten, dass wir Deutsche aus Wolhynien waren, sahen sie uns oft misstrauisch an, denn viele glaubten, dass wir Spione der Deutschen wären, da wir doch der gleichen Sprache und gleicher Abstammung seien. Aber wir sahen so armselig aus auf unseren Fuhren, dass uns manche auch ein Stück Brot und einen Becher Wasser gaben und uns kein Leid antaten in unserer Armut.*

„*Unsere Kutscher trieben die abgemagerten Pferde ohne große Pausen weiter vorwärts nach Norden, bis wir in die großen Sümpfe kamen und saftige Wiesen zuerst, dann zunehmend große Pfützen und weite Wasserflächen unseren Weg säumten. Nur der angelegte Weg mit Kopfweiden an beiden Seiten war trocken, rechts und links dehnte sich endlos der Sumpf...*"

In diesen Sümpfen des Pripjet wurde es dann richtig schlimm. Die Ausdünstungen der Moore, durch große Hitze intensiviert, das Fehlen jeder sanitären Einrichtungen, die völlig mangelhafte Hygiene, die Schwächung der Leute durch die schlechte Ernährung, das Fehlen medizinischer Betreuung ließ Seuchen ausbrechen: Typhus, Diphterie und rote Ruhr waren an der Tagesordnung.
Am schlimmsten wüteten die Seuchen in dem größten Schiffsanlegeplatz am Goryn, kurz bevor er in den von Westen nach Osten fließenden Pripjet-Fluss einmündet, in Dawid Gorodok /Davyd-Haradok

29. Google-Earth-Bild: Der Goryn mit Davyd-Haradok; quer fließend der Pripjet, Sümpfe

Dort gab es so viele Tote, dass die Tischler es nicht mehr schafften, für jeden Verstorbenen einen Sarg zu zimmern: Ja, in dieser ersten Zeit der Deportation legte man noch Wert auf ein gesittetes christliches Begräbnis, Wochen und Monate später musste man es hinnehmen, dass sie Sitten verwilderten.
Die Krankheiten verschlimmerten nicht nur die Situation der direkt Betroffenen, auch alle anderen hatten darunter zu leiden: Hatte die Bevölkerung bisher oft aus Mitleid geholfen, so sperrte man jetzt die Dörfer, verbot aus Angst vor Ansteckung das Übernachten im Ort, niemand durfte Wasser aus den Brunnen schöpfen…

An den Flüssen Horyn und Pripjet begann in vielen kleinen Orten um und vor allem in Dawid Gorodok die **zweite Etappe** der „Reise" mit Schiffen unterschiedlichster Art. Dampfschiffe waren dabei, aber die meisten waren riesige offene Lastkähne, die flussabwärts gestakt wurden und dann in Verbänden von Schleppern wieder flussaufwärts gezogen wurden, um neue Deportierte aufzunehmen.
Für die große Mehrheit endete die Schiffsreise in MOSYR, manche Schiffe fuhren allerdings auch weiter in den Dnjepr hinein und flussabwärts bis nach KIEW. Es darf einen nicht wundern, dass diese Südwärtsbewegung einen Teil des mit Pferd und Wagen oder zu Fuß zurückgelegten Weges nach Norden gewissermaßen wieder aufhob: Planung und Logik waren bei dieser Deportation nicht die vorherrschenden Prinzipien.

30. Transport-Schiff auf dem Goryn

Ich lasse wieder unseren Bauern zu Wort kommen:
„Nach ein paar Tagen flüchtete russisches Militär durch den Ort und wir hörten, die Deutschen hätten den Fluss Horyn überschritten und drängten weiter vor. Da war für uns kein Bleiben mehr: Wir mussten zusammenpacken und marschierten - viele Hunderte - zum Fluss. Dort auf dem Pripjet hatten in den letzten Tagen die Russen Menschen und Material ausgeladen, und nun lagen für uns drei Kähne vor Anker, flach und riesengroß, so groß, dass drei ganze Wirtschaften darauf Platz gehabt hätten, die wir zu Hause verlassen hatten.
„Die Frauen schritten ängstlich über die schmalen Bretter, die vom Ufer auf die Kähne hinüberführten, denn kaum einer von uns hatte jemals Schiffsplanken unter den Füßen gehabt. Aber in wenigen Stunden waren Unter- und Oberdeck eng mit Menschen und ihrer Habe belegt, und wer sich bewegen wollte, musste überall über Gepäck und liegende Menschen hinwegsteigen.

„Nachdem die Häuser hinter der ersten Biegung des Flusses verschwunden waren, sahen wir tagelang nur noch eins: Wasser am Morgen, Wasser am Mittag und Wasser am Abend: Auch nachts, wenn wir nicht schlafen konnten, hörten wir die Wellen an das Boot schlagen (...)

„Die meisten von uns überkam bei dieser Untätigkeit das Heimweh und vor allem am Abend begann man irgendwo zu singen. Bald klangen dann von allen Schiffen die alten Heimatlieder herüber und auch christliche Gesänge, und erst wenn wir vor Anker lagen und die Kinder mit dem Kopf im Schoß der Mutter eingeschlafen waren, hörten die Gesänge auf. Die Russen ließen uns gewähren...

„Nur selten trafen wir ein Dampfschiff mit Soldaten, sonst war Frieden um uns und nur Wälder, endlose Wälder begleiteten uns am Ufer rechts und links.

Unsere Bootsleute waren vier Ukrainer, die den Fluss genau kannten. Einer stand am Ruder, die anderen stießen das Schiff ab und zu mit langen Ruderstangen weiter, wenn sie auf eine Schlammbank gefahren waren, und bedienten die Schiffstrossen, wenn wir zur Nacht irgendwo ankerten oder am Ufer anlegten.

„Der Rudersmann war ein alter Fischer, der Mitleid mit uns hatte. Eines Abends erzählte er uns, er habe schon mehrere Schiffe den Pripjet hinuntergefahren und er habe viele Deutsche vor uns gesehen. In Kiew seien sie an Land gegangen, Hunderttausend insgesamt gewiss schon, sie seien aber nicht dort geblieben, wie sie gehofft hatten, um dort das Ende des Krieges abzuwarten, sondern man habe sie weitergebracht, über die Kaspische Salzsteppe nach Kirgisien und Kasachstan hinein...Uns sank der Mut. Hunderttausend? So viele Deutsche waren wir? Und weit in die Steppe hinein? Wie sollten wir das überleben? Würden wir jemals die Heimat wiedersehen? Es war wenig Tröstliches in dem, was der Alte uns da erzählte.

„Eines Morgens stellten wir fest, dass sich das Wasser um uns breiter dehnte als bisher: Wir sind jetzt auf dem Dnjepr, sagte uns der Alte. Der Dnjepr floss schneller als der Pripjet und unsere Schiffe glitten nun mit größerem Tempo nach Südosten.
„Steppe, Hügel und Berge begleiteten uns nun, und hier sah man auch Hütten und manchmal ganze Dörfer, es war nicht so einsam wie in den gottverlassenen Priepjetsümpfen. Hier konnten wir zum ersten Mal wieder Lebensmittel einkaufen; die Menschen waren hier weit weg vom Krieg und ohne Misstrauen. Sie verkauften uns alles, was wir bezahlen konnten, und sprachen freundlich und mitleidig mit uns.

„Eines Abends gab es eine böse Schlägerei an Bord. Einer der Schiffsleute hatte betrunken einen von uns angegriffen, und unser Rudersmann hatte ihn zu Boden geschlagen. Wir hatten ihn mitleidig verbunden, und ich hatte mich mit einem merkwürdig heißen Kopf an Deck gelegt; mir war die Aufregung wohl zu Kopfe gestiegen. Als ich am nächsten Morgen erwachte, lag ich noch immer an derselben Stelle, zusammengekrümmt hinten beim Ruderer. Mein Kopf schmerzte wie wahnsinnig und ich hatte Nebelschleier vor Augen. Ich versuchte aufzustehen, sah aber nur rote Schleier und fiel zurück - mehr weiß ich von diesem und den nächsten Tagen nicht mehr: Ich hatte die Cholera. Aber nicht nur ich; sie erfaßte so viele Leute an Bord, dass unser Schiff vor Kiew angehalten wurde und niemand von Bord durfte. Tagelang brachten wir in einer Wolke von Hitze, Kot, Angst und Gestank zu. Ein Pope und Soldaten gingen durch die Reihen - nur ab und zu bekam ich etwas davon mit - und sortierten die Toten aus. Die Gesunden wurden an Land gebracht (die Kranken blieben an Bord) und in ein Quarantänelager gesperrt, in ein primitiv zusammengenageltes Barackenlager, das durch Stacheldraht für Frauen und Männer unterteilt war. Dort blieben sie wochenlang... Mehr als die Hälfte überlebte die Krankheit nicht..."

Hier bricht der Bericht des Bauern im Schwarz-Buch ab.

Diese Riesenschiffe hat unsere Mutter oft erwähnt, sie hatten sich tief in ihr Gedächtnis eingegraben. Auch sie hatte fast Panik bekommen, als sie über die schmalen Planken an Bord gehen musste. Besonders schrecklich fand sie es, dass man die Leichen, die man bei den morgendlichen Kontrollgängen fand, einfach über Bord und den Fischen zum Fraß vorwarf. Sie habe jedes Mal vor Angst gezittert. Diese Erlebnisse haben ihr eine große Abneigung „gegen das Wasser" eingeflößt: Bis zu ihrem Tod war sie nicht dazu bereit, in einem Fluss, einem Teich oder gar im Meer zu baden oder auf ein Schiff zu gehen, wozu sie in den langen Jahren in Bremen und dann bei meiner Familie in Kiel durchaus Gelegenheit gehabt hätte.

31. Masyr am Djepr – Umstieg für viele Deportierte auf Pferdefuhrwerke

Die Edemanns scheinen nicht in Masyr an Land gegangen zu sein, sondern sie haben wohl die Schifffahrt auf dem Dnjepr bis nach Kiew oder bis kurz vor Kiew mitgemacht, denn unsere Mutter berichtete oft von der Quarantänestation, von der wir eben gehört haben:

Eine ihrer Schwestern starb dort an der Cholera. Soldaten kamen mit einem Leiterwagen und packten die Leichen darauf „wie Garben Stroh". Unten legte man die alten Leute hinein, obenauf kamen die Kinder, auch ihre Schwester. Ihr Vater ging mit, um zu sehen, ob die Leichen christlich bestattet wurden. Als er zurückkam, war er erschüttert und schwor, nie wieder einen solchen Leichenwagen zu begleiten. Er hatte zusehen müssen, wie man die Körper fuderweise einfach zu Haufen auftürmte und liegenließ – was aus ihnen geworden ist, konnte er nicht sagen.

32. Der Djepr bis Kiev – Umsteigestation auf Fuhrwerke nach Osten

Nach wenigen Tagen starb ein weiteres Geschwister und dann wurde auch sie selbst krank. Ihre Eltern ließen sie nicht aus den Augen: Immer wenn die Gesundheitskontrolleure kamen, um die Kranken auszusortieren und wegzubringen, wurde Leokadia unter Lumpen versteckt und überlebte so das Lager und die Cholera.

An die Schiff-Fahrt, die vor allem südwärts verlaufen war, schloss sich nun – **Etappe drei** - eine endlose Fahrt nach Osten an, mehr als tausend Kilometer mussten zurückgelegt werden, bis nach GOMEL ging es, für einige auch bis an die Wolga – über Landstraßen und Feldwege. Unsere Mutter hat nie Zeitangaben gemacht, aber den Berichten anderer Deportierter ist zu entnehmen, dass diese Etappe etwa neun Wochen gedauert hat. Wo genau es entlang ging, konnte ich nicht herausfinden – Übersichtskarten zeigen einfach eine Fahrtroute quer landein ostwärts, mit leichter Tendenz nach Norden.

An den Schiffsanlegern kamen Russen mit Pferde- oder Ochsenwagen vorgefahren, auf die nun die wenigen Habseligkeiten geladen wurden und auf denen auch die Menschen mitfahren konnten. Die Bauern waren zu diesen Fuhrdiensten zwangsverpflichtet worden, man hatte gewissermaßen Stafetten organisiert: Sie fuhren ihre „Gäste" eine Zeit lang, übergaben sie dann in einem der nächsten Dörfer an ihre Nachfolger und konnten nach Hause zurückkehren - bis zum Anlegen der nächsten Schiffe voller Deportierter.

Ein Erlebnis auf dieser Strecke hat sich der jungen Leokadia besonders eingeprägt, und sie erzählte es mehrfach anschaulich: Abends hatte es ein großes Gewitter gegeben, der Treck hatte angehalten, man war von den Wagen gestiegen - und dann hatte es dicht neben ihrem Wagen eingeschlagen. Die schreckhaften Ochsen waren mit dem beladenen Gespann in Panik davongerannt, ihr Bruder hatte einen Schock erlitten, sie hatten anfangs sogar den Eindruck, der Blitz habe ihn getötet, so „tot lag er auf dem Boden". Ihr Vater und der Russe waren den Ochsen nachgelaufen, hatten sie einfangen können und waren dann in Richtung der Stelle zurückgefahren, wo die Familie Edemann im Regen auf offenem Feld ausharrte. Schutz hatten sie nicht, alle Besitztümer waren ja auf dem Wagen geblieben. Unsere Mutter beklagte mehr das Leiden ihrer Mutter als das eigene: „Was hat wohl die Mutti aushalten müssen mit der Angst um das Leben des besinnungslosen Kindes, mit dem Geschrei der anderen Kinder, die in der nassen Kleidung froren und sich fürchteten?!"

Die beiden Ochsen-Fänger hatten in der Dunkelheit die Familie nicht wiedergefunden – man war querfeldein zurückgefahren - und erst am Morgen fand das Wiedersehen statt. Dann waren sie gleich aufgebrochen und endlich in ein Dorf gelangt. Dort fragte der mitleidige Russe in einem Haus um Hilfe, und die ganze Familie durfte dort übernachten und die nassen Sachen trocknen, selbst ein warmes Essen bekamen sie. „Das war eine Wohltat für uns", schloss unsere Mutter jedes Mal ihren Bericht.

Die Fahrt per Wagen gute zwei Monate über Land scheint erträglich gewesen zu sein, frei von Hunger und Seuchen. Man konnte Essen kaufen und abends selbst zubereiten, man fand – da die Trecks weit auseinandergezogen in relativ kleinen Gruppen unterwegs waren – oft menschenwürdige Übernachtungsmöglichkeiten.

In GOMEL an der Eisenbahnstrecke, die vom Westen in Kiew bis nach Osten in den Ural hinein und durch ihn hindurch verlief (und verläuft), fand die Überlandreise für die meisten ein Ende. Hier begann die **Etappe vier**, hier wurden die Deportierten umgeladen auf Züge, in „Viehwaggons" (so liest man meistens), also nicht in bequeme Personenwagen, sondern in Güterwagen. Diese Güterwagen waren für die lange Reise – oft stand man tagelang auf einem Abstellgleis, was die Zeit erheblich verlängerte – natürlich alles andere als angenehm, aber auch hier gilt wieder die Regel, dass es keine Regel gab. Unerfindlich waren die Gesetze, nach denen einige Vertriebenen-Gruppen viel Platz für ihre Habseligkeiten, eine dicke Schicht Stroh auf dem Boden und heißes Wasser bei jedem Halt bekamen, und andere eng gedrängt auf ihrem Gepäck und dem nackten Waggon-Boden schlafen mussten.

Unsere Mutter hat über die Zeit in den Zügen nur wenig erzählt, mit nur kleinem Handgepäck sei man zusammengepfercht in den Güterwagen untergebracht gewesen. Mag sein, dass sie diesen Teil der Deportation als relativ normal empfunden hat, der deshalb keine Chance bekam, großen Eindruck im Gedächtnis zu hinterlassen.
Über Kaluga, Tula, Pensa ging die Bahnfahrt bis an die Wolga, nach SYSRAN oder SAMARA.

33.Stadt Sysran an der Wolga: Umstieg auf ein Wolgaschiff

Die Edemanns haben den Zug wohl in Sysran verlassen, denn unsere Mutter berichtete von einer Schiffsfahrt auf der Wolga, die ihr sehr imponiert hat. Breit war hier der Fluss, breit wie ein Meer, so etwas hatte sie noch nie gesehen. Flussaufwärts ging es, es muss also ein Dampfschiff gewesen sein, auf dem man die Deutschen nach Ost-Nordost weitertransportierte: Da wäre mit Stake-Stangen nichts auszurichten gewesen.

Die Fahrt auf der Wolga müsste das Fluss-Stück von Sysran bis BALAKOWO (vor Samara) gewesen sein.

34. Stadt Balakowo an der Wolga

SAMARA war die nächste Station – wohl wieder mit dem Zug angefahren. In dieser – auch nach westlichen Ansprüchen – kultivierten Stadt nutzten viele Familien die Gelegenheit, den Zug zu verlassen und in der Stadt unterzutauchen. Hier gab es deutsche Einwohner, die zu den Wolgadeutschen gehörten und die bereit waren, den Geflohenen Unterschlupf zu gewähren. Die Kontrollen an den Zügen waren nicht besonders effektiv, die Wachmannschaften waren gleichgültig: Man brach auch dann am Morgen auf, wenn man feststellte, dass Leute im Waggon fehlten – es war doch egal, wo die blieben, Hauptsache, man hatte sie aus dem Osten, aus der Nähe der Front weit genug weggebracht.

35. Von Saratow nach Samara

Von Samara ging es für einige Gruppen nordostwärts über Ufa durch den Ural nach Tscheljabinsk und Towsk. Die Edemanns wurden auf die Süd-Ost-Route nach Orenburg gesetzt - möglicherweise auch wieder mit dem Zug, darüber habe ich keine Informationen.

Über Orenburg, in dem meine Mutter aller Wahrscheinlichkeit nach auch Station gemacht hat, fand ich in dem Buch von Richard Benert (Ein Bericht über Solodri und seine Nachbardörfer, Odessa 1995) ein großes Lob einer Deportierten. Sie seien dort zu etwa 2000 Menschen in einem Barackenlager untergebracht und über Monate mit warmem Essen bestens versorgt worden.

Ich weiß aus Erzählungen einer jungen Russin, die aus Orenburg stammt und die wir in Kiel kennengelernt haben, dass man dort heute noch von der Unterbringung von deportierten Deutschen im Ersten Weltkrieg erzählt und die Barackenlager zeigt.
In der ehemaligen Grenz-Festungsstadt mit rund 70.000 Einwohnern, Hauptstadt des russischen Gouvernements mit gleichem Namen, in dem neben Russen, Kirgisen, Kosaken und anderen Völkerschaften auch Polen und Deutsche wohnten, hatten die Deutschen sogar eine lutherische und eine katholische Kirche. Mag sein, dass diese deutsche Minderheit sich dafür einsetzte, dass die Stadtverwaltung die deportierten Deutschen menschenwürdig behandelte.

Viele Deportierte nutzten auch hier die Gelegenheit des oft tagelangen Aufenthaltes, den Zug heimlich zu verlassen und sich auf Dauer eine Unterkunft in der Stadt zu besorgen.

Wichtige Verbannungsgebiete, also Endpunkte der Deportation für die nächsten vier Jahre, waren Samara und Saratow an der Wolga – wer hier bleiben konnte, hatte fast das große Los gezogen. Auch das Gouvernement Ufa und Orenburg, beide diesseits des Ural gelegen, boten erträgliche klimatische und zivilisatorische Bedingungen.
In Orenburg z.B. konnten sich viele Familien, die eine gutbezahlte Arbeit gefunden hatten, eine Wohnung oder sogar ein Häuschen mieten, die Mehrheit der Deportierten war allerdings in einem riesigen Barackenlager am Stadtrand untergebracht, und einige mussten sogar wieder in Erdwohnungen leben, wie sie sie zum Teil in der ersten Phase ihrer Ansiedlung in Wolhynien gebaut hatten – ein halbes Jahrhundert vorher.

Schlechter dran waren die Deportierten, die in den nördlichen Ural, ins Gouvernement Perm kamen. Einige wurden sogar bis an den nördlichen Polarkreis gebracht, auf die Halbinsel Jamal, die neben den Inseln Novara Sela ins Nordpolarmeer hineinragt. Ebenso wenig Glück hatten diejenigen, die weit hinein in den Südosten verbracht wurden – hier sind die Angaben immer sehr vage: Über Taschkent hinaus sei es bis an die Grenze zu China, Afghanistan und Persien gegangen. (s. Giesbrecht II, S.17, 20)
Die Edemanns gehörten zu dieser letzten Gruppe der Unglücklichen.

Von Orenburg führt die Eisenbahnlinie Transturan nach Taschkent und weiter bis Kirgisien - das waren noch einmal weit über tausend Kilometer. Teile dieser Strecke sind bereits vor dem Ersten Weltkrieg in Betrieb genommen worden, andere waren noch in Arbeit, viele Verbannte haben an dieser Strecke eine relativ gut bezahlte Beschäftigung gefunden.

Mit diesem Transturan wird die Familie Edemann in kurzer Zeit weit hinein nach Kasachstan und in die kirgisische Steppe gebracht worden sein.

Aus Berichten anderer Deportierter weiß ich, dass von den Bahnstationen aus durch die dortige Verwaltung Dörfer und in den Dörfern sogar Häuser und Familien ausgesucht worden waren, in die man nun die einzelnen deportierten deutschen Familien brachte, die von Wolhynien aus den längsten Weg hinter sich hatten. Angesichts der vorgerückten Jahreszeit fand diese allerletzte Etappe für die meisten auf Schlitten statt – ich zitiere wieder aus einem Bericht über eine betroffene Familie.

In der Neujahrsnacht 1915 >1916 hatte man die Familie Kramer aus dem Zug aussteigen lassen und zu einer Kosakenfamilie in ein nahes Dorf gebracht. Hier gefiel es ihnen gut, aber *„die Gastgeber erzählten den Flüchtlingen* (Giesbrecht erregt sich stets über die Verwendung dieses Begriffs: Die Deutschen waren keine Flüchtlinge, sie waren Deportierte, Vertriebene) *von einem in der Steppe wohnenden Volksstamm, der weder christlich noch heidnisch sei. Zu diesen Menschen würden sie wahrscheinlich gebracht werden. Sie wohnen, so hieß es, in schmutzigen Häusern, deren Fensterscheiben durch Rinderblasen ersetzt werden. Sie essen Pferdefleisch und trinken Stutenmilch(...)*
„Sechs Tage durften sie bei ihren gemütlichen Gastgebern bleiben, dann kamen beim Morgengrauen des 6. Januar unzählige Schlitten an. Es hieß weiterfahren. Die Flüchtlinge waren überrascht von dem Bilde, das sich ihren Augen bot. Es waren enge Schlitten, die an jeder Seite einen flügelartigen Rahmen hatten, der wie ein Heu-

schreckenflügel aussah. Gezogen wurden sie von kleinen struppigen Pferdchen. Man konnte sich nicht so recht vorstellen, wie viele Schlitten eine neunköpfige Familie benötigte. Und dann erst die Fuhrleute! Solche Menschen sahen die Flüchtlinge zum ersten Mal; sie hatten breite knochige Gesichter mit schiefen Augen und breiter, niedriger Stirn, am Kinn trugen sie einen stachligen Ziegenbart, und ihre Kleider und Gesichter waren schmierig und glänzend. So sahen sie also aus, die neuen Gastgeber.

Endlich waren sie auf den Schlitten untergebracht. Auf je einem saßen zwei Leute mit ihren Sachen. Nun gings los. Es sollte eine Fahrt werden, wie sie keiner der Flüchtlinge bisher erlebt hatte. Im Dorfe schien es gar nicht so kalt zu sein. Man erwartete jeden Augenblick, die Sonne hinter einer Schneewolke hervorbrechen zu sehen. Kaum hatten die Schlitten aber das Dorf verlassen, da begann es ungemütlich zu werden. Und als sie erst in der Steppe waren, da wurde aus dem klaren Wintertage ein großer, schneidend kalter, schneereicher Steppenburan. Wolhynische Winterkleider und sibirischer Schneesturm, das passte schlecht zusammen. Von Schneefall konnte da nicht mehr die Rede sein, alles wirbelte im Sturm durcheinander, und man konnte nicht mehr unterscheiden, wo die Grenze zwischen Horizont und Schneedecke verlief. Kaum, dass man den Kopf des Pferdes vor dem Schlitten sehen konnte.

„Trotz der Filzstiefel und festen Wollstrümpfe spürte man bald die Zehen nicht mehr. Kaum konnte man atmen. Nur durch die Nase konnte man ein bisschen Luft einziehen, denn sobald der Mund geöffnet war, hatte man das Gefühl, ihn nicht wieder zuklappen zu können. Nicht nur Finger und Zehen froren erbärmlich, sondern sogar die Zähne im Munde. Die Kälte war nicht mehr als solche, sondern als schrecklicher Zustand empfunden, wobei man zuletzt das Gefühl hatte, als ob der ganze Körper aus Glas bestünde. Wenn man den Arm bewegte, glaubte man, ein leises Klirren zu vernehmen. Die Zähne klapperten nicht mehr, weil die Kinnbacken einfach nicht mehr funktionierten.

„Endlich bogen die Schlitten zur Rast in ein Dorf ein, das man erst wahrnahm, als das Fuhrwerk unmittelbar vor einer Haustür hielt. Die Kinder mussten aus dem Schlitten getragen werden, und die Erwachsenen konnten sich nur mit viel Mühe selbst erheben. Im Zimmer war´s zwar nicht übermäßig warm, man vermeinte aber, in einen glühenden Backofen zu kommen. Es verging eine gute Stunde, bis man sich in die Nähe des erwärmten Ofens wagen konnte. Beim ersten Teetrinken hatte man wieder das Gefühl, aus Fleisch und Blut zu sein. Wie gerne hätte man ein Stündchen geschlafen. Doch durfte nicht lange gerastet werden. Es waren ja kaum drei Fünftel des Weges zurückgelegt, und spätestens um Mitternacht sollten sie am Ziele sein. Länger hätte es wohl niemand aushalten können.

„Bewunderungswürdig war das Verhalten der Fuhrleute. Während alle vor Kälte erstarrten, summten sie sich ununterbrochen ein Liedchen unter die Nase. Von den anderen Leidensgefährten hatte man keine Ahnung, es war jedoch anzunehmen, dass sie sich ebenfalls irgendwo durch die Steppe einen Weg bahnten. Ob man wieder zusammenkommen würde, war keinem bekannt. Nur die Schlitten, auf denen die eigenen Angehörigen mit ihrer Habe befördert wurden, ließ man nicht aus den Augen. Nach der Rast dünkte einem die Kälte geringer. Der Körper mochte sich inzwischen schon ein wenig auf sibirische Temperaturen eingestellt haben. Doch wünschte man für jeden Fall das Ende der Fahrt herbei, und das umso mehr, als es ja das Ende der Reise überhaupt sein sollte. Das hatte man von dem Polizeibeamten im Kosakendorf erfahren.

„Endlich sagten die Fuhrleute, dass ihr Dorf ganz nah sei. Der Abend war inzwischen hereingebrochen und die Fahrt ging schon seit Stunden durch die Dunkelheit. Bei der Einfahrt ins Dorf bemerkte Kramer plötzlich, wie der Schlitten, auf dem seine Frau mit den beiden Jüngsten fuhr, sich aus der Reihe löste und seitwärts einbog. Auf Kramers Frage, was das zu bedeuten habe, sagte ihm der Fuhrmann, dass einige ins Nachbardorf müssten, da es keine so große Wohnung gäbe, die für eine neunköpfige Familie ausreichte. Das hören und ein Donnerwetter loslassen, geschah fast gleichzeitig. Frau Kramer war nicht wenig erstaunt, als sie, mit den Kindern bereits in der warmen Stube sitzend, von draußen den Lärm hörte. Da kamen auch schon die Fuhrleute, die die leichteren Sachen hereinbrachten und sagten: „Der Alte ist sehr böse." Kramer sorgte nun dafür, dass seine ganze Familie im gleichen Dorf untergebracht wurde."

Über die Jahre in Sibirien - von Ende 1915 bis Sommer 1918 – weiß ich nur wenig. So kann ich auch nicht sagen, wo genau die Familie dort eigentlich gelebt hat, denn unter „Sibirien" verstand man alles Land hinter dem Ural, und auch die Angabe „Kasachstan" und „Kirgisensteppe", die unsere Mutter oft verwendete, sind höchst ungenau, umfasst doch allein diese Steppe die fünffache Fläche des heutigen, wiedervereinigten Deutschlands. Allerdings wohnten auf dieser riesigen Fläche nur 2,4 Millionen Einwohner, was verständlich ist, wenn man weiß, wie viel Land man braucht, um in diesem Gebiet mit niedrigem Graswuchs und weiten Sand- und Geröllflächen dem Boden genügend Nahrungsmittel abzugewinn oder als Nomade seine Viehherden und somit sich selbst zu ernähren.

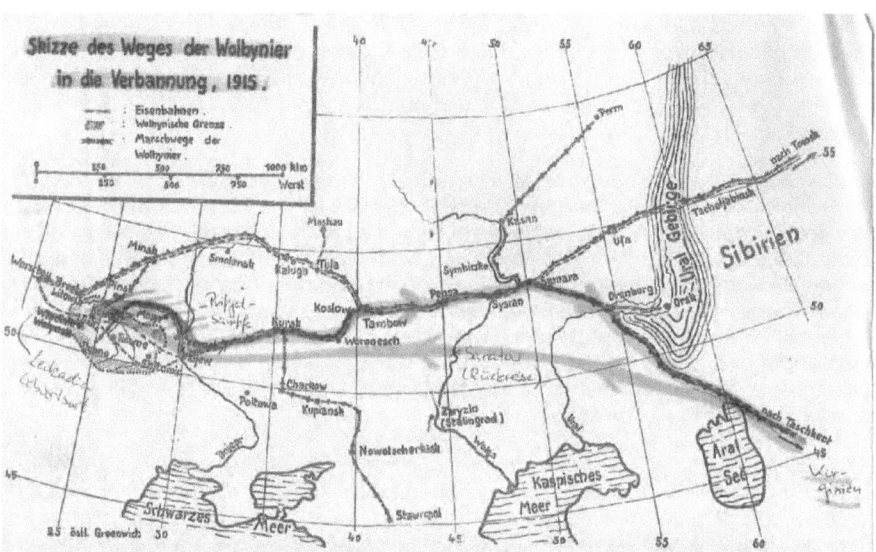

36. Skizze: Der Weg in die Verbannung; Rückkehr

Meine Versuche, Ortsnamen zu erfahren, waren nicht erfolgreich. In einem Gespräch mit meinem Bruder Erich meinte dieser, auch sein Schwiegervater, der ebenfalls dort hin verschleppt wurde und damals 12 Jahre alt war, könne sich an keinen Namen erinnern. Erich erklärt das damit, dass man andere Sorgen gehabt habe, ums Überleben kämpfte und die Namen sehr fremdartig waren - aber ich bin bei allem Verständnis dafür denn doch erstaunt: Die Familien unserer Mutter und die anderen Wolhynier konnten Russisch und Ukrainisch, so dass die Namen auch nicht wegen ihres fremdartigen Klanges aus dem Gedächtnis verschwunden sein können - es bleibt mir unbegreiflich!

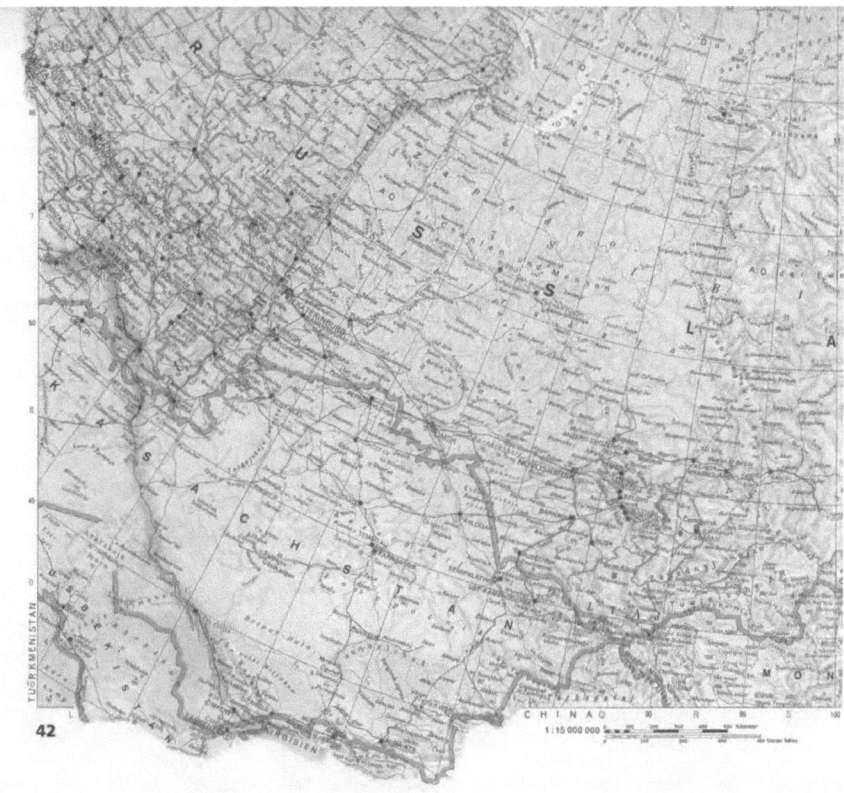

37. Auf der Karte sieht man links oben (im Westen) Syzran an der Wolga, östlich davon Samara, südöstlich Orenburg und dann die Zugstrecke des Transturan bis hinunter nach Taschkent nach Kirgisien

In der Kirgisensteppe – wo immer das genau war – angekommen, lebten die meisten Deutschen dann in einer ethnisch recht gemischten Bevölkerung, vor allem aber zusammen mit den muslimischen Baschkiren und den Kirgisen, (die sich selbst „Tataren" nennen) und von den Türken abstammen, und die die Deutschen gern mochten (wenn denn eine solche Pauschalisierung erlaubt ist), weil sie in diesem Weltkrieg mit ihren türkischen Glaubensbrüdern verbündet waren und zusammen mit ihnen kämpften - gegen die unbeliebte Herrenschicht, die Russen.

Nach allem, was ich in den Berichten von Deportierten gelesen habe, war in diesem Verbannungsbereich das Wohnen in Städten die Ausnahme (schon deshalb, weil es hier kaum Städte gab und gibt), die absolute Mehrheit lebte in kleinen Dörfern oder auf Einzelhöfen. Alles, was unsere Mutter über ihr Leben dort erzählte, passt in keine Stadt, nicht einmal in ein Großdorf.

Viele Deportierte lebten zuerst in Notunterkünften, in den Scheunen und Ställen auf den „Höfen" der Kirgisen, Baschkiren oder Russen oder auch in Barackenlagern, dann – weil man sich offenbar auf lange Zeiträume einrichten musste - in sehr unterschiedlichen Behausungen, in kleinen Häusern, in einfachen Hütten, die aus Lehm gebaut waren, viele auch in „Zelten", den uns aus dem Erdkundeunterricht bekannten „Jurten". Es war reine Glückssache, wohin es die einzelnen Familien verschlug, eine zentrale Steuerung und Verteilung gab es auch hier nicht, erst vor Ort, d.h. an den Eisenbahnstationen, nahmen die Behörden Einweisungen bei den Einheimischen vor.

Ich wähle wieder eine Schilderung über die Familie Kramer aus, weil sie Elemente enthält, die oft in den Erzählungen meiner Mutter vorkamen.
„Kramers kamen zu einer großen Familie, die Zimmer und Küche bewohnte. Trotz der Einfachheit sah es in der Wohnung sehr sauber aus. Die Wände waren weiß getüncht, die Fußböden dunkel gestrichen. In der Küche stand ein sauber gescheuerter Tisch mit Holzbänken darum. In der einen Ecke stand der große russische Ofen.
„Das Zimmer hatte nur zwei Bettgestelle. Die freundlichen Wirte machten ein ordentliches Feuer (...)

„Abends konnten die Flüchtlinge einen tieferen Einblick in das Familienleben der Kosaken tun und feststellen, dass es ruhige, fromme Leute waren. Die Abendmahlzeit wurde gemeinsam am großen Tisch von der ganzen Familie aus einer großen Schüssel gelöffelt. Nach dem Essen schlug jeder, gegen das über dem Tisch angebrachte Heiligenbild gewandt, auf der Brust ein Kreuzzeichen, und die Jüngsten gingen schnell zu Bett. Dabei stellte man mit Verwunderung fest, dass sie einfach ihre Pelze auf dem sauber gescheuerten Fußboden ausbreiteten und sich darauf zur Nachtruhe niederlegten. Die Wohnung war ja warm genug. Nur die beiden Eltern schliefen in den Bettgestellen. Wie das üblich war, schliefen auch einige Familienmitglieder auf dem großen Backofen". (Giesbrecht, II, S.41)

38. Das Bild zeigt einen solchen Ofen, allerdings eine Konstruktion, bei der man nicht oben auf einem Lattenrost liegen konnte, sondern rechts auf dem flachen Teil, in dem waagerechte Schächte eingebaut waren, durch die heiße Luft zirkulierte (Aus: Längin, Die Russlanddeutschen S. 107

Von diesen riesigen Öfen hat unsere Mutter immer gern erzählt. Ich hatte mir das nie vorstellen können, bis ich in Bauernhäusern oben in den Tiroler Bergen solche gemauerten Öfen kennen lernte, die breite umlaufende „Bänke" hatten, auf denen man liegen konnte, und oben darüber ein Holzgestell mit Lattenrost, auf dem auch mehrere Leute warm und sicher schlafen konnten.

Nicht in allen Wohnungen, die unsere Mutter kennenlernte, war es so sauber, dass man auf dem Fußboden schlafen konnte. Im Winter holte man in manchen Gegenden die Tiere - nicht die Pferde, Kamele und Rinder, aber das Kleinvieh, also Hühner und Kaninchen z.B.- nachts mit ins Haus, weil es draußen einfach zu kalt gewesen wäre und man kein Geld für genügend Stallbauten hatte.

Die Erzählungen unserer Mutter über die Kälte haben uns Kindern immer sehr imponiert: Wenn man ausspuckte, so sagte sie, kam unten ein Eisklumpen an, und wenn man einen Eimer Wasser nach draußen brachte und ausgoss, landete klirrendes Eis auf dem Boden. Weniger erfreulich klingen da die Berichte einiger Stadtkinder, die erzählen, morgens auf dem Schulweg oft Erfrorene am Straßenrand gesehen zu haben: Vermutlich war es Betrunkene, die nachts in den Schnee gefallen, eingeschlafen und nicht wieder wach geworden waren. Die Kinder schwärmten allerdings auch von Schneehöhen, die es ihnen ermöglichten, über die Dächer der völlig eingeschneiten Häuser den kürzesten Weg zur freigeschaufelten Schule wählen zu können.

(Das Meyer-Konversations-Lexikon von 1905 macht für die Kirgisensteppe folgende Angaben: Kältester Monat: Februar mit einer Durchschnittstemperatur von minus 16,2 Grad; tiefste gemessene Temperatur: -38,6. Winter von Ende August bis April; der Sommer mit Temperaturen bis +40,6 Grad, „glühendheiß und trocken".)

Unsere Mutter erwähnte auch oft die Kamele (den Ausdruck „Dromedare" kannte sie allerdings nicht), die sie als exotisch ansah, weil sie in Wolhynien natürlich nicht vorkamen. Diese Tiere benutzte man hier zum Ziehen der Wagen, rüstete aber auch Karawanen damit aus, um Produkte der Region in die Städte zu bringen. Dort erregten die in farbige Kostüme gekleideten Kirgisen und die mit bunten Kamelhaarteppichen bedeckten und mit Fellen, Teppichen und Wolle beladenen hochbeinigen Tiere besonders bei den Wolhynien-Deutschen Neugier und Bewunderung.

39.Dromedare als Zugtiere

Toiletten kannte man nicht; man ging aufs Feld. Dort steckte man ein Stöckchen in die Erde, um dem nächsten ein Zeichen zu geben, wo er ein noch unbenutztes 'Örtchen' vorfinden würde; vornehme Leute nahmen einen Spaten mit, was zumindest im Sommer Sinn machte, wenn der Boden nicht gefroren war...

Die Zeit in Sibirien war nicht annähernd so beschwerlich wie die Reise dorthin, so stellte es unsere Mutter zumindest immer dar. Der Vater fand eine Arbeit – unsere Mutter erzählte nie, ob er vielleicht auch an dem Ausbau der Bahnlinie beschäftigt war, dort erhielt man mehr Geld als beim Bauern - und verdiente so viel, dass die Familie leben konnte. Unterstützung vom Staat bekamen sie nicht, die stand nur den Familien zu, in denen es keinen Vater gab, das sich um den Unterhalt selbst kümmern konnte. Und auch diese Familien erhielten oft kein Geld, weil zwischen der Zentrale, die in den Woiwodschaften das Geld ausgab, und den Verteilern vor Ort so viele offene Hände vorhanden waren, dass am Ende nichts übrig blieb.

Eine Zeit lang ging es ihnen fast gut. Wahrscheinlich haben sie immer mit Kirgisen oder Russen unter einem Dach gewohnt– dass man eine eigene Unterkunft, ein eigenes Haus oder eine eigene Jurte für die Familie gehabt hat, habe ich in keinem Deportierten-Bericht lesen können. Man wohnte kostenfrei (der Staat zahlte zumindest in manchen Gebieten den Wohnungsgebern eine kleine Entschädigung), und da praktisch jeder kleine Hof ein Selbstversorger war, die Einquartierten bei der Versorgung der Tiere und bei der Ernte halfen und dafür ihren Teil von der Milch, dem Käse, dem Getreide etc. abbekamen, konnte man mit dem geringen Verdienst des Vaters leben.

Recht oft entstand zwischen den „Gastgebern" und den Einquartierten ein vertrauensvolles oder sogar freundschaftliches Verhältnis, man durfte an den Festlichkeiten (vor allem zu Ostern und zu Weihnachten – wenn man denn in christlichen, russisch-orthodoxen Gebieten wohnte) teilnehmen. Auch zur Schule durften die Deutschen gehen, lernten dort zumindest das Lesen und Schreiben und die Grundrechnungsarten, meistens auch etwas über russische Geschichte und über Religion. In dieser Hinsicht gab es wieder recht große regionale Unterschiede: In Orenburg z.B. konnten sogar deutsche Lehrer eigene Schulen aufbauen und ihren Unterricht auf Deutsch gestalten (das Lehren der russischen Sprache und Geschichte war aber Pflicht), wurden z.T. sogar von den Behörden finanziell unterstützt, das Personal besoldet.

Auch im Wohn-Bereich unserer Mutter gab es eine Schule, die zumindest einer ihrer älteren Brüder besucht hat, denn er war in der Lage, ihr später vorzulesen – wir hören noch davon. Nach welchen Prinzipen entschieden wurde, wer das Privileg hatte, zur Schule gehen zu dürfen, ist unklar. Dass unsere Mutter nicht dazu auserkoren wurde, wird sicher damit zu tun gehabt haben, dass sie ein Mädchen war: Unter den Muslimen war eine Schulausbildung für weibliche Wesen nicht vorgesehen und auch unter vielen Wolhyniern hatte die Schulbildung von Mädchen nicht gerade Priorität. So kam es, dass unsere Mutter Analphabetin blieb, erst Jahre später in Ostpreußen eine Schule besuchte, und das auch nur für insgesamt drei Wochen. Lesen und Schreiben lernte sie dann erst später bei und mit ihrem Mann.

„Eine Zeit lang ging es ihnen fast gut", habe ich geschrieben.
Doch dann verließ sie das Glück: Die Mutter bekam noch ein Kind, was in der Situation kaum ein Grund zur Freude war. Das Mädchen wurde auf den Namen Else getauft. Ein weiteres Geschwister starb.

Kurz darauf wurde die Mutter krank. Als sie merkte, dass es mit ihr zu Ende ging, rief sie alle Kinder ans Bett, um sie auf ihren Tod vorzubereiten. Die kleine Else, so meinte sie, werde auch bald sterben, die älteste Tochter und die beiden Söhne würden sicherlich schon auf eigenen Füßen stehen können, am meisten Sorgen machte sie sich um Leokadia: „Wie wird es dir wohl gehen, mein liebes Kind?" erinnerte sich unser Mutter an ihre letzten Worte zu ihr.
Sie hatte richtig vorausgesehen: Else starb bald nach der Mutter.

Von der Großmutter Emilia hat unsere Mutter häufig erzählt, vom Vater fast nie. Woran sie gestorben ist, lässt sich nicht genau sagen; unsere Mutter sprach immer davon, es seien ihre Kopfschmerzen gewesen: Möglicherweise hatte sie einen Gehirntumor.

Nach dem Tod der Mutter lebte die Familie noch ein Jahr in Sibirien. Die Verhältnisse waren offenbar erträglich, die älteste Tochter konnte sogar heiraten, einen Wolhyniendeutschen namens Jäger, von dessen väterlichem Hof später noch die Rede sein wird.

Giesbrecht, der viele Berichte von Verbannten gesammelt und für seine Arbeit ausgewertet hat, fasst folgendermaßen zusammen (II, S. 47):

„Die Berichte stammen von Landsleuten, die damals noch Kinder oder Jugendliche waren. Sie hatten es darum auch leichter als die Angehörigen der älteren Generation, sich in der fremden Umgebung einzufinden. Das ist auch der Grund, warum den Schilderungen der Berichtenden ein gewisser romantischer Zug anhaftet. Sie lernten in der Steppe das Reiten, sahen Schafs-, Vieh und Pferdeherden, wie sie sie von Wolhynien her nicht kannten. Alle Eindrücke nahmen sie wachen Geistes auf und behielten sie bis zum heutigen Tage in ihrer Erinnerung. Bis auf wenige Ausnahmen kam der Schulbesuch zu kurz und das sollte sich später noch als besonders nachteilig erweisen. Wenn auch im großen und ganzen (!) die positiven Erinnerungen überwiegen, so kommen doch die Schwierigkeiten und die Notlage der Verbannten ebenfalls zu Tage. Um zu überleben, mussten die Älteren, darunter auch die Frauen, schwerste körperliche Arbeiten verrichten. Die Berichter tun es manchmal nur mit einem Satz ab..."
Unsere Mutter hat nie davon erzählt, dass ihre Mutter in Sibirien arbeiten musste, auch nicht die älteren Geschwister. Erst auf der Rückreise wurde das anders.

2.3.4. Die Rückkehr nach Wolhynien

Nach dem Sturz und der anschließenden Ermordung des Zaren im Herbst 1917 stürzte Russland in einen Taumel von Revolution und Bürgerkrieg, in dem Millionen umkamen, teils in dem Chaos der Kämpfe, teils in den daraus resultierenden Hungersnöten. Die Kommunisten / Bolschewiken unter Lenin gingen bekanntlich als Sieger aus den Kämpfen hervor.

Die deutschen Armeen hatten den Westen Russlands mit der Ukraine und auch Wolhynien erobert, und das Reich schloss zuerst mit der selbständig gewordenen Ukraine, dann mit dem kommunistischen Russland einen Frieden in Brest-Litowsk (März 1918). Hier wurde im Artikel 8 der Austausch aller Kriegsgefangenen vereinbart. Schon vorher hatten die neuen Machthaber allen politischen Häftlingen des Zarenregimes, allen Verfolgten und Verbannten die Freiheit versprochen: Die Deutschen in Sibirien durften sich also auch auf den Weg nach Hause machen.

Mindestens so differenziert wie die Verschleppung in den Osten verlief auch die Heimreise nach Wolhynien. Ich will das hier nicht im Einzelnen ausführen, beschränke mich wieder weitgehend auf die Erlebnisse der Familie meiner Mutter. Grundsätzlich kann man aber sagen, dass diejenigen, die gleich die ungeordneten Verhältnisse im Russischen Reich nutzten, sich bereits 1917 auf den Weg machten und auch hinreichend Geld besaßen, um die Bahnfahrt zu bezahlen (und die Bahnbeamten zu bestechen, was mindestens ebenso wichtig war und auch ebenso teuer), dass diese Leute am problemlosesten nach Hause kamen.

Diese Leute mit Geld hatten als Erst-Rückkehrer auch die größten Chancen, in Wolhynien wieder in geordnete Verhältnisse zu gelangen – oft bekamen sie ihre alten Höfe zurück, konnten sogar das damals zu Spottpreisen verkaufte Gerät und Mobiliar zurückerwerben. Die galizischen Ukrainer, die dort in der Zwischenzeit gewohnt hatten, wurden mit Hilfe der deutschen Besatzer hinausgesetzt. Nun wurden die galizischen Ukrainer die neuen Vertriebenen, blieben zum Teil als Knechte unter den neuen deutschen Herren oder zogen zurück nach Galizien, um dort wieder einmal von vorn anzufangen.

Die absolute Mehrheit der Deportierten machte sich nicht sofort auf den Weg, sondern wartete und hoffte (allerdings vergeblich) darauf, dass der russische Staat, der sich so langsam aus den Wirren und Kämpfen zwischen Revolutionären und Konservativen, Roten und Weißen, herauskristallisierte, eine Rückreise organisieren würde: Der (bolschewistische) Rat der Volkskommissare, der nach der Entmachtung der Provisorischen Regierung, die für kurze Zeit nach dem Sturz des Zaren das Land regiert hatte, nun das oberste Regierungsorgan darstellte, hatte immerhin allen Verbannten Freizügigkeit zugesichert. Aber selbst wenn sie – die neuen Regierenden - ernsthaft gewollt hätten, wären sie nicht in der Lage gewesen, eine solche Rückkehr zu organisieren: Das Verkehrswesen lag völlig darnieder, in den monatelangen Kämpfen hatte man die Eisenbahnen, die Lokomotiven und Waggons, immer nur benutzt, aber nicht repariert und gewartet, was sich nun bitter rächte. Die rücksichtslose Ausbeutung der Bauern – man konfiszierte auch das Saatgut, um die vielen Soldaten ernähren zu können - führte zu einer katastrophalen Hungersnot, die das Leben in weiten Teilen des Landes fast unmöglich machte. Unter diesen Umständen war an eine organisierte, geordnete Rücksiedlung von mehr als 200 000 Wolhyniern gar nicht zu denken.

Unser Großvater machte sich mit seiner klein gewordenen Familie im Sommer 1918 auf den Weg, zu Fuß! Die Hoffnung auf eine zentral organisierte Rückkehr per Eisenbahn hatte er aufgegeben.
Anfangs ging alles gut, manchmal legten mehrere Familien ihr Geld zusammen und mieteten Pferdefuhrwerke, um zusammen mit den wenigen Habseligkeiten gefahren zu werden. Aber die Gespanne waren recht teuer, denn natürlich nutzte jeder Wagenbesitzer die Not der Leute aus, um sein Schäfchen ins Trockene zu bringen (wie schon auf dem Herweg) – und so musste man dann wieder tagelang zu Fuß laufen und jeder musste etwas tragen. Vor allem für die erst elfjährige Leokadia war das sehr anstrengend. Die jahrelange Mangelernährung hatte Wasser in ihren Beinen und im Bauch hinterlassen, und eines Tages konnte sie morgens nicht auf die Beine kommen. Während die anderen Mitglieder der „Reisegruppe" weiter marschierte, nahm man sie unter die Armee und führte sie herum, bis nach Stunden wieder Leben in die Beine kam und sie auch aufbrechen konnten.

Besonders eilig hatte ihr Vater es offenbar nicht, denn unsere Mutter erzählte, nach wenigen Wochen habe man bereits für längere Zeit Halt gemacht, um in der Ernte zu helfen und Geld anzusammeln. Der Vater, der siebzehnjährige Bruder und die Schwester mit ihrem Mann gingen die Woche über bei den umliegenden Bauern arbeiten, übernachteten in den Scheunen der Arbeitgeber, weil der Weg in die Notunterkunft zu weit gewesen wäre. Leokadia und ihr nur wenig älterer Bruder blieben allein in einem offenen Bretterschuppen zurück, in den man zum Schlafen ein wenig Stroh aufgeschüttet hatte. Ein Laken und eine Bett-Decke hatten sie auch, das gehörte zur Reiseausstattung, die jeder auf dem Rücken durch die Weite des westsibirischen Landes trug. Für unsere Mutter war das eine der schlimmsten Zeiten, zumal die Kinder selbst sehen mussten, wie sie etwas zu essen und zu trinken bekamen. Da half meistens nur Betteln bei den direkt benachbarten Bauern.

Neben dem Hunger machte den beiden Kindern auch das Alleinsein zu schaffen. Sie hatten noch nicht den Tod der Mutter überwunden und nun waren auch noch der Vater und die beiden Geschwister fort, wie lange, das wussten sie am Anfang nicht. Sie suchten Trost im Glauben. Es war zuhause in Wolhynien und auch unterwegs in der Verbannung – wann immer die Umstände es zuließen – üblich gewesen, morgens und abends aus der Bibel zu lesen und Lieder zu singen. Die Bibel hatte der Vater mitgenommen, aber Leokadia hatte von der Mutter auf dem Sterbebett ein Buch bekommen, das 'Wasserquelle' hieß. In diesem Büchlein waren für alle Gelegenheiten und Ereignisse und Tageszeiten Gebete und Lieder abgedruckt. Leokadia konnte nicht lesen, aber ihr Bruder hielt mit seinen wenigen Kenntnissen die häusliche Tradition aufrecht und las jeden Morgen und Abend aus der Wasserquelle vor. Dann sangen sie gemeinsam ein Lied – Leokadia kannte alle Texte auswendig, so oft hatten sie die Lieder in den letzten Jahren gemeinsam gesungen.

Schon am ersten Wochenende kamen die vier Erntearbeiter nach Hause, um den Sonnabend-Abend und den Sonntag mit den beiden Zurückgebliebenen zu verbringen. Das war eine große Freude für die Kinder, zumal sie sich nun an dem mitgebrachten Brot und dem Gemüse endlich wieder satt essen konnten.

Leider war die Freude nicht ungetrübt. Der Bruder machte einen müden Eindruck, er verweigerte das Essen, sah elend aus und verbrachte die eineinhalb freien Tage auf dem Stroh liegend. Am Montagmorgen konnte er kaum aufstehen, dennoch bestand der Vater darauf, dass er zur Arbeit mitkomme. Aber bereits auf dem Hinweg war er so schwach, dass der Vater ein Einsehen hatte und ihn zurückbrachte; er und die Tochter und deren Ehemann gingen aber zur Arbeit.

Nun waren die Kinder wieder auf sich allein gestellt und mussten sich um alles kümmern, auch noch um den älteren Bruder, der den ganzen Tag liegend auf der Strohschütte verbrachte. Nach ein paar Tagen traten die Ursachen seiner Schwäche klar zu Tage: Er bekam hohes Fieber, das dann etwas zurückging, um nur noch heftiger wiederzukehren. Gleichzeitig tauchten am ganzen Körper Flecken auf, die sich in Bläschen und dann in eitrige Pusteln verwandelten: Er hatte die Pocken. Da es keine Mittel gab, um die Krankheit zu bekämpfen, nicht einmal Schmerzmittel, wälzte er sich auf dem groben Laken herum, um den Juckreiz zu bekämpfen. Die Pusteln rissen auf und überall trat das rohe Fleisch zutage.

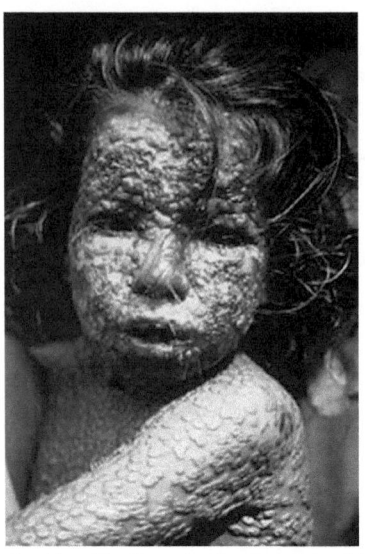

40. Ein pockenkrankes Kind

Als er dann erblindete, was im Endstadium der Pocken üblich ist, verzichtete der Vater auf seine Arbeit, blieb zuhause und versorgte den Kranken. Viel war nicht zu tun möglich, auf Wunsch des Todkranken las er aus der Bibel vor und sang mit Leokadia zusammen seine Lieblingslieder. Unsere Mutter legte bei ihren Erzählungen über den Tod ihres Bruders immer Wert auf die Aussage, er habe bis zuletzt „seine Gedanken behalten", habe nach einem Gebet die Augen geschlossen und sei neben seinen weinenden Verwandten ganz friedlich eingeschlafen.

Da Pocken hochansteckend sind, ist es nur natürlich, dass bei Leokadia und ihrem zweiten Bruder auch wenige Tage nach dem Tod erste Anzeichen der Krankheit erschienen, schließlich hatten die drei in der Enge der Unterkunft stets dicht beieinander geschlafen. Aber bei ihnen war der Krankheitsverlauf sehr viel milder (was bei etwa der Hälfte der Kinder als normal gilt), im Gesicht tauchten nur wenige Pusteln auf, die dann gut abheilten: Unsere Mutter behielt ihre glatte Gesichtshaut, sie war nicht von den üblichen Pockennarben zerfurcht worden.

Nach ein paar Wochen – so die stets recht vage Zeitangabe unserer Mutter – ging die Reise weiter. Schon bald hatte man den Aralsee links liegen gelassen, war dann nicht weiter nach Norden marschiert, auf den Ural zu, sondern gleich nach Westen abgebogen.

Hier bekamen sie dann Typhus, von dem sie auf dem Hinweg verschont geblieben waren. Der Bruder, der Vater, die Schwester mit ihrem Mann, sie alle kamen ins Krankenhaus – man war inzwischen zum Glück in kultiviertem Gebiet - und Leokadia musste sich allein durchschlagen. Sie erzählte oft von der Hartherzigkeit der Menschen, die sie vertrieben, wenn sie hungrig und mit bettelnden Augen und ausgestreckter Hand in der Nähe von Leuten herumstand, die gerade eine Mahlzeit einnahmen, sie erinnerte sich aber auch an einen russischen Soldaten, der ihr ein paar Rubel schenkte und sie damit für einige Tage satt und somit glücklich machte.

Dennoch reichte das Essen nicht hin und nicht her, und eines Morgens kam sie vor Schwäche nicht mehr von ihrem Strohsack hoch, verlor das Bewusstsein und wachte erst im Krankenhaus wieder auf. Offenbar hatte es Bekannte um sie herum gegeben, die für die Einweisung sorgten und auch ihre Personalien angeben konnten, denn zu ihrer großen Freunde hatte man sie in ein Nachbarzimmer ihres Bruders gelegt.

Nach der Entlassung aus dem Krankenhaus – alle hatten den Typhus überstanden – ging es weiter nach Westen. Und auf dieser Etappe konnte sich unsere Mutter erstmals an eine Stadt erinnern, an Saratow. Wahrscheinlich hat sich der Name eingebrannt, weil hier noch einmal etwas ganz Schreckliches passierte: Die Familie geriet auseinander, der Vater und der Bruder waren eines Tages einfach weg, sie konnte uns nie erzählen, wie es dazu hatte kommen können. Nach einer Mitteilung von Erich hat man die beiden zur Zwangsarbeit eingesetzt, ohne die Familie, die beiden Töchter, darüber zu informieren. Den Vater fanden wir später – siehe den Einschub über Großvater Edemann - von dem Bruder habe ich nie wieder etwas gehört oder gelesen.

Aber nicht nur die beiden engsten Verwandten gingen verloren, in diesen Tagen kam ihr auch das Buch abhanden, von dem sie sich gewünscht hatte, es ihr ganzes Leben bei sich tragen zu können: die Wasserquelle. Mit anderen Büchern konnte sie nichts anfangen, auch nicht mit der Bibel, aber die Wasserquelle kannte sie praktisch auswendig und hatte ihre tägliche Freude daran gehabt, die Seiten umzublättern und darin zu „lesen".

Von nun an war sie nur noch mit ihrer Schwester und dem Schwager unterwegs, noch mehr als tausend Kilometer waren zu überwinden. Wie sie diese Strecke zurücklegten, darüber habe ich leider keinerlei Informationen.

41. Unserer Tochter Katja ist es im Jahre 2010 gelungen, über das Internet das kleine Büchlein „Wasserquelle" aufzufinden und zu kaufen. Ich habe es in altes Leder eingebunden und lese ab und zu darin. Ich bringe hier zur Illustration die Eingangsseiten.

Die Zahl der Wolhynien-Deutschen, die in ihre Heimat zurückkehrten, wird unterschiedlich angegeben; sie liegt wohl zwischen 60 000 und 100 000, also deutlich unter der Hälfte derjenigen, die ausgewiesen worden waren.

Ich übernehme dazu das Resümee von Waldemar Giesbrecht (III, S.58):

"Was ist nun mit den fehlenden gut einhunderttausend Menschen geschehen? Der größte Teil ist wohl auf dem Wege in die Verbannung, in der Fremde oder während der Rückkehr in die Heimat umgekommen. Ein Teil ist als Soldat in der zaristischen Armee an der Front gefallen, den Verwundungen erlegen oder an Kriegsleiden verstorben. Ein kleiner Teil der Wolhyniendeutschen flüchtete aus Westwolhynien nach Deutschland und Österreich, nachdem die deutsch-österreichischen Truppen unter dem Druck der russischen Armeen sich vorübergehend wieder zurückziehen mussten. Wieder ein anderer Teil...verließ bald nach der Rückkehr aus der Verbannung die Heimat und wanderte nach Deutschland oder nach Übersee, nach Süd- und Nordamerika, aus. Ein verschwindend geringer Teil...blieb in den Verbannungsgebieten und verzichtete mehr aus einer Zwangslage heraus und weniger aus freiem Entschluss auf die Rückkehr."

Den Kommentar lasse ich fort: Jeder Leser wird sich über eine solche Deportation mit dem Tod von mehr als 100 000 Menschen selbst ein Urteil bilden.

Nicht nur die Rückkehr nach Wolhynien gestaltete sich für die einzelnen Deutschen recht unterschiedlich, man fand dort auch unterschiedlichste Bedingungen vor. Manche Höfe waren von den neuen Besitzern, meistens Ukrainer aus Galizien, in allerbestem Zustand gehalten worden, die Felder bestellt, das Vieh gesund. Auf anderen Höfen hatte man die Zäune und Ställe und Scheunen abgerissen und das Holz zum Heizen verbraucht, von den Feldern hatte man nur den Teil beackert, den man unbedingt zum Leben brauchte, der Rest war unkrautverwildert. Das Vieh hatte man geschlachtet, sich nicht um eine Weiterzucht bemüht...Die Berichte von Spätheimkehrern sind voll von erbitterten Details über diese Zustände. In manchen Gebieten, vor allem im Westen Wolhyniens, hatte auch der Krieg seine Spuren hinterlassen, ganze Ortschaften waren dem Erdboden gleichgemacht.

Es spielte eine wichtige Rolle, wann, wie früh man wieder in der alten Heimat auftauchte. Den später Kommenden ging es nicht so gut wie den Früheintreffenden, denn bald nach dem Friedensschluss von Brest-Litowsk räumten die Deutschen vertragsgemäß das Gebiet, konnten den Heimkehrern also nicht mehr helfen, ihre alten Besitztümer wieder zu übernehmen, und in dem Chaos der Kämpfe zwischen den Kommunisten und den „Weißen" und den Wirren des sich anschließenden polnisch-russischen Krieges eroberte Polen das Gebiet - und nun setzten die neuen Herrscher ihrerseits nach Belieben neue „Besitzer" auf die alten deutschen Hofstellen.

(1921 wurde die polnische Eroberung Wolhyniens vertraglich abgesichert. Die Polen behielten das Gebiet bis 1939. In diesem Jahr vereinigte es Stalin in einem groben Unrechtsakt, der mit Hitler abgesprochen war, mit der Ukraine und machte es zu einer der Sowjetrepubliken. Die verbliebenen Deutschen wurden nach dem 3. Nov. 1939, dem Abschluss des „Deutsch-sowjetischen Abkommens über die Rückkehr der Volksdeutschen aus Wolhynien" zum Teil umgesiedelt ins Deutsche Reich. Die Restlichen holte das Schicksal ein weiteres Mal ein, als Hitler die Sowjetunion überfiel und nun Stalin seine Deportationen der Deutschen vornahm. Noch heute leben einige der „Russlanddeutschen" in diesem Gebiet und warten auf die Umsiedlung nach Deutschland, die recht schleppend vonstatten geht.)

Die Situation in Wolhynien gestaltete sich für unsere Mutter kaum besser als in Sibirien: Auf dem Hof ihrer Eltern saßen Polen, als sie im Spätherbst 1919 in Taratschin ankamen, und bei Jägers, ihrem Schwager, war es genauso. Die Polen waren zu keinem Entgegenkommen bereit, sie hatten Angst davor, dass die ehemaligen Besitzer ihre Besitzansprüche geltend machen könnten und sie das gerade glücklich Erworbene wieder aufgeben müssten: Die drei Heimkehrer durften nicht einmal kurzfristig in ihrem alten Zuhause übernachten.

Sie fanden Unterschlupf bei einer mitleidigen deutschen Familie, die für sie ein kleines Zimmer freimachte und sie auf dem Fußboden schlafen ließ. Auf Leokadia schien das Schicksal zuzukommen, das fast alle Waisenkinder zu ertragen hatten: Als Gänsemädchen, Kuhhirte oder Kleinknecht zu beginnen, um später ihre oder seine Karriere als Magd oder Knecht fortzusetzen.

2. 3. 5. Unsere Mutter in Ostpreußen

Anfang Dezember 1919 kam die deutsche Frau, bei der sie untergekommen waren, nach Hause und erzählte, dass ein Mann aus Ostpreußen gekommen sei und ein Mädchen für den Haushalt und einen kleinen Jungen oder ein kleines Mädchen zum Kühehüten suche. Dieser Mann war Emil Witzke, der zu einem Besuch bei seiner Schwester, einer Frau Zellmer, hierher gekommen war. Emil Witzke ist der in der Überleitung zum Kapitel 2.3.1. schon einmal genannte Mann, der dicht bei unserem Großvater Georg Klein in Przellenk seinen Hof besaß, dem Großvater, der damals einen fünfzehnjährigen Sohn namens Rudolf Klein hatte, der unser Vater werden sollte.

Unserer Mutter ahnte nicht gleich, dass diese Mitteilung die entscheidende Wendung in ihrem Leben einleiten sollte, sah aber eine Chance, eventuell dem Elend in Wolhynien zu entkommen.

Die kleine Leokadia ging sofort zu den Zellmers hinüber und fragte, ob sie nicht das Mädchen zum Kühehüten werden könnte. Herr Witzke schaute sich die Kandidatin an und konnte nicht so recht Begeisterung entwickeln. Die Kleine hatte einen mit Wasser aufgeschwemmten Körper, die Haare waren nicht recht nachgewachsen nach der Typhuserkrankung, standen struppig vom Kopf ab, die Schuhe waren einige Nummern zu groß, weil die Schwester die passenden Schuhe, die sie geschenkt bekommen hatte, für sich genommen und bei Leokadia gegen hohe Männerschuhe eingetauscht hatte. Sie trug eine beutelige lange Hose und dazu ein Jackett von ihrem Vater – nein, die „Performance", wie man heute sagen würde, war nicht perfekt, aber sie bewarb sich ja auch nicht um die Stelle eines Modells, sondern als Kühehüterin, als Cow-Girl gewissermaßen.

Lange schaute Herr Witzke sie an, so konnte sich unsere Mutter nach all den Jahren gut erinnern, dann siegte bei ihm das Mitleid, gespeist durch christliche Nächstenliebe, und er gab seine Zustimmung. Man wird sich das Glücksgefühl der jungen Leokadia vorstellen können, sie wusste zwar nicht, was sie erwartete, aber dass es nur besser werden konnte, das war ihr klar: Hier in Taratschin gab es keine Zukunft für sie.

Noch am selben Tag fand Herr Witzke auch ein Mädchen für den Haushalt, über zwanzig Jahre schätzte unsere Mutter ihr Alter, gut aussehend war sie und ebenso gut gekleidet.

Schon am nächsten Tag brach die kleine Gruppe nach Norden auf. Unsere Mutter hat nie darüber gesprochen, wie diese Reise vonstatten ging, aber man kann davon ausgehen, dass Herr Witzke mit einem Panje-Wagen mit Gummirädern und einem Dach darüber angereist war, so dass man warm und trocken nach Przellenk kam.

Leokadia war begeistert von dem Haus der Witzkes, der Sauberkeit, den Möbeln. So etwas kannte sie gar nicht. Sie hatte die letzten Jahre unter schlimmen Bedingungen in Notquartieren gehaust, aber auch ihr Elternhaus in Taratschin hielt keinem Vergleich mit dem Hof der Witzkes stand.

Anfangs litt die jetzt Dreizehnjährige schlimm unter Minderwertigkeitsgefühlen, wusste nicht, wie sie sich bewegen, wie sie essen, wie sie reden sollte. Sie spürte genau, dass sie nicht in diese Umgebung passte und dass die meisten Mitbewohner das auch so sahen. Dann gab es ein Schlüsselerlebnis, das unsere Mutter mehrfach mit Tränen in den Augen erzählte. Sie wurde zufällig Ohrenzeugin eines Gesprächs zwischen der jungen, aus reichem Guts-Elternhaus stammenden Frau Witzke und ihrem Mann, der (wie unser Großvater) in frühen Jahren in Wolhynien und dann bei dem Neustart in Przellenk schwere Zeiten miterlebt hatte und daher in der Lage war, sich in die kleine Leokadia hineinzuversetzen. Frau Witzke beklagte sich bei ihrem Mann, dass er ein solches Kind ins Haus gebracht hatte. Sie wusste nicht, was sie mit diesem Kind anfangen sollte. Ihr Mann setzte ihr gehörig den Kopf zurecht, gab gewissermaßen Order, sich ab jetzt intensiv um das Kind zu kümmern, und erinnerte sie an die Bibelstelle: *'Was ihr einem der Geringsten getan habt, das habt ihr mir getan.'*

Leokadia war verzweifelt, sie ging nicht davon aus, dass der Appell des Mannes wirklich etwas bewirken würde. Zum zweiten Mal in ihrem jungen Leben - das erste Mal war gewesen, als sie in Saratow ihren Vater und Bruder verloren hatte – wünschte sie sich den Tod, ging in die Scheune, weinte und betete zu Gott, er möge sie doch zu sich holen.

Und dann kam die Wende. Als sie nach einer Weile zurückging ins Haus, sahen alle, dass sie geweint hatte. Frau Witzke umarmte sie und sagte, sie wolle ihr von jetzt ab eine Mutter sein. Und sie setzte diese Ankündigung in den nächsten Tagen gleich in die Tat um, ließ einen breiten und festen Gürtel herstellen, der Leokadias aufgeschwemmten Bauch zurückhielt – und dank des regelmäßigen und guten Essens bildete sich der Bauch dann zurück, das Wasser verschwand, die Figur des jungen Mädchens normalisierte sich. Außerdem ging Frau Witzke zu ihrer Mutter und ließ sich die zu klein gewordenen Sachen ihrer Schwester geben, die Leokadia dann zu Weihnachten geschenkt bekam, zusammen mit einem neugekauften Kleid und Schuhen. Als sie zum ersten Mal gebadet und mit dem neuen Kleid angetan neben dem Tannenbaum stand, fühlte sie sich wie neu geboren. Und als sie dann noch am Abend erstmals mit in die Gemeinde durfte und die Predigt hörte und bei den Liedern mitsingen konnte, war ihr Glück perfekt, jeder Wunsch zu sterben war verflogen.

Unsere Mutter arbeitete bis zu ihrer Heirat am 22. Dezember 1926, also bis zu ihrem 19. Lebensjahr, auf dem Witzkehof, anfangs als Hütemädchen, dann als Magd in der Küche und auf dem Feld. Nur im ersten Winter konnte sie für etwa drei Wochen die deutsche Schule besuchen - es reichte nicht aus, um auch nur das Lesen und Schreiben zu lernen. Während dieser Jahre gehörte sie immer mehr zur Familie. Ein uns erhaltenes Foto zeigt sie in der Mitte zwischen der „Pflegemutter" und dem „Pflegevater" stehend, so als gehöre sie selbstverständlich dazu, wenn man ein Familienbild macht.

42. Das Foto zeigt den Familienvater Emil Witzke mit seiner Frau Ida und den drei Kindern Hilde, Paul und Bernhard. Unsere Mutter steht hinter Bernhard

Wie man sieht, war sie eine schöne Jugendliche geworden: Der aufgedunsene Bauch war verschwunden, die Stoppelhaare waren nachgewachsen und wurden als fest geschlungener Knoten getragen, blaue Augen schauten aus einem breit und flächig geschnittenen Gesicht in die Welt.

(Unsere Mutter traf Frau Witzke später im Schwarzwald wieder. Witzkes waren nicht geflüchtet, sondern erst in den fünfziger Jahren von den Polen ausgesiedelt worden. Nach diesem Besuch war unsere Mutter glücklich: Sie hatte die Erlaubnis bekommen, Frau Witzke „Mama" zu nennen und das schien ihr ungeheuer wichtig zu sein - sie war deutlich bewegt und sprach von nun an - als über Fünfzigjährige - stets von ihrer Mama.)

Die Gemeinde wurde zu ihrem Lebensmittelpunkt. Es handelte sich um eine „Pfingstgemeinde", die zu den baptistischen Glaubensgemeinschaften gehörte. Hier wurde man erst getauft und auch Gemeindemitglied, wenn man sich „bekehrte", d.h. wenn man sich entschlossen hatte, nach den äußerst strengen Regeln dieser Gemeinschaft zu leben, die weit über die zehn Gebote hinausgingen, und wenn man sich öffentlich dazu bekannt hatte. Das tat die inzwischen fünfzehnjährige Leokadia: Nach einer Gebetsstunde, in der sie eine Art Erleuchtung oder Erweckung hatte, „übergab sie ihr Leben dem Heiland" – das war die Standardformel, die die Prediger in dieser Gemeinde verwendeten, und ging von nun ab zu allen Jugendstunden und Versammlungen. Als ein Chor aufgestellt wurde, machte man sie sofort zum Mitglied, auf ihre schöne Stimme wollte man keinesfalls verzichten. Zwar konnte sie nicht wie die anderen die Texte aus dem Gesangbuch ablesen, aber während der Gesangsproben prägte sie sich die Texte ein, und bis man öffentlich vor der Gemeinde auftrat, konnte sie stets alle Lieder auswendig.

Edith weiß zu berichten, dass einmal ein Musikprofessor aus Königsberg dem Singen in der Gemeinde zuhörte und von der Stimme der dann Siebzehnjährigen so beeindruckt war, dass er ihr vorschlug, nach Königsberg mitzukommen. Er bot ihr eine kostenlose Gesangsausbildung an, aber sie hatte ja gerade erst ein neues Zuhause gefunden und wollte das nicht schon wieder mit einer neuen fremden Umgebung und einer Ungewissheit vertauschen. Sie konnte sich wohl auch ein Leben in einer großen Stadt gar nicht vorstellen – also blieb sie in Przellenk.

Dort freundete sie sich mit der jungen Schwester von Frau Witzke an, und diese schrieb dann in der Folge alle zu lernenden Lieder für sie ab. Und im Vergleich mit dem durch das mehrfache Hören auswendig gelernten Text und den Buchstaben und Wörtern der Handschrift lernte sie es bald, die Wörter der Handschrift selbst zu verstehen – das Schreiben erlernte sie aber erst einmal nicht, und auch mit gedruckten Texten konnte sie nichts anfangen. Für ein systematisches Lernen hatte sie schlicht nicht die Zeit, weil sie als Magd von morgens früh bis abends spät arbeiten musste und es außerdem niemanden gab, der in der Lage gewesen wäre und die Lust gehabt hätte, mit ihr die mühsame Arbeit der versäumten Grundschule nachzuholen.

2. 3. 6. Ostpreußen / Soldau - die Lage nach dem Ersten Weltkrieg

Die junge Leokadia kam in ein politisch hochbrisantes Grenzland. Sie wird in den ersten Jahren kaum etwas davon mitbekommen haben, wohl aber unser zukünftiger Vater, der ja zwei Jahre älter war als sie, eine normale Schulbildung genoss und der von der Entwicklungen der hohen Politik sehr direkt betroffen war: in der Art seiner schulischen und dann auch beruflichen Ausbildung. Außerdem waren Leokadias Arbeitgeber, die Witzkes, politisch interessiert, ebenso wie unser Großvater, eigentlich wie alle Deutschen in dem Bereich: Die politischen Entscheidungen in Versailles, in Berlin und in Warschau betrafen nicht nur irgendwelche abstrakten Prinzipien und Schuldzuweisungen, irgendwelche fernen Grenzziehungen, irgendeine Entwaffnung der Marine und der Luftwaffe, sie betrafen sehr konkret ihre persönliche Existenz: ihre Staatsangehörigkeit und ihren Landbesitz.

Ich möchte deshalb die allgemeine Situation und das vorherrschende Bewusstsein in unserem Landkreis Soldau beschreiben, über den ich im Kapitel 2.1. ja schon einiges angemerkt habe. Den ersten Teil – die allgemeine Situation – entnehme ich Geschichtsbüchern, den zweiten Teil versuche ich mit den Erzählungen einer Gutsbesitzerin aus unserer engen Nachbarschaft in Przellenk, denen des Dichters Siegfried Lenz in seinem Roman „Heimatmuseum" und Ralph Giordano (Ostpreußen ade) zu erfassen.

Als Deutschland trotz aller Vorbehalte und Proteste aus Schwäche in den Waffenstillstand einwilligte, den die Siegermächte in Versailles ausgehandelt hatten und nun den besiegten Deutschen ohne jegliche Verhandlungen zur Unterschrift vorlegten, sahen die Polen ihre Chance gekommen, möglichst viel von deutschem Land im Osten in ihren neuen Staat zu integrieren.

Ich beschränke meine Ausführungen wieder auf den Kreis Soldau und unsere Familien: Bereits neun Tage vor Unterzeichnung des Waffenstillstandes hatte sich in Soldau das Gerücht verbreitet, die polnische Delegation in Versailles fordere die Abtretung dieses Kreises an Polen – ohne jede weitere Formalität oder gar Abstimmung. Die deutschen Stadtabgeordneten schickten umgehend ein Telegramm an den Reichstag in Berlin, in dem sie heftig protestierten: *„Die Vertretung der von jeher treu-*

deutschen Grenzstadt Soldau legt namens der gesamten Bürgerschaft gegen die etwaige Lostrennung vom deutschen Vaterlande entschieden Verwahrung ein. Die Vaterlandsliebe ist hier unerschütterlich. Wir sind deutsch und wollen unbedingt deutsch bleiben."

Im neuen republikanisch gewordenen Deutschen Reich hatte man andere Sorgen: Man bereitete die ersten freien demokratischen Wahlen in der neuen Republik vor, die in der nächsten Zeit auf allen Ebenen stattzufinden hatten. Ich gehe diese Ebenen von oben nach unten durch – von der Nationalversammlung in Weimar, die am 19. Januar 1919 stattfinden sollte, bis hinunter in den Stimmbezirk unserer Heimatdörfer, wobei ich mich um die nationale Ebene nicht weiter kümmere, weil hier die Sympathien zu den Parteien den Ausschlag für das Wahlverhalten gab, nicht die Frage der nationalen Zugehörigkeit.

In Soldau stand die Wahl zur preußischen Landesversammlung an – das ist in etwa mit den heutigen Landtagswahlen in Sachsen, Hamburg oder Bayern etc. zu vergleichen: Sie fand eine Woche später, am 26. Januar 1919 statt. Bei dieser Wahl übte die kleine polnische Bevölkerungsgruppe im Kreise Soldau Stimmenthaltung. Man wusste, dass man hoffnungslos in der Minderzahl war und verzichtete deshalb auf jeden Versuch der politischen Einflussnahme. Die Stimmenthaltung bewies nicht, dass die Polen in Soldau nicht besonders motiviert waren, aus dem deutschen Staatenverband in einen polnischen überzuwechseln – diese Frage stand hier nicht zur Debatte, darum ging es bei der späteren Volksbefragung über den Wunsch nach Zugehörigkeit zu Deutschland oder Polen, über die noch zu berichten sein wird. Soldau, das sei aber schon hier klar gesagt, war von dieser Abstimmung ausgenommen, hier wurden ohne Abstimmung Fakten geschaffen.

Spannend wurden die Wahlen zum Kreistag Soldau, die am 4. Mai 1919 stattfanden. Der Kreis war in mehrere kleine **Wahlbezirke** aufgeteilt und nur in einem sahen die Polen eine Chance, dass ihr Kandidat gewählt werden und im Kreistag ihre Interessen vertreten könnte, und sie machten folglich in diesem Wahlbezirk einen eigenen Wahlvorschlag. Sie blieben in der Minderheit, ihr Kandidat erreichte 586 Stimmen, der deutsche 952.
In der Stadt Soldau wurde ebenfalls gewählt – die Stadtverordnetenversammlung und der Bürgermeister (das ist wieder etwas ganz anderes als der Kreistag). Hier stellten die Polen keine eigenen Kandidaten auf, sie fühlten sich zu sehr in der Minderheit - wie bei der Wahl auf Kreisebene.

Noch interessanter für uns ist allerdings die Stimmabgabe, wenn man in die kleinste Wähler-Einheit, nämlich in die **Stimmbezirke** dieses Wahlbezirkes geht: Für uns ist der Stimmbezirk Grodtken entscheidend, zu dem neben Grodtken selbst noch Groß und Klein Przellenk und Groß Lensk gehörten, also die Dörfer meiner Eltern. Und dieser Stimmbezirk war der einzige in ganz Ostpreußen, in dem die Polen eine deutliche Mehrheit erhielten: 217 Stimmen fielen auf sie, nur 122 wurden für den deutschen Kandidaten abgegeben. Selbst wenn man einkalkuliert, dass bei der Wahl auch die gesellschaftliche Stellung des Kandidaten, sein Ansehen, seine Ausstrahlung, sein Aussehen, seine Wahlversprechen eine Rolle gespielt haben werden, kann man doch davon ausgehen, dass die entscheidende Kategorie die nationale Zugehörigkeit war. Die Erklärung, die man für den polnischen Wahlsieg liest, ist folgende: Hier sei die polnische Agitation in den katholischen Kirchen seit Jahren schon besonders aktiv und fruchtbar gewesen!

Gleichgültig, ob diese Aussage zutreffend ist, festgehalten werden muss, dass es in unseren Heimatdörfern offenkundig ein sehr starkes polnisches Element gab, oder anders formuliert: dass hier die Mehrheit der Bevölkerung polnisch war oder zumindest polnisch dachte und fühlte – und wählte! Unser Stimmbezirk bildete also gewissermaßen eine polnische Insel in der sonst deutsch dominierten Umgebung. Die Dörfer werden dann wohl auch einen polnischen Bürgermeister gewählt haben. Diese Aussagen gelten zumindest für die Zeit direkt nach dem Krieg – später gab es in Przellenk und Groß Lensk jeweils deutsche Bürgermeister.

Die erste Aktion der deutschen Stadtverordnetenversammlung in Soldau war ein neuerlicher Protest gegen die geplante Abtretung Soldaus und Teile des Kreises Neidenburg vom Deutschen Reich – mit dem gleichen Tenor von Vaterlandsliebe und -treue wie oben zitiert.

Aber nicht nur in der Stadt Soldau protestierte man: In fast allen größeren Dörfern fanden im Laufe des März Protestversammlungen statt, in Heinrichsdorf, in Gr. Tauersee...Schaut man sich die Namensliste der protestierenden Dörfer an, so fällt auf, dass Przellenk und Lensk und Grodtken fehlen – was bruchlos zu der Aussage passt, die ich auf Grund der Wahlen in diesem Stimmbezirk formuliert habe – hier gaben die Deutschen nicht den Ton an, hatten nicht das Sagen.

Am 7. Mai 1919 konnte man es dann schwarz auf Weiß nachlesen:
In den Friedensbedingungen, die die Alliierten der deutschen Friedensdelegation in Versailles übergaben, stand die Forderung, das Soldauer Gebiet sei ohne Volksabstimmung an den neuen polnischen Staat abzutreten, im übrigen Südostpreußen, in Masuren, sollte per Volksabstimmung entschieden werden, ob man deutsch bleiben oder polnisch werden wolle. Die Soldauer Bevölkerung und auch die wenigen anderen Deutschen, die dieses Detail überhaupt zur Kenntnis nahmen und sich für die deutsche Sache engagierten, (schließlich ging es in Versailles um andere Dimensionen, das Deutsche Reich verlor ganz Elsass-Lothringen, fast ganz Posen und Westpreußen, Teile von Schleswig Holstein, seine Flotte, seine Armee.... was bedeutete da schon dieses Zipfelchen Land im fernen Masuren!) – die Interessierten also fragten sich, wie man dazu gekommen war, dieses Stückchen Land von der Volksbefragung in Masuren auszunehmen, schließlich gab es hier prozentual nicht mehr Polen als in den anderen Teilen des Kreises Neidenburg oder sonst wo in Ostpreußen –wie ja auch die Wahlen zu den Volksvertretungen bewiesen hatten. Erst nach einiger Zeit wurde ihnen – durch Informationen über die strittigen Verhandlungs-Einzelheiten in Versailles – klar, dass es gar nicht um Dörfer oder Menschen oder Ländereien ging, sondern um eine Eisenbahnlinie! Soldau lag an der wichtigen Bahnstrecke, die vom Norden kommend Danzig mit Warschau verband, über Marienburg (Marlborg) und Deutsch-Eylau (Llawa) und Mlawa (20 km südwestlich von Soldau, schon im „alten" Polen) führte. Diese Eisenbahn und den Knotenpunkt nördlich von Soldau forderte die polnische Verhandlungskommission für sich.

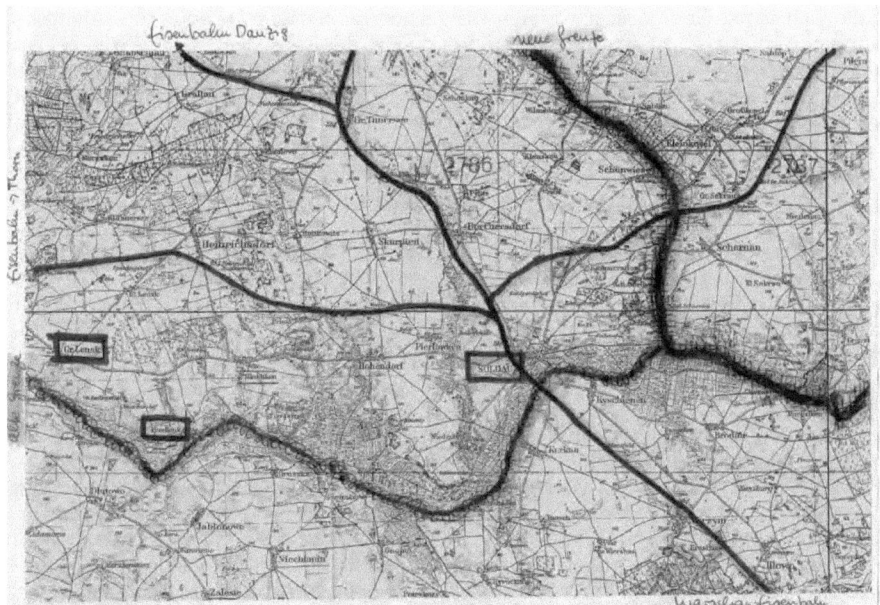

43. Karte: Die neue Grenze Ostpreußens; die Eisenbahnlinien
Im Zentrum liegt Soldau; deutlich sind hier die Bahnlinien zu erkennen, die in alle vier Himmelsrichtungen verlaufen. Im Nordwesten endete diese Bahnlinie in Danzig, südwärts führte sie nach Warschau.
In der linken Mitte liegen die beiden Dörfer Przellenk und Gr.Lensk, in denen die Kleins gewohnt haben; direkt südlich davon verläuft die alte Grenze zwischen dem Deutschen Reich und Polen. Rechts ist dick der neue Grenzverlauf eingezeichnet, der den Kreis Soldau dem polnischen Reich zuschlägt.

Damit müsste die deutsche Umgebung von Soldau, durch die diese Bahn führte, an Polen fallen. Lloyd George, der englische Verhandlungsführer, hatte nicht einsehen wollen, dass man wegen einer Bahnlinie die Grenze verschieben und damit gegen das Selbstbestimmungsrecht der Völker, das in den Vorschlägen des amerikanischen Präsidenten Wilson eine zentrale Rolle spielte, verstoßen sollte. Er hatte daher durchgesetzt, dass auch im Süden Ostpreußens (wie in Teilen von Schlesien und im Norden von Schleswig-Holstein) und auch in kleinen Bereichen Westpreußens, in denen man sich nicht sicher war, wie die Bevölkerung auf Polen und Deutsche verteilt war oder zu welchem Land sie sich mehr hingezogen fühlte, eine Abstimmung stattfinden sollte.

Die Polen hatten ihre Fälle davonschwimmen sehen, mussten davon ausgehen, dass das Soldauer Gebiet ganz normal zum südostpreußischen (masurischen) Abstimmungsgebiet gehören würde – und sie wussten genau, dass die Leute dort ganz sicher für Deutschland votieren würden. Also hatten sie eine Argumentations-Variante gesucht und auch gefunden. Es gab im Norden Polens, direkt südlich von Ostpreußen, nur eine Eisenbahn, die aus dem alten Polen westwärts in das neue Gebiet östlich der Weichsel führte, das nach den Plänen in Versailles jetzt an Polen fallen sollte. Und diese Strecke führte ebenfalls über Soldau, verlief zwischen Illowo und Klein Tauersee weitgehend über deutsches Gebiet. Und deshalb müsste – so die Polen - dieses Stückchen Land auf jeden Fall und sofort abgetreten werden, damit die wichtige Bahnlinie auf polnischem Gebiet verliefe.

Hatte sich Lloyd George in der ersten Diskussion durchsetzen können, so gelang es ihm nun nicht mehr; der verhandlungsführende Rat der Zehn beschloss gegen seinen Widerspruch, dass man den Forderungen der Polen dieses Mal nachgeben sollte. Sie hatten sich in der Frage nach der prozentualen Verteilung der Bevölkerung von den polnischen Sachverständigen überzeugen lassen, dass im Soldauer Gebiet nur eine kleine deutsche Minderheit wohne. Sie hatten sich dazu auf die sogenannte Spettsche Karte gestützt, die erdrückende polnische Mehrheiten für diesen Bereich auswies. Spett war zu seinen Ergebnissen ganz einfach dadurch gekommen, dass er alle Masuren zu Polen erklärt hatte, was aber dem Denken sehr vieler Masuren, die durchaus mehr mit den Deutschen sympathisierten, und zudem den offiziellen, amtlichen Gepflogenheiten widersprach, die in Volkszählungen in Deutsche, Masuren und Polen unterteilte. Die Deutschen hatten nicht widersprechen können, denn Deutsche waren ja bei den Verhandlungen in keinem Punkt zugelassen. Niemand in Versailles kümmerte sich um diese Details der völkischen Zugehörigkeiten, das konnte man schon deshalb nicht, weil man davon gar keine Kenntnis hatte.

Die Soldauer bemühten sich in diesen Monaten der Ungewissheit auf verschiedenen Ebenen, die drohende Abtretung zu verhindern: Es gab Protestversammlungen, man schickte Abordnungen nach Berlin, wo man die wahren Zahlen über die Verteilung zwischen Deutschen, Polen und Masuren betonte, legte Karten vor, die bewiesen, dass im Soldauer Land nur 4.539 ha in polnischem Besitz seien, aber gut zehnmal so viel, nämlich 48.635 in deutscher Hand, man sprach mit Vertretern Polens, bot Alternativen zum Neubau einer Eisenbahn an, sprach beim französischen Botschafter vor, schrieb an die amerikanische Regierung und die Abgeordneten in Washington – nichts hatte Erfolg, die deutsche Regierung erhob nicht einmal die Forderung, Soldau nicht abzutreten oder zumindest dem masurischen Abstimmungsgebiet zuzuschlagen. Das Fazit einer Soldauer Abordnung war denn auch: *„Wir standen…mit der quälenden Gewissheit: Unsere Regierung hat nichts für uns übrig gehabt, wir sind von ihr schmählich im Stich gelassen."*

Im Paragraphen 28 des Versailler Vertrages (in den meisten Büchern zu diesem Thema wird er nur als „Versailler Diktat" bezeichnet) steht dann, wie die neue Grenze, die das Soldauer Land trotz aller gegensätzlichen Bemühungen zu Polen schlägt, verlaufen soll: *„Die alte Grenze zwischen West- und Ostpreußen, dann die Grenze zwischen den Kreisen Osterrode und Neidenburg, dann der Lauf der Skottau abwärts, dann der Lauf der Neide aufwärts bis zu einem Punkt, der ungefähr 5 km westlich Bialutten zunächst der alten russischen Grenze gelegen ist; von dort nach Osten bis zu einem Punkt unmittelbar südlich des Schnittpunktes der Straße Neidenburg-Mlawa mit der alten russischen Grenze im Gelände noch zu bestimmende Linie, die nördlich von Bialutten verläuft."*
Im § 29 wird dann noch auf eine Karte verwiesen, in die man den Grenzverlauf eingezeichnet habe, und der Hinweis gebracht, dass bei Streitigkeiten und Abweichungen der Wortlaut in § 28 maßgebend sei.
  Es hat in der nächsten Zeit dann tatsächlich viele Streitigkeiten und das Bemühen gegeben, eine Korrektur oder Präzisierung für das eine oder andere Gut oder Dorf herauszuholen, aber das lasse ich hier fort.

Am 28. Juni 1919 war der Vertrag fertiggestellt, am 30. unterschrieben die Deutschen zähneknirschend (es war eine deutsche Regierung unter Führung der SPD, die später - besonders aggressiv von Hitler & Co.- dafür sehr gescholten wurde), am 7. Juli wurde er ratifiziert.

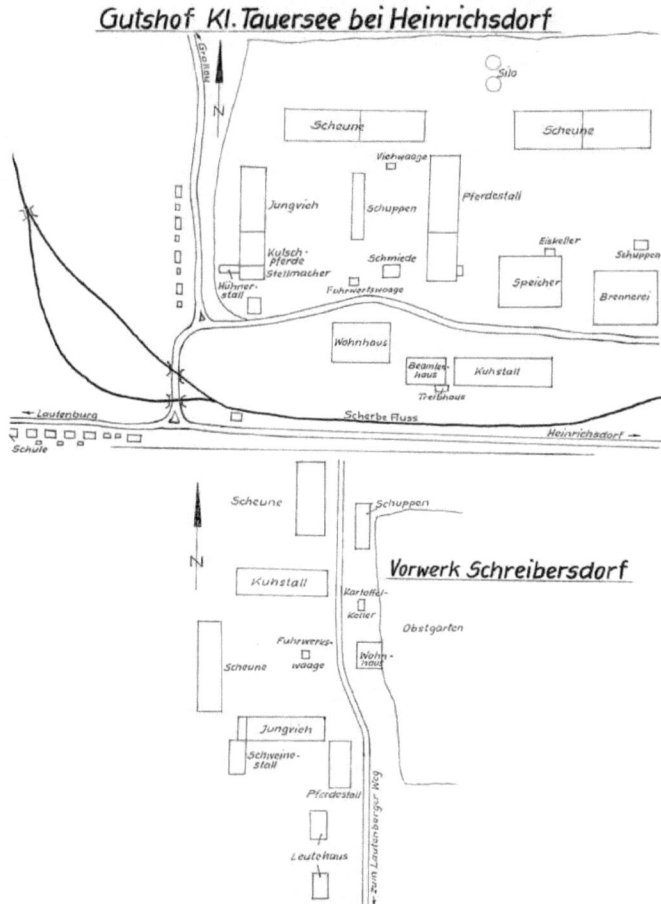

44. Klein Tauersee

Auch jetzt noch machten die Soldauer Versuche, die Abtretung ihres Gebietes rückgängig zu machen, schließlich waren sie noch die ‚Herren' im Land. Die Polen verhielten sich ruhig und machten nicht den Versuch, die politische, militärische und polizeiliche Gewalt zu übernehmen. Das deutsche Heer war mitten in der Demobilisierung, hätte also nicht eingreifen können, falls die Polen aktiv geworden wären. Die sich überall bildenden deutschen Einwohnerwehren und auch die schwachen Grenzschutztrupps hätten sicherlich nichts ausrichten können – dennoch blieben die Polen friedfertig, bereiteten aber den Übergang propagandistisch und organisatorisch umfangreich vor. So entstand zum Beispiel ein polnischer Volksrat für das Abtretungsgebiet, ein katholischer Frauenverein warb ebenso um Mitglieder wie ein allgemeiner katholischer Volksverein.

Die Deutschen hielten dagegen und schlossen sich zur „Deutschen Vereinigung für Soldau und Umgebung" zusammen, aus dem dann zur Regelung der Übergangsfragen ein „Deutscher Ausschuss für das Abtretungsgebiet Soldau" entstand, der mit dem polnischen Volksrat friedlich und sachlich zusammenarbeitete und z.B. eine gemeinsame „Heimatwehr" bildete, die unter beiderseitiger gleichberechtigter Führung die polizeilichen Aufgaben übernehmen und für Ruhe und Ordnung sorgen sollte, wenn die regierungsamtlichen preußischen Soldaten und Gendarmen abzogen.

Mein Bruder Erich weiß davon zu berichten, dass Onkel Michel oben im Taubenschlag die ganzen Jahre über bis 1939 seinen Wehrmachtskarabiner und andere Ausrüstungsteile versteckt hielt. Viele Deutsche hielten ihre Waffen bereit, weil sie damit rechneten, es könne in den nächsten Jahren Befreiungsaktionen der unterdrückten Deutschen im ganzen Osten geben. Man hielt unter „alten Kameraden" lose Verbindung und war allzeit bereit, loszuschlagen.

Gleich zu Beginn des Folgejahres war es mit dem freundlichen Übergangsmiteinander vorbei. Am 10. Januar 1920 trat der Versailler Vertrag in Kraft, am 17. Januar verließen die letzten deutschen Truppen Soldau - und die Polen ergriff faktisch von dem Land Besitz.

Er war also polnisch geworden, unser Landkreis, sehr zum Leidwesen der vielen Deutschen, die dort lebten. Ich komme jetzt zum Teil zwei meiner Ausführungen über Soldau, zu den Stimmungen und Befindlichkeiten, die natürlich auch schon im Teil eins eine Rolle gespielt haben.

Ich zitiere aus den Erinnerungen von Oda Goerdeler, die auf dem Grenz-Gut Tauersee lebte, das meine ältesten Geschwister Erna und Erich gut kennen. *„Es lag abseits von Lensk, man musste da nach links abbiegen..."* (Oda Goerdeler, Leben auf Grenzgut T.: Erinnerungen an das Grenzgebiet zwischen Ostpreußen und Polen, Verlag Nordostdeutsches Kulturwerk, 1983)

Erich fiel zu diesem Gut gleich die Geschichte von einem Feuer ein, als ich nach Tauersee fragte.
Es brannte auf dem Gut Tauersee und die Feuerwehr von Groß Lensk war auch da. Der alte Behrens war Brandmeister, unser Vater war sein Stellvertreter. Irgendein Polizist mischte sich ein, wollte bestimmen, wer was zu tun habe, denn die Wehr aus Heinrichsdorf und noch andere waren ebenfalls vor Ort. Er wollte das große Kommando führen. *„Da ist Papa dazwischen gegangen und hat gesagt: 'Beim Feuer hat der Brandmeister das Sagen!' Der Polizist könne für Ordnung sorgen, könne verhindern, dass da jemand was macht, aber an der Feuerstelle befehle der Brandmeister..."*

Nun aber zu den Erinnerungen der Oda Goerdeler, die wahrscheinlich – nachweisen kann ich das nicht! - das weit verbreitete Denken der Deutschen vor Ort widerspiegeln, wenn sicher auch nicht alle so radikal ablehnend gewesen sein werden.

„Das Jahr 1919 brachte gerade dem südlichen Ostpreußen eine beunruhigende, bestürzende Wende. Das Ende des Krieges zeichnete sich ab, endlich, doch ein Ende, wie man es sich einst mit siegreicher Heimkehr der Soldaten erhofft hatte, war es keinesfalls.
„Wie – hatte man nicht die Russen zweimal davongejagt, sogar einen Frieden geschlossen? (Sie meint den für Deutschland sehr vorteilhaften Frieden von Brest-Litowsk.) *Die Russen – schon! Doch nun klang wie von weit her eine Hymne auf: ‚Noch ist Polen nicht verloren...' Das war's. Die Polen, die ihren staatlichen Zerfall mit bewundernswertem Selbstbewusstsein überstanden hatten (eine innere Haltung, die*

man in vielen Kreisen der älteren deutschen Generation vielleicht gar nicht richtig zur Kenntnis genommen hatte), sie griffen nun nach jeder nur möglichen Erweiterung der für sie vorgesehenen Grenzen. Das Soldauer Gebiet mit unserem Kirchdorf sollte abgetreten werden... Das Gebiet von Ostpreußen [also der abgetrennte Bereich um Soldau] betraf 25.000 Menschen und 500 qkm. Wie gering, wie klein, wie wenig, mag man heute denken. Wir sind an ganz andere Zahlen gewöhnt...Doch litten die Menschen damals deswegen weniger? (...)

„Der politische Hintergrund gab dem ganzen Ländchen und auch dem sonst so friedlichen Leben auf dem Gut sein Gepräge, es war unterschwellig durchsetzt von der Erregung gekränkter Menschen, die sich ungerecht behandelt fühlten; die Fäden ihrer Zugehörigkeit waren durchtrennt.
„Rund dreißig Jahre lebte ich dort, spürte die Gefühle gegenseitiger Abneigung...
Konnten guter Wille, Zusammenarbeit im Nebeneinander aufkommen, wenn Erregung der nationalen Gegensätze wucherte? Unter ihrem Wuchern bin ich groß geworden...
Am 20. Januar zogen im Städtchen Soldau, es lag etwa 16 km von uns entfernt, die Polen ein. Die Abtretung war damit zur vollzogenen Tatsache geworden. Abgesehen von allen anderen Problemen und Schwierigkeiten, die sich von diesem Zeitpunkt an für alle Deutschen des Gebiets (95% der Bevölkerung) erhoben, sollte man an das denken, was man heute ‚Sprachbarriere' nennt. Muss man nicht eigentlich mit Erstaunen zur Kenntnis nehmen, dass im gesamten ostdeutschen Grenzgebiet die Sprache des nebenan wohnenden Nachbarn auf Schulen kaum gelehrt wurde (mit Ausnahmen)?

„Die Reichsgrenze berührte Russland – wer sprach schon Russisch? Polen hatte man seit Generationen mehr oder weniger vergessen können, es galt ja als ausgelöscht. Mit Französisch, Englisch kam man durch die Welt. Doch die Sprache, die man höchstens mit den Landarbeitern radebrechte, jenen, die seit Jahren in kleinen Gruppen auf den Gütern tätig waren, die Sprache der Zischlaute und Zungenbrecherei – ausgerechnet die sollte man nun sprechen; war das nicht Schmach und Schande? Man beachte das Kulturgefälle von Ost nach West; in den Köpfen spukte das Gefühl der bisher so selbstverständlichen Überlegenheit, wie war es in Einklang zu bringen mit all den Geschehnissen? Die Menschen hatten einfach keine Zeit, sich abzufinden mit dem, was auf sie zukam; die Änderungen und Bestimmungen...stülpte man über ihre Köpfe, dass sie wie blind nach Stützen suchten in ihrer Wirrnis. Und was blieb ihnen anders, als die Zugehörigkeit zum bisherigen Volkstum – und an das klammerten sie sich allerdings mit Zähigkeit; von einer 600 Jahre währenden Bindung hielten sie dies fest. Es schien das letzte, was ihr Selbstbewusstsein stärken konnte.

„Zunächst gestaltete sich der Beginn des polnischen Staates zunehmend dramatisch. Denn bald nach der Übernahme von Verwaltung und Ämtern aller Gebiete begann im Frühjahr 1920 der russisch-polnische Krieg. Ihre Grenzen schienen ihnen nicht weit genug gezogen, den neuen Regierenden. Aufs Neue rumorte es im Land, das Ruhe gebraucht hätte. Nun also hatte der junge Staat Soldaten nötig, ein bisschen plötzlich musste es gehen, und selbstverständlich suchte er sie auch in den Reihen der übernommenen deutschen Bevölkerung und deren junger Männer. Für Polen nun auch noch in den Krieg ziehen? Nein, das war zu viel verlangt. Macht euch dünne, Jungens!"

(Erich weiß zu ergänzen, dass auch aus Przellenk einige junge Männer von den Polen eingezogen wurden – genauso wie einige ältere Polen ganz natürlich in der deutschen Wehrmacht des Kaiserreiches gedient hatten. So war Willi Rapp polnischer Soldat geworden, Hans Knodel, Julius Knodel – einige kamen zu Beginn des Polenfeldzuges 1939 in deutsche Gefangenschaft, man gab ihnen deutsche Uniformen – und sie zogen dann für Hitler erneut in den Kampf.)

„Die Grenze, noch sehr durchlässig, lag nah, und scharenweise zog hinüber, was mündig war, verzog sich auf Nimmerwiedersehen (Erna und Erich bestätigen, dass junge Leute weggegangen sind, auch aus Przellenk. Der Name Nelz und Adolf Radke wurden genannt; sie gingen über die „grüne Grenze", Wesner auch; insgesamt sollen es 1500 gewesen sein.) *Wie frohlockte man, als Polen sich zuerst mit einer Niederlage abfinden musste. Doch dann zogen die gegnerischen Heere, die Bolschewiken also, auf Soldau zu.* (Am 13. August nahmen die russischen Truppen Soldau ein.)

„Die Menschen schwankten in der Beurteilung der Lage. Ein Gutsnachbar schickte seine erwachsene Tochter nach ‚drüben', nach Ostpreußen. Auch meine Eltern machten sich Sorgen. Zur Sicherheit wurden die kleineren Kinder unter der Obhut einer Tante auf ein befreundetes Gut hinter der Grenze gebracht…Kutscher Kwast schwang seine Peitsche… (Es war wohl dieser Kwast, dessen Familie 1945 mit uns zusammen auf die Flucht ging und dann auch in Harpstedt in der Baracke wohnte) *Der Kwast kannte die Russen. Er hatte, als Wolhynien-Deutscher, eine Odyssee im Ersten Weltkrieg hinter sich, war russischer Soldat gewesen und hatte die Revolution dort 1917 erlebt. Der hielt gar nichts von den Bolschewiken. Seltsamerweise machten sich viele Deutsche…keine Sorgen. Ja, vielerorts begrüßte man die Bolschewiken als Befreier, erhoffte sich ganz naiv eine neue Eingliederung nach Ostpreußen, falls Polen geschlagen sein würde…Nun hingen in Soldau erst einmal die Verordnungen des Revolutionskommitees. Dabei befand sich auch eine Aufforderung zum freiwilligen Eintritt in die Rote Armee."*

(In der Bekanntmachung hatte es geheißen: „*…Die höchste Befehlsgewalt in der Stadt und Umgegend gehört dem provisorischen revolutionären Komitee… Sämtliche Befehle und Verordnungen des …Komitees sind obligatorisch und ohne Widerrede zu befolgen. (…) Alle, die freiwillig in die Rote Armee eintreten wollen, mögen sich sofort im Werbebüro melden. Die Soldaten…bekommen monatlich Lohn, freie Kost, Kleidung und Familienunterstützung* (19. August 1920).")

Sehr viele Deutsche jubelten über den Einmarsch der Russen, aber man hatte sich zu früh gefreut. Die polnischen Truppen besiegten die revolutionären, schlecht ausgebildeten und ausgerüsteten russischen Soldaten an der Weichsel („Wunder an der Weichsel") und am 21. August auch ganz bei uns in der Nähe, in Strasburg, und der Rückzug der Truppen fand nun in umgekehrter Richtung statt – wieder auch durch unsere Heimatdörfer.

„Nun aber waren sie sichtlich abgerissen und verhungert. Sie wurden auf den Gütern mit großen Kesseln Suppe versorgt, sie requirierten, ordnungsgemäß mit Papierchen und Unterschrift, alles, was sie in Speise- oder Räucherkammern erblickten…Der Alkohol – man versuchte, ihn vor ihnen zu verstecken, aber sie rochen ihn durch alle Türen…"„Hinter den abziehenden Bolschewikenscharen…erschienen nun die nachrückenden polnischen Einheiten. Was sich noch in Tauersee an Russen befand, setzten die Polen in unserem Kartoffelkeller gefangen…Vor den Polen flüchtete ein Teil der Bevölkerung. Man befürchtete Denunziationen. Man hatte die Russen freundlich begrüßt, sogar aus manchem Haus die deutsche Fahne gehängt….Die Furcht war sehr berechtigt. Verhaftungen waren eine Zeitlang an der Tagesordnung. Schließlich begann sich die Szene zu beruhigen. Doch man blieb misstrauisch auf alles gefasst…"

Insgesamt hatte es vier Fluchtwellen gegeben, manche Dörfer waren zeitweise gänzlich verlassen. Die Flüchtlinge kehrten aber stets gleich wieder zurück, wenn die Russen zurückgedrängt worden waren.
Bei der letzten Welle war es anders. Die Polen waren so wütend über das offene Bekenntnis vieler Deutscher für die Russen oder zumindest gegen die Polen, dass man nun denjenigen, die über die Grenze nach Neidenburg/Ostpreußen, also nach Deutschland, geflohen waren, nicht wieder zurückkehren lassen wollte, zu verlockend war die Aussicht, deren Besitz einfach zu konfiszieren und an polnische Bauern zu übereignen. Erst nach monatelangen Verhandlungen, in denen die deutsche Seite u.a. drohte, es könne zu Ausschreitungen gegen die im deutschen Ostpreußen lebenden Polen kommen, gaben die Polen nach und ließen namentlich genannte 453 Personen zurückkehren. Über die etwa 900 weiteren, die zurückkehren oder zumindest für kurze Zeit kommen wollten, um ihre Besitztümer zu verkaufen etc. wurde noch monatelang gefeilscht…

Was unsere Verwandtschaft von diesen Wirren miterlebt hat, ist mir leider nicht bekannt, unbeteiligt werden sie auf keinen Fall gewesen sein.

Den verschiedenen Bevölkerungs- und Berufsgruppen erging es unterschiedlich: Alle höheren Beamten und Lehrer verließen das Land sehr rasch, zogen über die grüne Grenze um in den deutsch gebliebenen Teil Ostpreußens. Die kleinen deutschen Beamten bei Post und Bahn, die zum großen Teil gut polnisch sprachen, wurden weitgehend in den polnischen Staatsdienst übernommen und versahen ihren Dienst weiter – schließlich war man auf erfahrene Staatsdiener angewiesen. Kaufleute, Gewerbetreibende, Fabrikanten, Apotheker, Gastwirte und Ärzte hatten recht unterschiedlich unter den neuen Verordnungen zu leiden. Die Ämter entzogen unter Vorwänden die Konzessionen oder erneuerten ablaufende nicht, es gab Denunziationen und Verhaftungen – Unsicherheit war an der Tagesordnung, vor allem für die Deutschen jüdischen Glaubens, die man aus beiden Gründen nicht liebte, weil sie Deutsche und weil sie Juden waren. Diese Gruppe setzte sich fast vollständig nach Ostpreußen oder ins Reich ab.

Rechtsunsicherheit und Existenzangst breitete sich auch bei den gut 80% der Deutschen aus, die im Bereich Soldau Grund und Boden besaßen, Bauern oder Gutsbesitzer waren.

Unser Großvater gehörte natürlich dazu.

Man streute von polnischer Seite Gerüchte, vor allem die deutschen Großgrundbesitzer müssten sich auf Enteignungen einstellen – und manch einer verkaufte vorschnell und ungünstig sein Eigentum. Denn die Gerüchte entbehrten - zumindest bis 1925 - einer konkreten Basis. Bei den Detail-Verhandlungen über die Abtretungen des Soldauer Gebietes (die z.T. in Genf stattfanden) hatte man die Polen auf zwei Grundsätze verpflichtet: das sogenannte ‚Optionsrecht' und das ‚Minderheitenschutzgesetz'. Jeder Deutsche, der in den bisher deutschen Gebieten geboren war oder zu einem bestimmten Stichtag dort gewohnt hatte, konnte sich entscheiden („optieren"), ob er für Deutschland oder für Polen war. Optierte jemand für Deutschland, was man unter Zeugen bei einer Behörde tun musste, verweigerte damit also dem neuen Staat eine Art Loyalitätserklärung, hatte man das Land zu verlassen, konnte aber sein Hab und Gut mitnehmen, bzw. verkaufen. Optierte man für Polen, wurde man „polnischer Staatsangehöriger deutscher Volkszugehörigkeit".

Unser Großvater wählte für seine Familie (wie alle unsere Verwandten) die zweite Möglichkeit und stand dadurch unter dem Schirm und Schutz des Minderheitenschutzgesetzes.

Das war Teil der neuen Verfassung und garantierte den Minderheiten *"vollen Schutz von Leben und Freiheit, ohne Unterschied der Geburt, der Nationalität, der Sprache, des Volkstums oder der Religion"*, es verbot den Behörden, sie zu enteignen – sie konnten also ihre Höfe in relativer Ruhe weiterbewirtschaften, wenn es auch bürokratische Schikanen und gezielte Steuererhöhungen für sie gab.

Außerdem erzielte man für seine landwirtschaftlichen Erzeugnisse nur sehr niedrige Preise, und der gleich nach dem Krieg begonnene Wirtschaftskrieg zwischen Polen und dem Reich verhinderte, dass Saatgut, Zuchtvieh und landwirtschaftliche Maschinen aus Deutschland eingeführt werden konnten. Da die polnische Industrie noch nicht so weit war, Maschinen in hinreichender Menge und Qualität herzustellen, waren die Bauern schlecht für ihre Arbeit gerüstet: Ein Absinken des Leistungs- und Lebensniveaus war unvermeidlich, das Soldauer Gebiet nahm nicht an dem allgemeinen Aufschwung teil, der schon bald nach dem Ende des Krieges in weiten Teilen Deutschlands und auch Ostpreußens stattfand. Als es dann Ende der zwanziger Jahre in der halben Welt und auch in ganz Deutschland wieder bergab ging - wir alle kennen die hohen Arbeitslosenzahlen -, traf es die Bauern in Masuren besonders hart.

"Die Preise für Vieh, Kartoffeln, Getreide waren ins Bodenlose gefallen", schreibt Ralph Giordano in seinem Roman *"Ostpreußen ade"* (Köln, 4.Auflage 2009) auf Seite 53 f., *"die Einnahmen auf ein Minimum reduziert, aber die Verschuldung durch Kredite und Zinsbelastung so vermehrt, dass Zwangsvollstreckungen nahezu alltäglich geworden waren(…) Immer öfter wurde der berüchtigte >Kuckuck< an Häuser, Scheunen, Mobiliar geklebt… Umschuldungsversuche der Reichsregierung unter Titeln wie >Ostpreußenhilfe< oder >Osthilfe< führten keineswegs zum erklärten Ziel(…) Stattdessen belasteten sie den ohnehin ungeliebten, ja verachteten Staat politisch und finanziell noch schwerer. (…) Es ging nicht mehr um Korrekturen des >Systems<, es ging um seine Eroberung und Zerstörung, um die >Ordnung in unserem heiligen Vaterland, die vor allem Gerechtigkeit braucht für die Urkraft unseres Volkes, für unser Bauerntum< - Parolen der NSDAP, die gerade in Ostpreußen zündeten."*

Dass die schwierige wirtschaftliche Situation und das Versprechen der Nazis, sie in kurzer Zeit zu beseitigen, ein wichtiger Grund für deren Erfolg ist, ebenso wie – speziell in unserem Bereich – die Ankündigung der totalen Revision des Versailler Vertrages mit dem Heimholen aller Deutschen ins Reich, gehört zu den Allgemeinplätzen der Geschichtsschreibung und braucht hier nicht weiter ausgeführt zu werden.

Giordano schildert dann die Propagandawelle (S.55 f.), mit der die Nazis Ostpreußen überrollten.
"Jetzt schlug die große Stunde von NSDAP und SA, nun erst konnten sie furios eingreifen in das öffentliche Leben der Provinz, allem voran ihrem südlichen Teil. Kundgebung folgte auf Kundgebung, eine nicht abreißende Kette von Versammlungen, Theateraufführungen, Konzerten, Feldgottesdiensten, Umzügen bei jedem Wetter, ob Schnee, ob Regen, sommers wie winters – Hitlers Mannen überall! Straßenkämpfe und Saalschlachten mit politischen Gegnern (die ihrerseits nicht zimperlich waren); Brandbomben und Handgranaten auf linke Ladeninhaber (in Allenstein); Anschläge auf Institutionen des verhassten >Systems< (Finanzamt Ortelsburg); Mord an einem

sozialdemokratischen Funktionär des Reichsbanners Schwarz-Rot-Gold, des linken politischen Kampfverbandes (in Lötzen) – Ostpreußen wurde von einer Woge der Gewalt heimgesucht."

"All das war ganz selbstverständlich untermischt mit antipolnischen Tönen...auch gegen die polnische Minderheit in Ostpreußen. >Wir treudeutschen Masuren weigern uns, Polacken zu werden< hieß es bei einem Aufmarsch der SA in Lötzen...Anfang der dreißiger Jahre war das politische Klima bis auf den Grund vergiftet."

Unser Vater gehörte in der Zeit bereits – so erzählt man in unserer Familie – zu den Zeitungslesern: Er müsste von diesen Verbrechen gelesen haben und das müsste bei ihm als denkendem Menschen eine große Skepsis gegen diese „Bewegung" hervorgerufen haben - oder haben die Zeitungen die Ereignisse entschuldigt oder schöngeredet?

Es folgt bei Giordano eine ausführliche Darstellung der Hitler-Auftritte in Ostpreußen und speziell in Masuren, die ich hier übernehmen möchte, weil ich das in dieser Form noch in keinem Geschichtsbuch gelesen habe und weil ich mich natürlich frage, ob sich unser Vater, unsere Familie von dieser Woge der Begeisterung hat mitreißen lassen. Ich befragte dazu Erich und der hält das für ausgeschlossen.

„So wohlpräpariert sah dann die Bühne aus, auf der Hitler als Parteiführer und oberster Wahlkämpfer zum ersten Mal am 28. Mai 1929 erschien – mit einer Rede in der Stadthalle in Königsberg (Kaliningrad). Der Jubel der aus ganz Ostpreußen zusammengeströmten Massen seiner Anhänger soll so unbeschreiblich gewesen sein, dass Hitler noch zweimal die Metropole am Pregel besuchte, am 8. September 1930 und am 10. April 1932, und ebenso triumphal gefeiert. Es folgten Auftritte auch in anderen Städten Ostpreußens – Gumbinnen, Tilsit, Elbing – ehe er sich endlich in den südlichen Teil begab.

*„Dort wurde Hitler empfangen wie eine sehnlichst herbeigeflehte Erscheinung, eine magische Vision, ja, wie ein überirdischer Heilsbringer, mit Ovationen, die alle bisherigen Maßstäbe sprengten. Wer die Berichte von damals liest, die Fotos oder Filmaufnahmen betrachtet, der muss unweigerlich den Eindruck gewinnen, dass hier eine Art von politischer Besoffenheit von großen Massen Besitz ergriffen hatte. Die meisten Zeitgenossen von heute würden fassungslos vor der Realität dieser exaltierten Emotionen stehen, und zwar fassungslos auch dann, wenn sie jene Bekundungen vor dem 30. Januar 1933 vergleichen würden mit dem ungeheuren Jubel schon bald **nach** Hitlers Machtantritt – in Masuren schienen dieses künftige Datum und seine Epoche quasi vorweggenommen zu sein. Anrufungen wie >Retter des Vaterlandes< - >Größter Mann unserer Zeit< - >Das deutsche Masuren grüßt den Führer des kommenden Deutschland< waren noch keineswegs stärkster Ausdruck einer von messianischen Erwartungen erfüllten und zu völliger Hingabe bereiten Massenhysterie. Niemand aber hat dieses weißglühende Potential virtuoser zu schmieden verstanden als der Erhöhte selbst. In jenem April des Jahres 1932 geisterte Hitler tagelang durch die südlichen Grenzgebiete Ostpreußens, bis in die entlegensten Winkel...*

„Ob mit dem Flugzeug oder mit dem Wagen, mit der Bahn oder zu Fuß, überall versetzte der >Führer< die Menschen in einen wahren Begeisterungstaumel – in Allenstein und Neidenburg bei der Kranzniederlegung am Tannenbergdenkmal oder in Flecken wie Willenberg und Bablitz. Aber nirgendwo wurde Hitler so emphatisch aufgenommen wie in Ostpreußens äußerstem Südosten – dort erreichte die Reise ihren Höhepunkt.

„Alt und jung waren zusammengeströmt, Männer, Frauen und Kinder, viele von ihnen beim Anblick Hitlers tränenüberströmt, die Hände ekstatisch zum Nazigruß ausgestreckt, die Kehlen heiser von >Sieg-Heil!<-Rufen. Die Sperrkette der SA immer wieder mühelos durchbrechend, waren die schreienden, taumelnden, außer sich geratenen Menschen nur von einem einzigen Wunsch beseelt: in seine Nähe zu gelangen! Ohnmacht, Krämpfe, Zusammenbrüche – die Sanitäter kamen nicht mehr nach. Das geschah in Lyck, am 19. April 1932, ein Tag, der dann auch in die Annalen der NSDAP eingegangen ist als die >Masurische Offenbarung<.
„Am 31. Juli 1932, bei der Wahl zum 6. deutschen Reichstag, wurde die NSDAP zur stärksten Fraktion. Ihre größten Triumphe aber feierte sie in Ostpreußen.
„Die schon beachtlichen 22,8 % bei der Reichstagswahl vom 14.September 1930, sie wurden nun mit 536 278 Stimmen (oder bisher für unmöglich gehaltenen 46,8%) mehr als verdoppelt."
In Allenstein hatte es die NSDAP sogar auf 53 % gebracht, in Lyck auf mehr als eine Zweidrittelmehrheit: 70,2 %.

Ich fragte mich, ob unser Vater die oben beschriebenen Gelegenheiten genutzt hat, Hitler live zu erleben. Die beiden Städte Allenstein und Neidenburg lagen ja nahe genug an seinem Wohnort. Erich hält das für ausgeschlossen, unser Vater sei wohl in all den Jahren nie über die Grenze in den deutschen Teil Masurens gegangen. Und in den polnischen Teil des Kreises Soldau durfte Hitler nie einreisen. Es wird daher zu keiner „Begegnung" gekommen sein, Erich bezweifelt auch stark, dass unser Vater zu der frühen Zeit daran interessiert gewesen sein könnte.

Ich kehre nun wieder zur Beschreibung des Lebens in unseren Dörfern zurück:
In den deutschen - was de facto fast gleichbedeutend war mit evangelischen - Kirchen, so auch in „unserer" in Heinrichsdorf, wurde der Gottesdienst in deutscher Sprache gehalten. Es gab allerdings von alten Zeiten her die Regel, dass alle vier Wochen auf Polnisch gepredigt werden musste. Diese Regel war auch in deutscher Zeit wegen der Masuren, die teils polnisch, teils ein merkwürdiges Kauderwelsch aus beiden Idiomen sprachen, beibehalten worden. Nun blieben die Deutschen und auch die Masuren, die nun trotzig ihr ‚Deutschtum' demonstrierten, dieser polnischsprachigen Veranstaltung fast geschlossen fern: Die polnischen Pastoren predigten vor weitgehend leeren Bänken. Die Kirche wurde augenscheinlich neben der Schule als der Ort angesehen, wo man seine Zusammengehörigkeit als Deutsche am deutlichsten leben und zeigen konnte.
Die Kirche hatte auch das Recht erhalten, eigene Hilfskräfte auszubilden, die in den Dörfern, die über keine deutschsprachigen Schulen verfügten, wenigstens den Religionsunterricht auf Deutsch gaben und so dazu beitrugen, dass die Muttersprache der Kinder lebendig blieb.
Die evangelischen Pastoren blieben alle im Soldauer Land, zogen nicht ins deutsche Ostpreußen um.

Die Unterrichtssprache in den Schulen war auch in dem schon genannten Minderheitenschutz-Gesetz geregelt: In den Orten, in denen es genügend deutsche Kinder gab, sollte auch deutschsprachiger Unterricht organisiert werden. Allerdings war jedes Kind verpflichtet, bis zum 14. Lebensjahr auch Polnisch in der Schule zu lernen. Gab es im Ort keine deutsche Schule, musste die polnische besucht werden – privater Unterricht und die Einrichtung von Privatschulen auf eigene Kosten waren erlaubt.
Unser Vater hatte seine Schulausbildung schon beendet, als diese Regelungen Realität wurden, bei Erna spielten sie dann aber eine Rolle, bei Erich nicht mehr – aber darüber informiere ich später.

Offensichtlich waren die Polen bemüht, möglichst häufig polnische Schulen einzurichten; es besteht bei vielen Deutschen der Verdacht, dass dazu notfalls auch Zahlen manipuliert wurden, um deutsche Schulen oder Klassen zu verhindern – vor allem in kleineren Ortschaften.

In all den eben dargestellten Verhaltensweisen zeigt sich, wie intensiv das Problem der Volkszugehörigkeit das Leben nach dem verlorenen Krieg bestimmte. Vielleicht noch deutlicher kommt das bei der Volksabstimmung in Masuren zum Ausdruck, in der es darum ging, ob der Süden Ostpreußens bei Deutschland bleiben oder zu Polen kommen sollte – wir wissen schon, das die Soldauer nicht an dieser Abstimmung teilnehmen durften, sie waren „kalt" dem polnischen Staat zugeschlagen worden. Dennoch möchte ich hier die Atmosphäre bei der Volksabstimmung darstellen – genauer: von Siegfried Lenz darstellen lassen, der das viel besser kann als ich, weil er - genauer gesagt: sein Erzähler - dabei war und er sicher auch der talentiertere Darsteller von Atmosphärischem ist. In Soldau wäre es sicher nicht viel anders zugegangen als im Lucknow des Siegfried Lenz - wenn sie gedurft hätten…

Auch Ralph Giordano stellt die Stimmung ganz ähnlich wie Siegfried Lenz dar (Ostpreußen ade, S.47f.), macht dabei aber einen mir unbegreiflichen Fehler, wenn er schreibt: *„Gemäß dem Versailler Vertrag war ein großer Teil Westpreußens…bereits ohne Abstimmung als >polnischer Korridor< mit Zugang zur Ostsee abgetrennt worden(…)"* So weit so gut! **„Dazu hatte sich Soldau, ein Teilgebiet des Kreises Neidenburg, in einer Art Volksabstimmung mehrheitlich für Polen entschieden."**
Die Aussage ist falsch. Ich habe hinreichend dargelegt, wie sehr sich die Deutschen in Soldau gewehrt haben, dem polnischen Staat zugeschlagen zu werden.

Ich zitiere nun aus Lenz, Heimatmuseum, dtv-Taschenbuch 1981, S, 223:
„…zeigte sich im Sommer der großen Volksabstimmung, als winkende Bersaglieri im Laufschritt Lucknow besetzten, um im Auftrag der siegreichen Mächte darüber zu wachen, dass jeder Masure sich ungefährdet entweder für Deutschland oder für Polen entscheiden konnte.
„Bei uns, im großen Haus an der Flußschleife, saß der halbe Lucknower Heimatverein herum, flocht sogenannte Ehrenpforten, pinselte vaterländische Sinnsprüche auf Plakate, band Laubgewinde, um all die Leute auf dem Bahnhof zu bekränzen, die von weit her angereist kamen, nur um als geborene Masuren ihre Stimme abzugeben. War das eine Stimmung!"

(Lenz beschreibt dann, wie der Leiter des Heimatmuseums allerlei Exponate dazu verwendet, der Öffentlichkeit zu demonstrieren, dass dieses Land schon seit alters her deutsches Land gewesen sei, dass deutsche Kultur…wir kennen diese „logische" Kette bereits hinreichend…Anschließend schildert Lenz den Auftritt einer polnischen Personengruppe, die abseits seines Ortes Lucknow im Wald am See wohnte, von der Mehrheit der Lucknower gehasst und verwünscht.
(S.237 ff.) Die Lucknower waren auf dem geschmückten Festplatz vor der Schule, dem Abstimmungsort, versammelt *„…als eine Nachricht alarmierend wie eine Parole durch die Zelte, Buden und Gruppen flog: die Polen kommen, aus Klein-Grajewo kommen die Polacken.*
„Ja,…es liegt nahe, anzunehmen, dass die Leute von Klein-Grajewo eilig und um Unauffälligkeit bemüht das Abstimmungslokal zu erreichen versuchten, beraten von ihrem Gedächtnis für erlebte Demütigung und aussichtslose Auflehnung; auch ich erwartete, dass sie sich mit gesenkten Gesichtern vorbeidrücken würden. Doch dann kamen sie, und sie kamen in Doppelreihe, aufrecht, ihre Kinder Hand in Hand vor-

an;...sie schritten nicht gerade feierlich aus, aber doch nachdenklich, erhobenen Blicks und offensichtlich bereit, sich weder ablenken noch herausfordern zu lassen. Verblüffung war es, was unsere Leute aus Buden und Zelten treten ließ, als die lockere Prozession der Polen auf dem Schulhof erschien; wir drängten uns zusammen, wir bildeten unwillkürlich eine Gasse, Spottgasse, Zwangsgasse, unsere Zahl wuchs ins Bedrohliche, dennoch drehten die Polen nicht ab....Sie können sich gewiß die Spannung vorstellen, die jeden ergriff...Wie sie sich löste?

„Gesang, auf einmal begann einer der Gymnasiasten zu singen, es war Protestgesang, Triumphgesang...Gesang gegen polnischen Anspruch.
„Sie ließen sich jedoch nicht aufhalten, nicht einschüchtern; als ob sie sich ihrerseits etwas versprochen hätten, bewegten sie sich durch die Gasse auf das Schulgebäude zu, bogen unter unserem schwellenden Gesang der Ehrenpforte aus, die nicht für sie gemacht war. Weil ich mitsang, bekam ich nur notdürftig mit, was einige ältere Gymnasiasten Conny zufügten (Conny ist der Freund des Erzählers), der den Mund nicht öffnete, der sich zu singen weigerte, obwohl sie ihn zischend anfuhren und drohend ermunterten. In die Kniekehlen traten sie ihn, stimulierten ihn mit dem Ellbogengelenk. Plötzlich stöhnte er auf, duckte sich und wieselte davon, verfolgt von ihren Flüchen. Ich mochte und konnte ihm nicht folgen, ich musste die Leute aus Klein-Grajewo beobachten, die entschlossen waren, Lucknow an Polen zu bringen; ich hielt es aus, bis sie nach ihrer Stimmabgabe zu ihren wartenden Kindern zurückkehrten und diesmal durch ein stummes, regungsloses Spalier abzogen. Auf ihren Gesichtern, ich fand keinen Ausdruck von Hoffnung und Zufriedenheit auf ihren Gesichtern – allenfalls Erleichterung, ja."

Und dann schildert Lenz die Verkündung des Ergebnisses (S. 242):
„Endlich öffneten sie im >Luisenhof< die Flügeltür zum einzigen Balkon, der sogenannte Abstimmungsleiter trat heraus...und an seinem Gesicht, an dem grinsenden Triumph, den er zur Schau trug, ließ sich bereits der Ausgang der Volksabstimmung erkennen: es musste ein eindeutiger Sieg sein. Dennoch – mit den Zahlen, die man uns vom Balkon herunterrief, hatte wohl keiner der ergeben Wartenden gerechnet: neuntausendachthundertunddreizehn Stimmen für Deutschland, siebzehn Stimmen für Polen."
Ganz ähnlich sah das Ergebnis für ganz Masuren aus: 363.209 Bürger stimmten für Deutschland, 7.980 für Polen; in Prozent: 97,89 gegenüber 2,11. Den höchsten Wert brachte der Landkreis Oletzko mit 99,993 %.
Wenn man heute im Internet „Die Volksabstimmung in Ostpreußen (Masuren)..." eingibt, schallt einem von YouTube das Ostpreußenlied entgegen, und die Ergebnisse werden in leuchtendem Blau präsentiert, ergänzt durch Bilder von Prachtbauten aus der großen deutschen Vergangenheit Masurens.
Der Nationalismus scheint unsterblich zu sein.

Ab 1925 gab es für die deutschen Güter im Soldauer Gebiet ein Problem: Man kaufte ihnen von Staats wegen für sehr wenig Geld unter hohem Druck Teile ihrer Ländereien ab und gründete dort kleine Neusiedlerparzellen, die mit polnischen Landarbeitern besetzt wurden. So entstanden um die Güter herum Kränze von polnischen Bauernhöfchen, die sich Jahr für Jahr ausbreiteten. Die uns bekannte Gutsbesitzerin von Tauersee, Oda Goerdeler, spricht davon, dass diese Maßnahme „wirklich einer Enteignung gleichkam", wobei sie übertreibt, denn erstens mussten auch polnische Gutsbesitzer Land verkaufen und zweitens behielt ihr Gut denn doch trotz allem eine Fläche von über tausend Hektar – damit ließ es sich unstrittig noch ordentlich wirtschaften, wenn auch nicht so üppig wie in früherer Zeit.

Erinnern diese Vorgänge nicht fatal an die im Kapitel 2.2.3 geschilderten preußischen Maßnahmen um die Jahrhundertwende und vor dem Ersten Weltkrieg? Nur waren jetzt die ehemaligen Opfer die neuen Täter – 1939 sollte sich das Verhältnis noch einmal umkehren – und dann 1945 noch einmal, allerdings viel grober und gewalttätiger! Man lebte nicht sicher in diesem umkämpften Grenzbereich.

Die deutschen Minderheiten schlossen sich zu unterschiedlichen Bünden und Vereinen zusammen, was die Polen gar nicht gerne sahen – Erich hat weiter oben schon darüber informiert. Mehrfach klagten diese Gruppierungen Polen vor dem Völkerbund an, was aber ein Ende hatte, als Hitler am 30.Januar 1933 an die Macht kam und bereits am 19.10. aus dem Völkerbund austrat: Damit war dieses Forum für die Deutschen im Osten verloren, was ihre Stimmung sehr dämpfte, obwohl Hitler mit seiner Propaganda gegen den Versailler Vertrag und für das Heimholen aller Deutschen ins Reich ansonsten allerhöchste Erwartungen auf eine baldige Änderung der politischen und rechtlichen Verhältnisse geweckt hatte.

Diese Hoffnungen zerstoben erst einmal jäh, als Hitler schon im nächsten Jahr, am 26.1. 1934, im Rahmen seiner groß angelegten und heuchlerischen ‚Friedenspolitik' einen ‚Nichtangriffs- und Freundschaftspakt' mit den Polen schloss: Er fürchtete zu diesem Zeitpunkt einen Angriff der Polen und brauchte noch einige Jahre Zeit, bis er die Wehrmacht hinreichend aufgerüstet hatte, um einen Kampf siegreich zu bestehen. Da in diesem Friedens- und Freundschaftsrahmen die gleichgeschaltete deutsche Presse angewiesen wurde, keine Klagen der Deutschen gegen die Polen zu veröffentlichen, griff in Ostpreußen Frustration um sich: „Man hat uns abgeschrieben und vergessen" war die weit verbreitete Ansicht unter den Soldau-Deutschen.

Um 1938 versuchte Hitler dann ernsthaft, Polen als Partner für seine Pläne gegen Russland zu gewinnen, was allerdings scheiterte. Polen ging auf Distanz und Hitler kündigte am 28.4. 1939 frustriert den Freundschafts-Pakt auf, Polen annullierte – als Retourkutsche - die im Versailler Vertrag eingegangenen Verpflichtungen zum Schutze der deutschen Minderheit. Die Beziehungen zwischen den beiden Nachbarn wurden eisig.
Hitler schloss nun aus taktischen Erwägungen erst einmal ein Bündnis mit Stalin, in dem in einem geheimen Zusatzprotokoll das Todesurteil - die Erledigung und Aufteilung Polens - verabredet wurde. Unter dieser angespannten Situation hatten „unsere" Deutschen sehr zu leiden – die latente Feindschaft brach nun, da die Polen wussten, dass Hitler und Stalin ihre gemeinsamen Feinde waren, offen aus.

Erich erzählt über diese Situation:
„Wer den Mund aufmachte, musste damit rechnen, in ein Lager gesteckt und misshandelt zu werden. Es gab in Przellenk einen Turnerbund, in dem sich die sportlich Aktiven betätigten. (1939 wurde daraus die „Völkische Jugend", weil die Nazis alle Vereine politisierten und „gleichschalteten", d.h. nach nationalsozialistischem (Un)Geist und Befehl führten).
„In diesem „Club" waren z.B. Papas Cousin Georg Wagner und der uns bekannte Herr Witzke und ein Herr Rapp aktiv, und diese Leute - fünf insgesamt aus Przellenk - standen auf einer schwarzen Liste der Polen und wurden eines Tages weggeholt und in eine Art Konzentrationslager gebracht. Georg Wagner hatten sie wohl schwer misshandelt und schon als tot über den Zaun geworfen - weswegen er die Polen so hasste und es ihnen dann auch später bös' heimzahlte. Wenn der Polenfeldzug nicht so schnell erfolgreich gewesen wäre, wären die wohl alle nicht lebend aus diesem Lager herausgekommen."

Erna erinnert sich noch gut daran, dass man viele Männer in ein Lager in Beresina gebracht und fürchterlich geschlagen und misshandelt hat – kurz vor dem Polenfeldzug, in einer Zeit, als die gegenseitige feindliche Propaganda auf dem Höhepunkt angelangt war. Auch auf den „Blutsonntag von Bromberg" weist Erna hin, bei dem viele deutsche Männer umgebracht worden sind - auch das noch vor Kriegsbeginn. Bei allem wissenschaftlichen Streit über die Geschehnisse in Beresina und Bromberg ist zweierlei sicher: Die Polen behandelten in dieser Phase viele Mitglieder der deutschen Minderheit schlecht, sehr schlecht, versuchten möglichst viele potentielle Kämpfer für Hitler in polnischen Gewahrsam zu nehmen und dadurch aus dem erwarteten Krieg auszuschalten - und Hitler nutzte jetzt jeden Übergriff für seine antipolnische und sehr übertreibende Propaganda, mit der er im deutschen Volk die (Zu)Stimmung für eine kriegerische Lösung der Polenfrage vorbereitete.

2. 3. 7. Unser Vater in Ostpreußen

Es ist schwer, über die Kindheit und Jugend unseres Vaters differenzierte Informationen zu erlangen. Ein kluges Kind soll er gewesen sein, ein guter Schüler, diszipliniert, fleißig. Tante Anna, seine kleine Schwester, betont, er sei einer gewesen, der alles ausprobieren musste, womit er vielen Leuten ziemlich auf die Nerven gegangen ist. Er war in jungen Jahren sportlich aktiv, spielte gut Schlagball.

Unser Vater ging zur deutschen Schule in Groß Przelenk, die auch Erna später besuchte. Das Polnische, das dort auch unterrichtet wurde, war für ihn kein großes Problem, denn ein wenig polnisch sprechen konnten in diesem Grenzgebiet fast alle, zumal in fast jedem deutschen Haus das Dienstmädchen oder der Knecht (oder beide) Polen waren und man sich im Alltag oft genug in dieser Sprache verständigte, wenn auch die Qualität meistens auf allerunterstem Niveau lag – ich erinnere an die ziemlich bösartigen Ausführungen der Frau Goerdeler von Gut Tauersee im vorigen Kapitel.
Dass unser Vater dann aber „richtig" polnisch konnte - in Wort und Schrift - das verdankte er einem Lehrer an der Schule in Klein Przelenk, der perfekt polnisch konnte und den Jugendlichen, die einen Beruf lernten oder in der Landwirtschaft arbeiteten, aber an Bildung interessiert waren, als eine Art „Gewerbelehrer" (offiziell gab es so etwas damals noch nicht) in Sonderstunden korrektes Polnisch, Schulpolnisch beibrachte. Das war in seiner Lehrzeit nach 1920, als Polnisch wieder offizielle Amtssprache geworden war und man deutsche Zeitungen etc. verboten hatte. Die Leute im Grenzgebiet, von den Deutschen abschätzig „Wasserpollacken" genannt, sprachen einen Slang, der so weit vom Hoch-Polnisch entfernt ist, wie das Plattdeutsche auf dem Lande in Niedersachsen oder Ostfriesland vom Hochdeutschen.

In den deutschen Familien war die deutsche Sprache selbstverständlich, bei uns mit nur leichtem Einschlag der typisch ostpreußischen Aussprache; manche weigerten sich schlicht, Polnisch zu lernen - so Tante Pauline, also Pauline Klein, die erst im Krieg ein paar Brocken lernte, um ihrem polnischen „Personal" auch Anweisungen geben zu können.

45. Einsegnung unseres Vaters

Mit 14 war die Schule für unseren Vater zu Ende, er wurde in der evangelischen Kirche in Heinrichsdorf konfirmiert, „eingesegnet", wie die Urkunde vom 12.10.1919 zeigt.

Der junge Rudolf konnte in Przellenk in der Schmiede eines Deutschen namens Julius Schmidt seine Lehre machen und 1922 in Straßburg/ Westpreußen seine Gesellenprüfung ablegen, allerdings in polnischer Sprache.

46. Das Foto zeigt Erna vor eben dieser Schmiede des Julius Schmidt. Als wir im Jahre 1993 dort waren, gab es allerdings keinen Schmiedebetrieb mehr.

Die Meisterprüfung folgte dann - auch auf Polnisch – in dem kleinen Ort Filitz hinter Soldau, wohl im Jahre 1927 oder 1928, jedenfalls vor der Geburt Ernas im Jahre 1931. Dort wurde ihm bescheinigt, dass sein Polnisch besser war als das der meisten - auch der polnischen - Meisterprüflinge.

47. Dieses Foto zeigt den jugendlichen Rudolf.
Man achte auf den korrekten Scheitel und den „Vater-Mörder-Kragen", beides typisch für den überaus korrekten jungen Mann

Auch über den erwachsenen Vater erfuhr ich wenig, zu wenig, um ein differenziertes Bild zu formulieren. Geduldig und verständnisvoll war er, betont Erna. Sie war zwar eine gute Schülerin, hatte aber von Anfang an mit dem Rechnen einige Probleme. Sie konnte dann zu ihm gehen und er fand fast immer Zeit, sich mit ihr hinzusetzen und ihr alles zu erklären.

Er sei auch in allem viel weiter gewesen als die anderen im Dorf. Er habe sich Bücher und Zeitungen und Zeitschriften schicken lassen und sehr viel gelesen. So habe er seiner Mutter Tipps geben können, wie sie die kleinen Geschwister ernähren soll, damit sie nicht krank werden und sterben, wie das ringsum in den Familien gang und gäbe war.

So gehörte es zum Beispiel zu den Gewohnheiten der Eltern – unsere Mutter erzählte später davon – den Kindern den Saft ausgekochter Mohnkapseln zu geben, um sie abends und nachts garantiert in festen Schlaf zu versetzen, wenn man das Haus verlassen und auswärts zu Besuch gehen oder fahren wollte. Dass dieses opiumähnliche „Getränk" der Gesundheit nicht zuträglich sein konnte, wusste man entweder nicht oder man ignorierte es egoistisch.

48. Das Foto zeigt ihn ein paar Jahre später – umgeben von uns unbekannten (gelöschten) Kameraden. Man achte auf das Hemd, das einen heute sehr modernen „button-down-Kragen" hat, auf die hohen Stulpenstiefel und die berühmten Handschuhe. Ich denke schon, dass unser Vater eine beeindruckende Erscheinung war.

Auf gute Kleidung habe er stets großen Wert gelegt, wie man auf den beiden Bildern, die wir von ihm haben, zu sehen ist. Vornehme Wildlederhandschuhe gehörten dazu.

Unsere Mutter musste seine weißen Hemdkragen immer extra nach Lautenburg zum Stärken bringen, und im Dorf fragten die anderen sie dann neidisch, wie sie denn das mache, dass ihr Rudolf immer so perfekte Hemdkragen habe.
Er spielte sehr gut Geige, auch Gitarre und Mandoline.
Alle betonen, er sei als Ehemann und Vater sehr streng gewesen, habe nichts durchgehen lassen. Erich erinnert sich sogar daran, dass er einmal Schläge von ihm bekommen habe, *„auf den Hintern"*, wohl sehr verdient. Er habe immer darauf bestanden, dass die Kinder von unserer Mutter möglichst nicht auf oder an den Kopf geschlagen werden, das könne ihnen Schaden zufügen.

Er legte Wert darauf, stets aus dünnen Gläsern und Tassen zu trinken.
Er war sehr auf häuslichen Frieden bedacht, wollte nie, dass die Sonne über einem Streit untergeht, kam manchmal mitten während der Arbeitszeit von der Schmiede zu unserer Mutter herübergelaufen, um sie um Vergebung zu bitten, wenn er irgend einen Ärger verschuldet hatte. Unsere Mutter betonte stets, sie sei nicht „so gut" gewesen wie er.
Mit den Kindern soll er sich trotz sehr geringer Freizeit viel beschäftigt haben; so waren zum Beispiel sportliche Übungen am Wochenende an der Tagesordnung, Wettlaufen und Weitspringen.

Da es in der Schmiede seines Lehrherrn nicht so sehr viel Arbeit gab und er sich noch nicht selbständig machen wollte oder konnte, ging er mit einem Freund zusammen in den kleinen Ort Fylitz hinter Soldau; laut Erich war unsere Mutter mit dabei. Dort haben sie zusammen gearbeitet. Als besagter Freund dann heiratete und eine Familie gründete, reichte die Arbeit für zwei nicht mehr aus. Ein Herr Wolff überredete ihn dann, 1928 war das, nach Przellenk zurückzugehen, sprach wohl auch mit seinem Vater, unserem Großvater, der ihm daraufhin ein kleines Stück Land vorn im Garten zur Verfügung stellte, auf dem unser Vater dann die zweite Schmiede im Ort baute.
Zwischen den beiden Schmieden gab es keine Konkurrenzprobleme, da Herr Schmidt inzwischen älter geworden war und seine Söhne den Laden nicht richtig intensiv betrieben. Außerdem war besagter Schmidt ein Anhänger der Kirche, unser Vater aber ein Vertreter der freien Pfingstgemeinde: Die Bauern gingen je nach ihrer christlichen Überzeugung zu dem jeweils zu ihnen „passenden" Schmied.

Unser Vater hatte gut zu tun, hatte zwei Gesellen und einen Lehrling und Onkel Georg arbeitete auch noch oft mit. (Von dieser kleinen Schmiede in Przellenk ist heute nichts mehr übrig).

49. *Die Schmiede in Przellenk*

Wir haben ja leider nur sehr wenige Bilder aus Ostpreußen, aber das mit der Schmiede hängt wohl bei allen Geschwistern in Haus oder Wohnung – bei Irmgard sogar in einer Riesenvergrößerung.

Es lohnt sich, das Bild mit seinen vielen Einzelheiten genauer zu betrachten: Das Gebäude ist aus einer Mischung von Naturstein und gelben Klinkern errichtet, es steht eine Menge an Geräten und Maschinen herum, die ganz offensichtlich nicht mehr alle eine Funktion haben. Dennoch werden die Sachen nicht als Gerümpel gelten müssen. Da man kaum neue Maschinen kaufen konnte und es auch kaum Ersatzteile gab, hat man Stücke aus den alten Maschinen als Ersatzteile verarbeitet, wobei sicher die Handwerkerdevise galt: Was nicht passt, muss passend gemacht werden.

Unser Vater ist durchaus interessant gekleidet, mit einer Ballon-Mütze (wie ich sie von Lenin kenne), weiter Manschesterhose und dekorativen Hosenträgern, wie auch Onkel Georg im Hintergrund. Der Pole Chenek (das ist der junge Mann mit dem breiten Gesicht hinter unserer Mutter) und Erich Krüger (er steht an der Häcksel-Maschine vor der halboffenen Tür) arbeiteten in der Schmiede als Gesellen.

Die Männern aus dem Dorf, die im Bild-Hintergrund stehen bzw. sitzen, sind Georg Witzke, Opa Rapp, unser Opa Georg Klein, Opa Radtke (Vater des Bürgermeisters

Adolf Radtke) und Rudolf Lehmann, vorn ist ein Teil der jungen Kleinfamilie zu sehen: unsere Mutter, Erna am ‚modernen' Kinderwagen, in dem Rudi schläft, Erich auf dem Wagen hinter unserer Mutter, und Artur vorn auf der Deichsel der Mähmaschine. Alle Leute, die das Bild betrachteten, fragten stets, was Artur denn da so Spannendes machte, als der Fotograf auf den Auslöser drückte: Er zählte Geld.

Später (wohl 1941) wiederholte unser Vater seine Meisterprüfung in Königsberg nach deutschen Vorschriften. Er war dann „Landmaschinenschlossermeister". Für den „Schmied für Huf- und Wagenbeschlag" hatte man die polnische Prüfung akzeptiert.

3. Das Ehepaar Klein - unsere Eltern

3.1. Die Zeit zwischen den Kriegen

Rudolf Klein sah als Heranwachsender das junge Mädchen, das Herr Witzke aus dem fernen, ihm aber aus der eigenen Kindheit bekannten Wolhynien mitgebracht hatte, und beschloss ein paar Jahre später, dieses Mädchen zu heiraten. So wird diese Geschichte in unserer Familie immer erzählt. Offensichtlich blieb er über die Zeit fest bei diesem Plan und warb um die aufblühende Leokadia. Für sie gab es diese einseitige Festlegung wohl nicht. Man erzählt, dass es einen anderen gegeben hatte, der den nur etwa 170cm großen Rudolf deutlich überragte, und das Groß-Sein war für die kleine Leokadia (sie maß etwa 155 cm) ein ganz wesentliches Element des Schönseins, und Schönheit wiederum war etwas, was ein Mensch haben musste, wenn er unserer Mutter gefallen sollte. Es scheint in Przellenk aber das Gerücht umgegangen zu sein, dieser Große tauge nicht viel. Dennoch hatte sie wohl lange damit geliebäugelt, ihn zu wählen, hatte sich dann aber für den soliden und zielstrebigen Rudolf entschieden, der sie so offenkundig liebte und zur Frau wollte und der auch in der Lage war, ihr ein Heim zu schaffen und eine Familie mit ihr zu gründen.

Am 22.12.1926 fand die Trauung in Grodken/Grodka, Bezirk Soldau, Standesamt Dzialdowo, statt.

Übersetzung aus dem Polnischen
ins Deutsche.

REPUBLIK POLEN
Wojewodschaft Warschau
Bezirk: Dzialdowo
Standesamt Plosnicy
Nr.6/1926

Abgekürzte Abschrift aus dem Heiratsregister

Es wird bescheinigt, daß R u d o l f K l e i n , Schlosser, wohnhaft in Przeleku, geboren am siebenten April 7.IV. 1905 in Hanuszyn in Wolhynien,
und die L e o k a d i a E i d e m a n n , wohnhaft in Przeleku, geboren am zwölften März / 12.III/ 1907 in Tagaszyn in Wolhynien,
die Ehe geschlossen haben am zweiundzwanzigsten Dezember /22.XII./ eintausendneunhundertsechsundzwanzig 1926 in Grodka, Bezirk Dzialdowo.

Vater des Mannes Jerzy (Georg) Klein, wohnhaft in Przeleku
Mutter des Mannes Katharina Klein, wohnhaft in Przeleku

Vater der Frau Karol (Karl) Klein, wohnhaft in Orszynie
                                          Bezirk Wlodzimier
Mutter der Frau Emilia von Szerpinsky, wohnhaft in Orszynie,
                                          Bezirk Wlodzimier

Gegeben zu Plosnica, am 12. Januar 1950

SIEGEL:
STANDESAMT PLOSNICY

Standesbeamter:
gez.: Senkowski
/Senkowski B./

Die Richtigkeit der Übertragung aus dem Polnischen ins Deutsche beglaubige ich hiermit.
Lilienthal, den 12.März 1958.

Beeidigter Dolmetscher.

Beeidigter Dolmetscher
für den
Landgerichts-Bezirk
Verden/Aller
EUGEN ERBE
(23) Lilienthal, Bezirk Bremen
Telefon 544

50. Die Übersetzung der polnischen Heiratsurkunde. Hier haben sich einige kleine Fehler eingeschlichen, mit denen man aber leben kann. Schließlich muss man dieses Papier nirgendwo mehr als Dokument vorweisen.

Vorher war er zusammen mit seiner Braut noch einmal nach Wolhynien, das Land ihrer beider Kindheit, zurückgekehrt, um aus dieser Heimat die Papiere zu besorgen, die man beim Standesamt vorzulegen hatte. Über das Schicksal ihres Vaters hatte sie dort keine Informationen bekommen – ich füge am Ende dieses Kapitels ein, was uns über Opa Karl Edemann später bekannt wurde.

Zuerst wohnten sie nach der Hochzeit in einem Zimmer im Hause des Vaters, also unseres Opas Georg Klein - unterbrochen nur von einem Jahr, in dem sie in Filitz, dem kleinen Ort an der Bahnlinie Soldau-Usdau, lebten. Wenn man sich das Häuschen anschaut – ich erinnere an Bild Nr.15 – dann kann man sich vorstellen, welche bescheidenen Ansprüche man haben musste, um damit zufrieden zu sein. Im Jahre 1940 – Hitler hatte Polen unterworfen, die Deutschen waren wieder die Herren in Soldau und Umgebung – gab es dann nach der Meisterprüfung ein eigenes Haus und eine eigene Schmiede - davon wird noch zu berichten sein.

Die Familie blieb lange Jahre kinderlos; offensichtlich hatten die Entbehrungen in Sibirien und auf der Rückreise den Organismus unserer Mutter so stark geschädigt, dass er Jahre brauchte, um sich zu erholen. Das junge Ehepaar kämpfte mit der zunehmenden Angst, die Ehe könne unfruchtbar bleiben - eine Katastrophe in einem Land und zu einer Zeit, in der Kinderreichtum als Segen Gottes galt und eine zweistellige Anzahl von Kindern durchaus normal war - wenn dann auch oft drei oder fünf nicht das Erwachsenenalter erreichten.

Hier in dem kleinen Zimmer saß unser Vater dann oft abends mit seiner jungen Frau unter der Petroleum-Lampe, um ihr das Lesen und das Schreiben beizubringen. Er schrieb in seiner klaren Handschrift alle Liedertexte ab, die sie gemeinsam kannten und auch sangen, sie „las" dann die Texte, sang sie, er begleitete sie auf der Gitarre oder der Mandoline - er hatte eine leichte Hand im Umgang mit Musikinstrumenten, nicht nur mit dem Hammer am Amboss. Auf diese Weise entstand eine ganze Anzahl von sehr privaten Liederbüchern, die unsere Mutter aus Ostpreußen nach Harpstedt herüberrettete und in denen sie noch in Bremen blätterte, als sie bereits so krank war, dass sie den Texten keinen Sinn mehr entnehmen konnte.
Ein paar Blätter von Vaters Hand sind in meinem Besitz.

51. Teil der von unserem Vater abgeschriebenen Lieder und anderer Texte.

Da ich nicht sicher bin, ob alle, die dieses Buch lesen, die deutsche Schrift noch entziffern können – zumal der Hintergrund recht dunkel ist - kopiere ich nur zwei Dppel-Seiten und übertrage alle mir vorliegenden Texte in Normaldruck. Es geht hier nicht nur um Frommes, das erste Lied ist eine klassische Ballade, eine Moritat; Kindsmord ist ein Lieblingsthema in diesen Bänkelsänger-Liedern, die vor allem auf Jahrmärkten gesungen wurden. Ich behalte die Rechtschreibung bei, auch wenn sie Fehler enthält, setzte aber Satzzeichen hinzu, wo sie der besseren Verständlichkeit dienen.

1. Lied
1. Sollte mir das Herz nicht bluten
Als ich die Geschichte las,
Das in Hamburg eine Mutter
Ihrem Kind das Urteil sprach.
2. Einst ward ihr ein Kind geboren,
Ungefähr von (vor!) einem Jahr.
Dann ward ihr der Mann genommen,
Eine Witwe ward sie bald.
3. Und ein andrer wollt sie haben,
Ach wenn nur das Kind nicht wär!
Und sie ließ ihm Antwort sagen,
Dieses Kind lebt bald nicht mehr.
4. Eine Tags, sie wollts nicht wissen,
Nahm ihr Kindlein bei der Hand,
Führt es in den finstren Keller
Und verriegelt Schloß in (mit?) Hand.

5. „Ach du Mutter, liebe Mutter,
Gieb mir nur ein Stückchen Brot,
Denn ich muß vor Hunger sterben
In meiner großen Hungersnot."
6. Und an ihrem Hochzeitstage
Trug man eine Leiche raus.
Als man schlug den ersten Nagel,
Fing das Kind zu rühren an.
7. Als man schlug den zweiten Nagel,
fing das Kind zu heben an.
Als man schlug den dritten Nagel.
Fing das Kind zu reden an.
8. „Verflucht seist du Rabenmutter,
Verflucht seist du viel tausendmal!
Und all die Gäste, die hier stehen,
sollen deine Henker sein!"

....

2. Lied
1. Ein armes Mägdlein zart
Schon eine Waise ward.
Und als sie alt genug
Nach ihrer Mutter frug.
„Ach Vater, Vater mein
Wo ist mein Mütterlein?"
„Dein Mütterlein schläft fest
die sich nicht wecken lässt."
2. Da lief sie raus geschwind,
Und eilt zum Friedhof hin

Und gräbt mit ihren Fingerlein
Tief in die Erd hinein
„Auf Mutter, Mutter mein
sprich nur ein Wörtelein!"
„Das Sprechen fällt mir schwe

Die Erde drückt mich sehr.
3. Geh heim mein Kind, geh heim
Eine andre Mutter ist dein".
„Eine andre Mutter ist sie,
Aber nicht so gut wie du.
Kämmt sie mir mal das Haar,
So blutet es fürwahr.
Kämmst du es aber mir,
Lachst freundlich noch dazu.
Wäscht sie mir mal die Händ',
Nimmt's schimpfen gar kein End'.
Wäschst du sie aber mir,
Umarmst dein einzig Kind."
„Geh hin, mein Kind, geh hin!
Gott hört dein bitter Schrein,
Gott hört dein bitter Flehn,
Bald wird's dir besser gehen.

-:

3. Lied
Waldeslust, Waldeslust,
Oh wie einsam schlägt die Brust
...das kennt man, ich kann auf ein Abtippen verzichten

4. Lied
Drei Chinesen mit dem Kontrabaß
saßen auf der Straße...
...auch das kennt man

5. Lied
Die eine Stunde, die dank ich dir

An deinem Munde, die gehörte nur mir.
Du sprachst von Liebe, ich sah dich an.
Du sagtest wenig und wir glaubten daran.

6. Lied
1. Geliebter mein, wo möchtest du nicht weilen
Du heiß Geliebter meiner Lieb und Treu
Denn meine Seele muß getrostlos werden
Weil du verwirrt hast mein junges Herz.
2. Mein Kummer wars in meinen jungen Jahren
Als ich aus meinem Elternhause ging.
Geliebter, hilf es mir geduldig tragen,
bis uns der schön blaue Himmel winkt.
3. Wie oft hast du mit mir zusammen gesessen,
So manch ein Kuß von meinem Mund geraubt.
Wie man nur der Liebe so vergessen,
Die doch so tief, so tief im Herzen brennt.
Und stehst du einst vor Gottes Traualtar
Und schenkst dein Herz für eine andre dar,
Dann legt man mich auf eine Totenbahre,
Mit frischen Blumen schmückt man mir mein Grab.

---

7. Lied
1. Die Erde braucht Regen
Und die Pflanze braucht Licht
Und der Himmel braucht Sterne,
Wenn die Nacht herein bricht.
2. Ein Vogel braucht Äste,
Um sein Nestchen zu baun.
Und der Mensch braucht ein Herze,
Dem er seins kann vertraun.
3. Ein Jüngling wollte reisen,

Doch es fiel ihm so schwer,
Denn es kam grad beim Abschied
Sein Feinsliebchen daher.
4. Sie reicht ihm beide Hände
Und sie weinte so sehr:
„Ach, mein herzliebster Jüngling,
Wir sehn uns nicht mehr.
5.- Und sehn wir uns nicht wieder,

Dann wünsch ich dir Glück,
Ach, mein einzigster Jüngling,
Kehr noch einmal zurück!"
6. Ein Jahr ward vergangen,
Da kehrt er zurück.
Er fand nicht mehr sein Liebchen,
Er fand nicht mehr sein Glück.
7. Er eilte hin zum Friedhof
Mit traurigem Blick.
Da fand er sein Liebchen,
Da fand er sein Glück.
8. Er kniete dort nieder
Und er weinte so sehr,
Er gedachte gleich an die Worte
„Wir sehn uns nicht mehr".
9. Kein Feuer, keine Kohle
Kann brennen so heiß,
Als heimliche Liebe,
Von der niemand weiß.

---

8. Lied
1. Wer das Scheiden hat erfunden,
Hat an Liebe nie gedacht.
Sonst hätt er die schönsten Stunden
In der Liebe zugebracht.
2. Seine Augen stehn voll Tränen
Und sein Herz das schlägt voll Blut.
„Niemals werd ich dein vergessen,
Denn du warst mir ja so gut."

3. „Könnt ich dich noch einmal sprechen,
Könnt ich dich noch einmal sehn,
Würdest du, o mein Geliebter,
Sicher niemals von mir gehen.
4. Nur an meinem treuen Herzen
Fändest du das wahre Glück.
Drum o komm, (du) mein Geliebter,
O, Geliebter, kehr zurück!

5. Nun bist du bei einer andern,
Die dich herzt und die dich küsst.
Sag ihr nichts von unsrer Liebe,
Sag ihr nur, du kennst mich nicht.
6. Hätt ich Tinte, hätt ich Feder,
Hätt ich Zeit und Schreibpapier,
Würde dir die Zeit aufschreiben,
Die du nicht geweilt bei mir.
7. Lieben hast du mich gelehret,
Lehrst mich jetzt….
(der Rest fehlt)

---

9. Lied
1. Es wollt ein Mädchen früh aufstehn,
   früh aufstehn,
Wollt in den Wald spazieren gehen.
Sie wollte tingel tangel Vögel fangen,
Tingkliring, ting ting, auf blauer See
   spazieren gehen.
2. Und als sie in den Wald reinkam,
   Wald reinkam,
Begegnet ihr ein Jägersmann.
Er wollte tingel tangel…u.s.w.
3. Die Mutter spricht: „Was ist mit dir,
   was ist mit dir?
Mal bist du rot, mal bist du blaß.
Das kommt vom tingel tangel u.s.w."

10. Lied
Du schwarzer Zigeuner, komm
   spiel mir was vor,
Damit ich vergessen kann,
Was ich verlor.
Du schwarzer Zigeuner, du kennst
   meinen Schmerz,
Und wenn deine Geige weint,
Weint auch mein Herz.
Spiel mir das süße Lied
   aus goldner Zeit,
Spiel mir das alte Lied
   von Lieb und Leid.
Du schwarzer Zigeuner, komm
   spiel mir ins Ohr,
Damit ich vergessen kann,
   was ich verlor.

....

11. Lied
In der Nacht da gieb acht
Wenn (?) finster oder wacht.
Die Liebe, die Liebe,
Immer zwei sind dabei
Bei der Liebeschwärmerei.
Im Dunkel zu Munkel

Lieber Mond, guter Mond,
Der am Himmel oben wohnt,
Versteck doch bitte dein Gesicht,
Denn wo zwei verliebt sind,
zuzusehn, lieber guter Mond,
Das schickt sich nicht.

---

12. Lied
Drei Burschen vom R(h)ein,
Vom herrliche deutschen R(h)ein
Durchwandern froh die ganze Welt.
Was fragen sie nach Gut und Geld.
Sie singen ihr Lied mit Rheinischem
   Herz und Gemüt,
Die lieben alle Mägdelein,
Die Burschen vom R(h)ein.

Ehestand- Kalender
I. Hören sie was ich fürn Ochse war,
Als ich trat in den Ehestand im Januar.
Wie konnt ich damals so dämlich sein!
In Zukunft tret ich woanders ein.
II. Vier Wochen später im Februar,
Die Flitterwochen vorüber war'n.

Als süsser Engel kam sie ins Haus,
Doch schließlich wurde bald der Teufel draus.
III. Wie musst ich leiden im Monat März,
Als ich verspürt den ersten bittren Schmerz.
Im Zorn ergriff sie den Henkeltop
Und schmiß ihn mir direkt vorn Kopf.
IV. Und als ich einstens im April
Betrübt kam heim, hat sie mir mit Gebrüll
Die Hand zerbissen und das Gesicht zerschrammt.
Da frug man mich, ob das von der Frau stammt.
V. Im Mai musste ich staunen blos,
das ihre Füße waren so groß.
Sieben Meilen Stiefel zog sie an,
Wo man schon im stehen drin sterben kann.
VI. Im Monat Junis, ach war das schön,
hab ich ihr mal beim Essen zugesehn.
Ihr süßes Mündchen, das war so klein,
Sie schob gleich ein drei Pfund Brot
    auf einmal rein.
VII. Und ach im Juli hab ich entdeckt,
Daß ihr ein falsches Gebiß im Munde steckt.
Verspürte sie mal ein Zahnschmerz blos,
Dann nahm sie's Gebiß schnell raus,
   gleich war sie ihn los.
VIII. Doch unerträglich war's im August,
Die Wirtschaft ich alleine machen musst.
Wenn ich nicht wollte, kam sie schön an,
Gleich schrie sie, „wozu hat man denn den Mann?"
IX. Dann im September schmiß sie mich raus,
Weil ich zeigen wollt, wer Herr im Haus.
So ohne weitres ging das nicht ab,
Ich bekam die Jacke voll und nicht so knapp.
X. Oktober kehrt ich zu ihr zurück,
Da flog mir gleich der Besen ins Gesicht.
Sie schrie: „Du Fatzke, was störst du hier?
Jetzt ist doch der Hausfreund grad drin bei mir."
XI. November war mir genug der Pein,
Ich reichte die Ehescheidungsklage ein.
Da schlug vor Wut sie mir armen Tropf
Noch mit der Bratpfanne eins vorn Kopf.
XII. Dezember endlich da war's so weit,
Ich ward geschieden grad zur Weihnachtszeit.
Das Band zerrissen, nun bin ich frei,
Denn meine Heirat war'ne Eselei.

-.-

Was ist heute eigentlich los?
Die Steuern endlos,
Die Pfändungen fruchtlos,
Die Tage trostlos,
Die Nächte schlaflos,
Die Gläubigen wortlos,
Die Geschäftsleute mutlos,
Ehrliche Leute kreditlos,
Kündigungen zahllos,
Hunderttausende erwerbslos,
Entlassungen fristlos,
Fast alle mittellos,

Das Finanzamt erbarmungslos,
Die Menschen gottlos,
Die Jugend taktlos,
Die Kinder zuchtlos,
Heiratslustige wohnungslos,
Junge Mädchen hosenlos,
Vergnügungslust grenzenlos,
Arbeitssuchende hilflos,
Haß und Neid grenzenlos,
Wucherer herzlos,

Moderne Schieber gewissenlos,
Die Kunst brotlos,
Die Kritik maßlos,
Die Damen zopflos,
Die Herren bartlos,
Ich bin sprachlos,
Gegenwärtig gewichtslos,
Die Zukunft fast hoffnungslos,
Die einzige Hoffnung noch:
„Das große Los."

....

„Aus dem Wörterbuch der Liebe"
Wenn Amors Pfeile vergoldet sind, so sind sie meistens stumpf.
„Heißes Blut" ist kein Freibrief für Liederlichkeit, „kühles Blut" freilich auch keine Entschuldigung für Talentlosigheit.
„Dame sein" ist Charaktersache. Man findet Damen unter Bäuerinnen und Königin(inn)en.
Eifersucht ist Liebe zur Liebe, nicht zum Partner.
Freundschaft und Liebe verhalten sich wie Geist und Natur. Natur, Religion, Liebe: Ihr Kennzeichen ist das Unerklärliche.
Glück in der Liebe haben: einen geliebten Menschen glücklich machen.
Durch das Herz wird die Vernunft ausgeschaltet – das ist ein weit verbreiteter Irrtum.
Die Vernunft schaltet sich höchstens selber aus.
Das Herz ist der unzuverlässigste Muskel des menschlichen Körpers.
Kameradschaft zwischen Mann und Frau: Auftakt oder Nachklang der Liebe. Im ganz günstigen Falle sind Kameradschaft und Liebe identisch – das sind dann die wahrhaft glücklichen Ehen.
Der Liebende hat recht.
Mut zur Liebe setzt Liebe zum Mut voraus.
Als Narrheit wird die Liebe von denen empfunden, die zu närrisch sind, um lieben zu können.
Offenheit zwischen zwei Liebenden ist gut, aber die Liebe wird ihres feinsten Duftes beraubt, wenn es gar keine Geheimnisse mehr zwischen den Partnern gibt.
Plato ist der Schutzheilige der Zauderer und Nichtkönner.
Quelle und Mündung aller wahren Liebe sind nicht von dieser Welt, nur ihr Stromlauf ist irdisch.
Reif zur Liebe wird man erst nach Enttäuschungen.

-In anderer Tinte ist noch ein Teil eines christliches Lied angefügt, das auch in unserem Hause noch oft gesungen wurde und uns in früher Zeit so recht die Angst vor Sünde und Höllenstrafe lehrte:
....
Sie schrie „Ach Gott, zu spät, zu spät,
Ich hab die Gnadenzeit verschmäht.
4. Ach Mutter, Mutter, komme schnell,
denn ich geh rettungslos zur Höll.
Die Tränen, die du gabst für mich,
Die sind verloren und auch ich.
5. Ach Vater, Vater, komme schnell,
Denn ich geh rettungslos zur Höll.

Es schlagen Flammen um mich her,
Je mehr ich mich der Hölle näh'r."
6. So schrie sie noch, bevor sie starb,
Bis das sie fast vor Qual verdarb.
„Soll ich nun brennen allezeit,
Ja selbst die lange Ewigkeit?"
7. Zuletzt erschien der bittre Tod
Und ach kein Wort die Sprache bot.
Wie groß ward doch des Kindes Schmerz.
Sie schloß die Augen, schied von hier,
geöffnet war die Höllentür

Ich bin glücklich, dass mir diese Texte in die Hände gefallen sind. Sie haben mein sehr unscharfes Vaterbild ein Stück weit verändert. Ohne dass es mir so recht klar war, hatte ich unseren Vater immer für eine Art Heiligen gehalten, der sich stets nur um Familie, Arbeit, Musik und Religion gekümmert hat. Wenn ich mir die Texte anschaue, dann finde ich dahinter einen ganz normalen Menschen. Ich denke, dass man gewisse Schlüsse wird ziehen dürfen, denn wenn er sich die Mühe gemacht hat, diese Texte aufzuschreiben, zum Teil wohl aus dem Gedächtnis, z.T. aus irgendwelchen Büchern (wahrscheinlich auch im Rahmen des Lesen-Lehrens für seine junge Frau), dann zeigt das doch ein gerüttelt Maß an Interesse an den Inhalten – bei beiden. Es ging also auch bei den jungen Kleins um Spaß und um Liebe – eigentlich eine banale Einsicht, aber ich hatte sie erst beim Lesen und Tippen dieser Texte.

Auf diese Weise – beim Singen christlicher Lieder und wohl auch der abgetippten Texte - lernte unsere Mutter das Lesen; sie konnte später verschiedene Schrifttypen ganz normal entziffern, dann sogar flüssig vorlesen, aber das eigene Schreiben blieb auf die Beherrschung der deutschen Schrift, des Sütterlin, beschränkt. Die üblichen lateinischen Buchstaben lernte sie nicht, und schwierige und lange Wörter bereiteten ihr immer Probleme. Wir Kinder - später üblicherweise Edith oder ich - hörten dann beim Schreiben ihrer zahlreichen Briefe sehr oft: „Wie schreibt man Lorbeerblätter? Wie muss ich Hühnerbrühe schreiben?" Und wir buchstabierten ihr das Wort dann vor, das sie Buchstabe nach Buchstabe zu Papier brachte...

Ich füge hier einen Brief von unserer Mutter ein, den ich auch abtippe - ebenfalls in der Rechtschreibung (hier auch in der Zeichensetzung), die sie verwendet hat. Ich füge in (…) ein paar Erklärungen hinzu.

52. Ein Brief von meiner Mutter an mich

Bremen den 11 august
so mein Liber Horst ich habe ja heute am Montag von dir den brief bekomen nun werde ich's dir ja gleich schreiben o weist mein Lieber Sohn ich wollte ja zu deinem geburtstag hin komen nun hast mir ja geschrieben wies euch gehet das ich nun noch nicht komen kann so nun wünsche ich dir mein Liber Horst will glük und auch gotes reichsten Segen Ja ich will danach will Segen wünschen das doch gesund bleiben würst in deinem Leben so meine Liebe Hella Katja und anja ich wünsche euch auch gesunt heit das tut mir ja auch sehr leit das ihr so krank seit (die beiden hatten schweren Keuchhusten) die Edit hat mir auch geschrieben das ihr KristJahn im Krankenhaus ist so mein Liber Horst du hast mir ja geschrieben Artur oder Irmgard mit Klaus so auch zwei wochen zu dir hin komen ich glaube das werden die nicht machen könen die Irmgard die waren ja schon bei dir und weist der Artur ist nun ja Werter (ich denke: Fahrer, Lastwagenfahrer in einem sanitären Großhandel) der ist ja ümer unter wesgest (unterwegs) so nun werde ich dir ja schreiben ich wotel (wollte) dir ja geld mit bringen zum geburtstag aber mein Liber nun schicke ich dir das geld ja noch nicht hinn o weist die tante ana die war auch Par wochen sehr krank ich sollete ja zu ihr hin komen ich habe es ihr ja gesagt das ich nun zu ihr nicht hin komen kann weil ich nun zu dir hin komen wollte aber nun habe ich ihr heute auch gleich geschrieben das ich am 13 diese woche zu zu ihr hin komen werde so mein Liber Horst du hast mir ja geschrieben das du noch nicht weist op du in Kiel bleiben würst (nach der Referendarszeit) nun ich werde woll diesen Monat zu dir nicht hin komen könen so mein Libes Kind dann schreibe mir doch bite nesten monat so gleich am 1 tag dass ich werde wissen oP du doch in Kill bleiben würst die Sabine die Erna ihr hat ja dan am 2 ge-

burtstag wenn du mir schreiben würst dann werde ich zu dir hin komen das wer ja auch schön wie da nicht bleiben kanst das hir nach Bremen komen köntes so mein Liber nun erger dich nicht das ich dir nun nischs hin schicke zum geburtstag du würst mir dan ja schreiben dan werde ich dir ja mit bringen das dir was Schönes kaufen kannst wenn aber von Kill weck sein würst dann werde ich dir dan hin schicken wenn ich dann nicht hin komen kann so meine Liben ich grüs euch alle ganz herzlich und wünsche euch alles gute lebet wohl meine Liben bis wir uns wider sehen (Zusatz quer): so mir geht's ja noch ümer geshleich (gesundheitlich) sehr gut ich war ja noch nich krank

Nach fast fünf Jahren Ehe wurde dann in Opas Haus endlich Erna, (Zweitname Ruth), geboren, am 5. August 1931. In der Gemeinde soll eine Frau eine diesbezügliche Weissagung gemacht haben - aber auf diesem Gebiet war und ist zwischen frommem Glauben und den dazu gehörigen „Weissagungen" und simplem Aberglauben mit gottloser Wahrsagerei kaum zu unterscheiden.

Am 2. November 1933 folgte dann der ersehnte Stammhalter Erich (Otto). Der stolze Vater ließ ein gutes halbes Jahr später ein Foto von seiner noch kleinen Familie machen, das die dunkle Erna, den etwas erschrocken dreinblickenden Erich, seine recht kräftige, glücklich lächelnde Ehefrau und ihn selbst zeigt. Und siehe da – im Gegensatz zum Bild von dem jungen Mann, auf dem er glatt rasiert ist und die Haare seitwärts bis an die Ohren heran trägt, hat er nun ein Bärtchen, das wir von dem Mann kennen, der am 30. Januar 1933 deutscher Reichskanzler geworden war. Und auch die Haare sind über den Ohren weit-hoch frei geschnitten, wie es bei den Unterstützern des Reichskanzlers üblich war. Erich, mit dem ich über diese Zeichen einer Sympathie zu Hitler (wie ich sie interpretiere) sprach, betont allerdings, Bart und Haarschnitt seien einfach in Mode gewesen, hätten nichts mit einer Neigung zum NS-System zu tun.

53. Die junge Familie Klein im Jahre 1934.

Artur (Heinz) wurde dann am 21. April 1935 geboren, Rudi (Richard) am 2. Februar 1937 und dann wieder eine Tochter: Irmgard (Herta) am 16. November 1938. Nun war unser Vater ein Familienvater, der sich auch in Ostpreußen sehen lassen konnte – mit drei Söhnen und zwei Töchter war man schon wer.

Nach Ernas Worten war unsere Mutter damals keineswegs die (später meistens) verständnisvolle Erzieherin. In Opas Haus – so erzählt sie - gab es abends regelmäßig Milchsuppe, und wenn der kleine (übrigens auch der große) Erich eines hasste, dann waren es Milchsuppen. Die Mutter hatte dafür nicht das geringste Verständnis, sie zwang ihn jedes Mal, die Suppe auszulöffeln, die er sich nicht selbst eingebrockt hatte. Und wenn Worte dazu nicht reichten, dann gab es Prügel, ja, richtig geschlagen hat sie ihn, so hart, dass Opa „*manchmal ausrastete und sie bremste*". Auch vor den

Mädchen wurde nicht halt gemacht. Erna erinnert sich an viele Schläge, als sie noch sehr jung war. Wenn sie z.B. ihre beiden kleinen Brüder hüten musste und es kam ein Auto – was damals selten genug vorkam – dann guckte unsere Mutter sofort, ob sie auch beide fest an der Hand hatte. War das einmal nicht der Fall, *„schon bekam ich den Hintern voll"*.

Wie unsere siebenköpfige Familie im väterlichen Elternhaus gewohnt hat, kann man sich heute nur schwer vorstellen. Hatte ich beim Wohnen des Ehepaares schon angemerkt, man müsse sehr bescheidene Ansprüche gehabt haben, so gilt diese Aussage natürlich ‚jetzt' umso mehr. Ich denke, wenn heute bereits über Armut geredet wird und Eltern und Kinder klagen, wenn sich zwei ein Kinderzimmer teilen müssen, dann hätten sie vielleicht einmal in das Haus unseres Großvaters schauen sollen.

Einschub:

Großvater Edemann

Unsere Mutter hatte – ich erwähnte das bereits – in Wolhynien nichts über ihren Vater erfahren und konnte bei ihrer Heirat keine Angaben über seinen Aufenthaltsort machen. Und so kam man auf die Idee, ihn über das Rote Kreuz suchen zu lassen. Unser Vater leitete die notwendigen Schritte ein - und das Rote Kreuz fand wirklich seine Anschrift heraus: in Argentinien. So kannte ich die Geschichte bisher.

Erichs Informationen lauten jedoch anders: Danach war Opa Edemann Ende der zwanziger Jahre aus Sibirien zurückgekommen und hatte in Wolhynien noch einmal geheiratet. Bevor er nach Argentinien auswanderte, besuchte er unsere Mutter, seine Tochter, in Ostpreußen.

Ich kann nicht entscheiden, welche Variante stimmt: Die erste scheint mir einleuchtender. Denn wenn der Großvater nach Wolhynien zurückgegangen wäre, hätte er doch sicher den alten Wohnort aufgesucht und unsere Mutter hätte ihn bei ihrer Rückkehr dort angetroffen oder man hätte zumindest über ihn erzählt, als sie dort mit Schwester und Schwager ankam. Unsere Mutter hat nie etwas von einem solchen Ereignis oder gar Wiedersehen gesagt, das ihr doch sicher bedeutsam und daher erwähnenswert gewesen wäre.

Sicher ist:

Opa **war** – wann auch immer - nach Argentinien ausgewandert und lebte in der Nähe von Buenos Aires. Er hatte dort eine Farm aufgebaut und es zu einigem Wohlstand gebracht und auch noch ein zweites Mal geheiratet (wobei nicht klar ist, ob diese Heirat in Argentinien stattgefunden hat oder noch in Wolhynien, wie Erich meint), und aus dieser Ehe gab es auch eine kleine Tochter - Ottilie - ‚die früh starb. Laut Erich hat Opa vor dem Zweiten Weltkrieg noch ein paar Mal nach Ostpreußen geschrieben, dann waren die Kontakte abgebrochen – das würde natürlich für Erichs Variante sprechen. (Ich muss gestehen, von diesen Briefen vor Erichs Informationen nie etwas gehört zu haben.)

54. Das Bild zeigt unseren Großvater Edemann mit seiner zweiten Frau und Ottilie etwa 1928.

55. (links) Dieselbe Familie im Jahre 1935
Im Hintergrund ist ein einfaches, aus Rundhölzern erstelltes Bauwerk zu sehen – möglicherweise ein Korral für Pferde. Man achte auf den Papagei – ein dort recht übliches Haustierchen.

56. (rechts) Das reche Bild zeigt Ottilie, die Halbschwester unserer Mutter. Auf der Rückseite des Originals hat sie notiert:
„Villa Angela 20.X.1935. Zuerrinerung von mich Deiner Schwester Ottielie für Dich Leokadia Ich bin jetzt 11 Jahre"

Nach 1945, nach unserer Flucht in den Marktflecken Harpstedt, gab es wieder Kontakte zu ihm. Es kamen ein paar Pakete, wobei der Kaffee immer am wichtigsten war: Den konnte man gut gegen andere Esswaren eintauschen.
Unser Großvater hatte nach dem Tode der Tochter und wohl auch auf Grund des hohen Alters seine Farm verkauft und in Villa Angela ein Wohnhaus erworben.
1951 erhielten wir die Nachricht vom seinem Tod und auch ein Beerdigungsfoto zugeschickt.

57. Das Foto zeigt unseren Großvater aufgebahrt.
Seine Frau (5.v.links) trägt Kopftuch, wie auch die beiden Frauen hinter ihr. Die Hitlerbärtchen unter manch einer Nase lassen die Vermutung aufkommen, dass es in dem Umfeld unseres Opas sehr deutsch und noch sehr national zuging (um es vorsichtig auszudrücken.) Das ist aus vielen Ländern Lateinamerikas bekannt, in die sich manch alter Nazi zurückgezogen hat(te) und wo man noch heute deutscher ist als in Deutschland – ich habe da von Auslands-Lehrer-Kollegen so manche Geschichte gehört, die einem die Haare in die Senkrechte treiben können.
Man beachte aber, dass unser Opa einen ordentlichen Schnauzbart trug, wie vor allem auf Bild 55 zu sehen ist.

Wir erfuhren dann später von dem aus Przellenk stammenden Prediger Gerhard Krüger, der in Südamerika deutsche Auswanderer besucht hatte, dass die - inzwischen auch gestorbene – Zweit-Oma und der Opa einen beträchtlichen Besitz hinterlassen hatten. Der Alcalde [Bürgermeister] des Ortes, ein Herr Kroll, soll unseren Opa beim Verkauf der Farm und dem Kauf des Hauses und auch sonst wohl betreut und beraten haben, und dieser Kroll habe sich dann den Besitz der Großeltern ohne jede rechtliche Basis angeeignet.

Ich weiß noch gut, wie wir in Harpstedt am Küchentisch saßen und wütend waren über dieses unchristliche, gemeine Verhalten. Wir Jungen überlegten, ob man nicht hinüberfahren und sich das Erbe holen sollte, aber Argentinien war ein so entferntes und unbekanntes Land, dass man den Gedanken schnell wieder aufgab - und nie den Versuch machte, auf juristischem oder sonst einem Weg das uns Zustehende zu bekommen - unsere Familie hätte es zu der Zeit wahrlich gut gebrauchen können.

3.2. Im Zweiten Weltkrieg

Nachdem Hitler die meisten Deutschen „heim ins Reich" geholt und Österreich und das Sudetenland an Deutschland angeschlossen hatte - alles auf „friedlichem" Wege, wenn man denn Nötigung, Drohung, Erpressung etc. zu den friedlichen Mitteln zählt - bereitete er den Krieg gegen Polen vor, denn er wusste, dass die Revision des Versailler Vertrages hier nicht mehr ohne Kampf abgehen würde. Zur Vorbereitung dieses Krieges gehörte das schon genannte Abschließen des Vertrages mit Stalin, in dem man in einem hochgeheimen Zusatzabkommen verabredete, sich Polen untereinander zu teilen.

Das Klima zwischen Polen und Deutschland hatte sich inzwischen sehr abgekühlt, war eisig geworden, auf beiden Seiten behandelte man das jeweils andere Volk schlecht und stellte es in der Propaganda als Verbrecher dar – ich habe davon schon im Kapitel 2.3.6 erzählt.

Am 1. 9.1939 begannen Hitlers Truppen dann mit dem Angriff auf Polen und entfesselten damit den Zweiten Weltkrieg. „Entfesseln" ist übrigens ein merkwürdiges Wort-Bild, als habe der Krieg bisher gefesselt herumgesessen und werde nun losgebunden und in die Freiheit entlassen. Der „Ausbruch" eines Krieges ist ebenso unpassend, denn dieses Wort geht von einer Eigeninitiative des Krieges aus, den man bisher gefangen gehalten hat; in Wirklichkeit wird der Krieg doch einfach von jemandem, einem Staatsmann oder von mehreren Staatsmännern, begonnen, in diesem Fall von Hitler und seinen Gesinnungsgenossen.

In der Propaganda hatte man seit Wochen von unerträglichen Gräueltaten der Polen gegen die deutsche Bevölkerung in den polnisch gewordenen Gebieten berichtet - und dann schließlich den bekannten Überfall auf den Radiosender in Gleiwitz inszeniert, dort der Presse einige von Deutschen erschossene Tote (es waren KZ-Häftlinge) gezeigt, die man in polnische Uniformen gesteckt hatte, damit Hitler zur Begründung des Angriffes im Rundfunk tönen konnte, jetzt hätten die Polen deutsches Territorium auch mit regulären Truppen angegriffen und nun könne man gar nicht anders, als zurückzuschießen – morgens um viertel vor fünf begann man mit der Beschießung der Westernplatte bei Danzig von deutschen Kriegsschiffen aus. Dann marschierten die Deutschen auf breiter Front ein, mit Panzern und mit Flugzeugunterstützung. Die Polen hatten dem kaum etwas entgegenzusetzen; man kennt die Geschichten, dass polnische Kavallerie mit eingelegter Lanze auf deutsche Panzer los geritten sind – nicht alles ist da Legende und Propaganda, oft war die technische Ausrüstung tatsächlich so absurd unterschiedlich.

Ich will hier nicht die Geschichte des Polenfeldzuges erzählen, sondern mich wieder auf die Ereignisse beschränken, die konkrete Auswirkungen auf unsere Familie hatten.

Zu Beginn des Feldzuges - so erzählt Erich - kam ein polnischer Polizist aus Heinrichsdorf zu uns, der mit unserem Vater zusammen konfirmiert worden war - einer der wenigen Evangelischen in dieser sonst ganz katholischen Umgebung. Er kam also in die Schmiede, in der gerade viele Leute waren (Erna war auch dabei), dort nahm er unseren Vater beiseite und zeigte ihm eine Liste, in der die Polen diejenigen Deutschen zusammengestellt hatten, die man in ein Lager bringen wollte. Die Männer des ersten Schubes waren bereits weg (ich habe in 2.3.6. davon erzählt), für den zweiten Schub war Onkel Ferdinand mit vorgesehen (der war zehn Jahre älter als unser Vater) und beim dritten Schub unser Vater und alle Männer, die als Wehrpflichtige für die deutsche Armee in Frage gekommen wären. Das war eine Vorbeugemaßnahme der

Polen, die nicht wollten, dass in ihrem Bereich potentielle Kämpfer für Deutschland wohnten und heimlich hätten für ihr Land aktiv werden können. Verständlich war das, hatte Erich doch erzählt, man habe Karabiner aus dem Ersten Weltkrieg genau zu diesem Zweck auf dem Dachboden versteckt gehalten. Der Polizist gab den Tipp, unser Vater möge sich mit der Familie verstecken, und so „flüchtete" unsere Familie und tauchte für zwei Tage einen Kilometer von der Straße nach Soldau entfernt auf dem Hof von Onkel Michel, dem ältesten Bruder unseres Vaters, im Wald unter. Dort blieben die Frauen mit den Kindern, während die Männer mit ihren Wagen, auf denen sie auch unter der Plane - mit Decken versorgt - schlafen konnten, in einen Ort fuhren, der Skurpien heißt und ein Stück nordöstlich von Przellenk liegt. Dort versteckten sie sich im Wald. Die Jungen und manchmal auch die Männer schlichen sich dann zu den Höfen zurück, um das Vieh mit dem Nötigsten zu versorgen - sonst blieben die Höfe in diesen Tagen einfach verlassen.

Deutsche Soldaten waren, aus dem deutschen Neidenburg kommend, nach zwei Tagen in Przellenk und Lensk. Es kam zu Schießereien mit den dort liegenden polnischen Soldaten, die sich im Kirchturm verschanzt hatten und von dort mit einem MG feuerten. Erich erinnert sich an einen Kradmelder, der angeschossen wurde, an vier tote deutsche Soldaten, an zwei Verwundete; einen davon haben die Polen dann mit einem Spaten erschlagen, erzählte er.
Eine fast kuriose Begebenheit gab es mit dem ins Reich umgesiedelten Jakob Nelz. Er war einer der ersten deutschen Soldaten, die im Polenfeldzug nach Przellenk kamen, und er sagte seinem Offizier: „Halt stopp, hier nicht schießen, dies ist ein von Deutschen bewohntes Dorf, hier tut euch keiner was." Erich hat das selbst miterlebt, sechs war er damals. Besagter Jakob Nelz hat sich dann bei seinem Offizier kurz abgemeldet, ist zum Haus von Onkel Ferdinand gegangen und hat sich dort als **der** Nelz zu erkennen gegeben, nach vielen alten Bekannten gefragt - dann musste er weiter.
Nach kurzen Gefechten zogen die Polen in Richtung Lautenburg ab. Der Kreis Soldau war damit „zurückerobert".

Was Erich nicht erzählen konnte, weil es in unseren Dörfern gleich Feindberührung gegeben hatte, war die Begeisterung über den Kriegsbeginn, die an den Ersten Weltkrieg erinnert und die ich wieder bei Siegfried Lenz fand (Heimatmuseum S. 460 f.):
„Ja,...wie sich die Bilder gleichen! Wieder stand ich und sah zu, wie die Armee vorüberzog, auf´s >Feld der Ehre< zog(...)
„Über unsere Hauptstraße zog die Armee und die Leute von Lucknow klatschten und winkten und warfen den Soldaten Zigaretten und Süßigkeiten zu. Die Blumengeschäfte standen zur Selbstbedienung offen – wer wollte, trug einen Arm voll Nelken oder Astern an die Straße, dekorierte die Soldaten, steckte Blumenstengel in Gewehrläufe. Bäcker schleppten in geflochtenen Körben Brötchen und Kuchen heran und langten sie auf Lafetten hinauf oder in die weit geöffneten Sehschlitze der Panzer hinein. Die Fleischergesellen...säbelten Wurstgirlanden auseinander und warfen die kurzen drallen Fleischwürste auf rollende Mannschaftswagen hinauf. Unfaßbar, was die Lucknower Geschäftswelt bereit war, der ausrückenden Armee im Überschwang zuzustecken: Es waren nicht nur Taschenmesser und Strümpfe und Flaschenöffner, sondern auch Rheumafelle und Haarschneidemaschinen, und die Soldaten kassierten alles und nahmen die Gaben als Zeichen der Verbundenheit."

Am 1.9.1939 hatte der Polenfeldzug begonnen, am 8.10.1939 konnte Hitler bereits die Neuordnung im Osten vornehmen, weil die polnische Armee in knapp sechs Wochen besiegt worden war. Etwa die Hälfte des im Hitler-Stalin-Pakt verabredeten Teils wurde mit dem Deutschen Reich vereinigt: Es entstand der Reichsgau Wartheland, der

Reichsgau Danzig-Westpreußen, Schlesien wurde vergrößert und Ostpreußen auch: Ostpreußen um das Gebiet, das schon im Versailler Vertrag eine Sonderrolle eingenommen hatte: SOLDAU. Der Bereich um Soldau – also unsere Heimat - kam mit 491 Quadratkilometern und 24.800 Menschen wieder zu Ostpreußen. Der ganze südlich anschließende Bereich bis knapp an Warschau heran wurde auch Teil des Großdeutschen Reiches.
Der Rest der „deutschen" Polenhälfte wurde zum 'Nebenland' des Reiches erklärt und mit der Bezeichnung „Generalgouvernement" den Naziführern Himmler und Frank unterstellt. Die Russen besetzten den Osten Polens, wie es im Hitler-Stalin-Pakt verabredet worden war.

58. Das neue „großdeutsche" Reich

Obwohl von den 10,6 Millionen Einwohnern in den neuen Reichsgauen 87% Polen, 6,4% Juden und nur ebenso viele, nämlich 6,5%, Deutsche waren, gab Hitler den Befehl aus, das Gebiet in wenigen Jahren in deutsches Land umzuwandeln: Überall erschienen wieder deutsche Ortsnamen und Inschriften, wurde in Schulen und Kirchen wieder deutsch gesprochen, erschienen Zeitungen und Bücher auf deutsch, war die Behördensprache wieder Deutsch.

Die Bevölkerung wurde in Gruppen eingeteilt und unterschiedlich behandelt: Die Juden wurden systematisch ausgerottet, unter den Polen wurden die Intellektuellen und „gefährlichen Subjekte" von der SS und anderen Spezialkommandos ermordet, 365 000 Polen verloren ihre Höfe und wurden ins Generalgouvernement abgeschoben, viele wurden zu fast rechtlosen Arbeitern im Dienst der Deutschen herabgewürdigt. Ihre freie Bewegung war eingeschränkt, es gab ein Versammlungsverbot, das von dem Dorfpolizisten auch handfest überwacht wurde. *(„Der Plottska - ein Kettenhund - und Wachtmeister Krause gingen mit der Reitpeitsche dazwischen, wenn sie eine*

Gruppe von Polen herumstehen sahen" - so erinnert sich Erich an Przellenk und Lensk.)

„Unumstritten ist, dass Hitler die Polen genau wie die anderen slawischen Völker als ‚Untermenschen' betrachtete und deshalb Befehl zu einem beispiellosen Massenmorden gab. Während des Zweiten Weltkrieges starb ein Fünftel der Bevölkerung Polens eines gewaltsamen Todes, die Mehrzahl kam keineswegs bei den Kampfhandlungen ums Leben, sondern wurde von Deutschen und ihren ausländischen Helfern ermordet. ... Den Preis für die Vernichtungspolitik...bezahlten nach dem Krieg vor allem die Ostdeutschen und die Volksdeutschen." – so fasst Peter Urban in seinem Buch „Deutsche in Polen" (1993) die deutsche Polen-Politik zusammen.

Die „Deutschen" wurden in vier Volkslisten eingetragen: In die Liste 1 kam, wer sich als Deutscher unter der polnischen Herrschaft klar zum Deutschtum bekannt hatte - diese Personen durften als Zeichen ihrer Vollwertigkeit Mitglied in der NSDAP werden -, in die Liste 2 kamen die sonstigen Deutschen, in die Liste 3 nahm man Polen mit deutschen Vorfahren auf und in die vierte Liste diejenigen Polen, die man für tauglich hielt, eingedeutscht zu werden. Die Personen der Liste 3 und 4 sollten nach dem Dienst in der Wehrmacht die deutsche Staatsangehörigkeit erhalten können.

Die gesetzlichen Regelungen der Nazis hatten auch für unsere Familie ganz konkrete Auswirkungen: Unser Vater beantragte für die Familie die Aufnahme in die Volksliste 1. Diesem Antrag scheint stattgegeben worden zu sein, denn schließlich war er später Parteimitglied - und das war – s.o. - den Mitgliedern der Gruppe 1 vorbehalten. Das entsprechende Dokument für unsere Mutter ist erhalten, es enthält aber keine Ziffer, die erkennen lässt, in welche Kategorie sie aufgenommen worden ist.

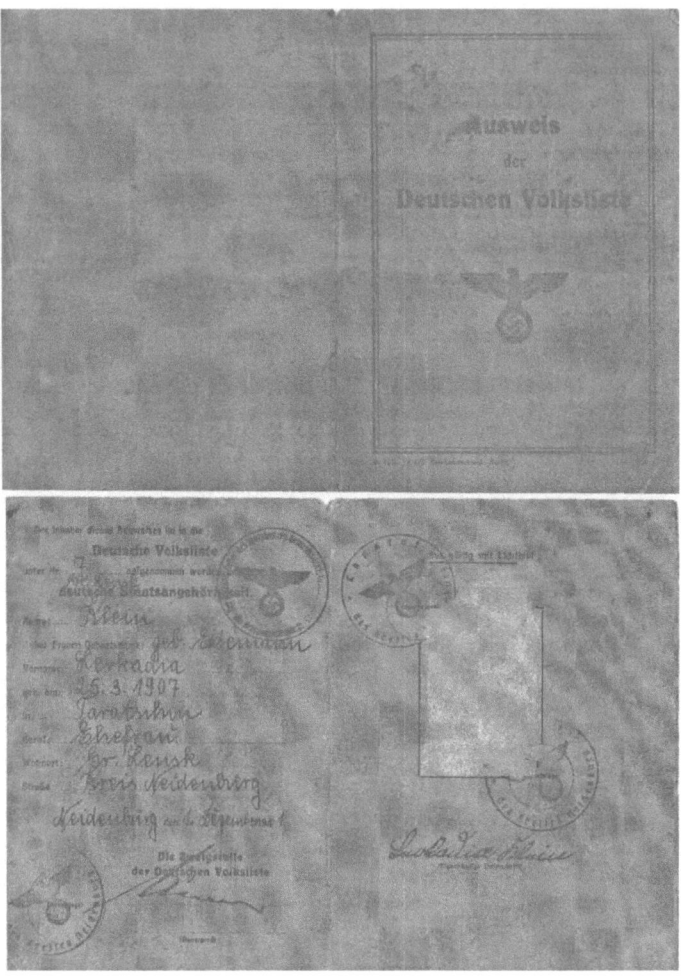

59. Die Aufnahme unserer Mutter in die deutsche Volksliste

Die zweite Auswirkung war, dass unser Vater mit seiner Familie umzuziehen hatte.

60. Groß Lensk, das Ortsschild heute

61. Die Landstraße von Przellenk nach Gr. Lensk. Am Straßenrand: Irmgard

Ihnen wurde in Groß Lensk, dem Nachbardorf von Przellenk, zuerst ein altes, wenig attraktives Haus zugeteilt, in dem sie allerdings nur kurz wohnten. (Das Gebäude existiert nicht mehr.) Dieses Haus hatte ebenso keine Landwirtschaft dabei, wie das zweite Haus, in das sie dann umzogen. Das ist das Haus, in dem am 14. August 1941 das 6. Kind, der Sohn Horst (Manfred) – also ich - geboren wurde. Zu dieser Liegenschaft gehörte eine bescheidene Schmiede (ohne Landmaschinenschlosserei), in der offensichtlich nur kleine Reparaturarbeiten vorgenommen wurden. Das ganze Besitztum hatte man dem Vorbesitzer Nadolski weggenommen. Er war Pole und hatte somit nach der Rückeroberung nicht das Recht, einen eigenen Betrieb zu führen. Dieser Nadolski war im Ersten Weltkrieg deutscher Soldat gewesen und sprach perfekt Deutsch - das half ihm nun aber wenig; unser Vater stellte ihn allerdings in seiner neuen Schmiede als Gesellen ein und er erhielt auch eine normale Bezahlung. Herr Nadolski erwies sich übrigens als ausgesprochen loyal, obgleich er von den Deutschen weiß Gott nicht gut behandelt worden war: Er führte die Arbeit in der Schmiede auch verantwortlich weiter, als unser Vater zum Volkssturm eingezogen worden war.

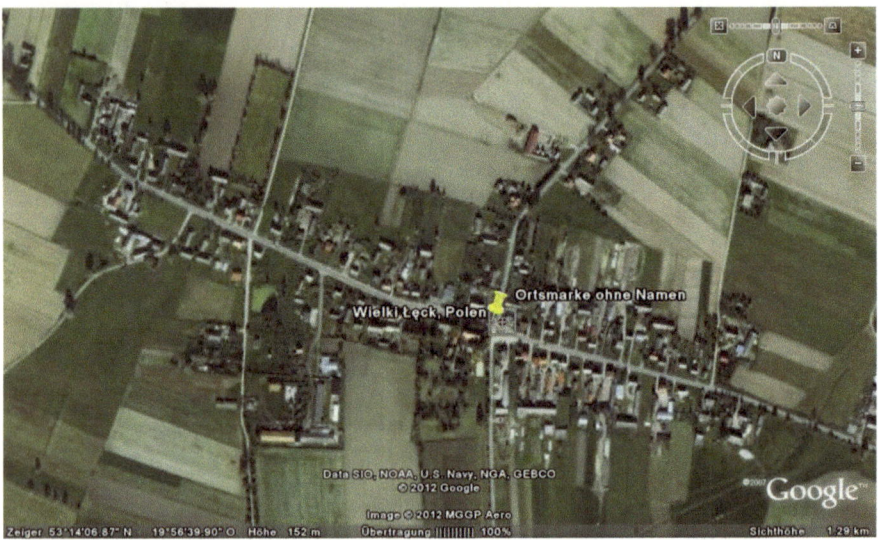

62. GEB: Groß Lensk – damals wie heute

Dieses Haus lag - und liegt - gegenüber dem Haus der Frau Savatzke in einer Seitenstraße von Groß Lensk, die nach Heinrichsdorf führt. Es ist die Straße, die in der Bildmitte leicht rechts abbiegend nach Norden geht.

63. Bild des 2. Hauses, in dem wir bis 1942 in Gr. Lensk wohnten. Rechts ist die Dorfkirche zu sehen. Im Zaun rund um den Garten sind einige Latten erneuert worden. Auf der Straße stehen Thale und Erna und laufen Artur und Erich.

64. Der Giebel desselben Hauses. Es ist praktisch unverändert geblieben, lediglich die Elektroleitungen sind später hinzugekommen. Ich stehe hier an meinem 52. Geburtstag – am 14.8.1993 vor meinem Geburtshaus.

Eine Familiendiskussion im Sommer 2005 ergab, dass im Dorf – auch in unserer Familie – niemand ein ungutes Gefühl oder gar ein schlechtes Gewissen hatte, dass man nun die Polen zu Menschen zweiter Klasse erklärte und sie mehr oder weniger entrechtete. Das sei in Grenzgebieten nun einmal so, das sei wie auf einer Wippe: Nach dem Ersten Weltkrieg waren die Deutschen unten und die Polen oben, nun war die Wippe gekippt und die Deutschen saßen oben, das sei nun mal der Lauf der Welt. Edith wunderte sich in dieser Diskussion über die Kürze des menschlichen Gedächtnisses: Hätte man im Bewusstsein gehabt, wie man vor einer Generation unter der Entrechtung durch die Polen gelitten hatte, dann hätte man zumindest in Erwägung ziehen müssen oder können, dass die Wippe irgendwann wieder einmal kippen könnte – und das hätte vielleicht dazu führen können, dass man in der jetzigen Situation auf Unrecht und Schikanen verzichtete, milde und fair war, um nicht spätere Rache heraufzubeschwören. Hätte man…aber man hatte nicht.

Ich schiebe hier – wie bei Przellenk – einige Informationen zur Geschichte dieses Dorfes ein, die ganz nützlich sind, um die Zustände und Ereignisse zu verstehen. Manches deckt sich naturgemäß mit den Informationen über Przellenk, schließlich liegen die beiden Orte nur drei Kilometer auseinander.

Also: Im Jahre 1334 erhielten drei preußische Adlige mit Namen Wapel, Nadrow und Skawott von demselben Komtur Christburg Luther von Braunschweig, dem dortigen Verwalter im Dienste des Deutschen Ritterordens, 100 Hufen für das Gut in Lensk verschrieben – der Ort, wo dieses Gut stand, trägt noch heute die Bezeichnung „altes Dorf". Zwanzig Jahre durften sie zinsfrei wirtschaften, brauchten also keine Abgaben an den Orden zu zahlen. Nach einem Streit wurden dann 40 Hufen abgetrennt, aus denen das Gut „Klein Lensk" entstand. In dem Zinsregister von 1437 stehen denn auch „Klein Lensk" und „Groß Lensk" als getrennte Güter verzeichnet. Die Kirche wurde aus dem ‚alten Dorf' auf das Gut nach Groß Lensk verlegt. Durch die Reformation wurde sie evangelisch, dann aber nach erbitterten Kämpfen 1609 an die katholische Kirche zurückgegeben.

1550 verzeichnet die Chronik einen Überfall durch 30 bewaffnete Polen unter Führung von Kossobrotzki, was aber keinen grundsätzlichen Wandel mit sich brachte. Einen solchen Wandel gab es erst im 18. und 19. Jahrhundert, als die Güter größer wurden, weil man Gemeindeland übernahm und daraus sogenannte Vorwerke schuf, die dem Hauptgut wirtschaftlich verbunden blieben: Radingsthal und Moritzruh wurden sie genannt.

1858 wirtschafteten 32 Bauern auf diesem Gut. Später – das Jahr ist nicht bekannt – wurde das Gut in eine Staatsdomäne umgewandelt, d.h. der preußische Staat wurde Eigentümer, und ein Pächter bewirtschaftete es für den Staat. Über die weitere Entwicklung berichtet der letzte Bürgermeister, der uns gut bekannte Adolf Radtke: *„Als Zentrum des Dorfes konnte man die Staatsdomäne mit den beiden Vorwerken Radingsthal und Moritzruh betrachten. Nach dem Ersten Weltkrieg wurde Groß Lensk mit dem übrigen Gebiet um Soldau …an Polen abgetreten. Den deutschen Domänenpächter Schmiedeke hat man enteignet, den größten Teil der Domäne, auch die beiden Vorwerke, in kleine Parzellen zu fünf Hektar aufgeteilt. Hier wurden polnische Bauern angesiedelt. Den Rest der Domäne verwaltete ein Pole aus Galizien, namens Skomski."* Es gab eine zweiklassige Schule.

Die Deutschen waren in der polnischen Zeit nach dem Ersten Weltkrieg fast vollständig aus diesem Dorf verschwunden; zuletzt gab es nur noch drei: „Opa" Richter (der eine Polin geheiratet hatte), einen Behrends (auch der heiratete eine Polin) und ein Fräulein Link, unsere "Tante Berta", über die später noch zu berichten ist.

1939 wurden die polnischen Besitzer dieser kleinen Fünf-Hektar-Parzellen enteignet und von der uns schon bekannten Ostpreußischen Landgesellschaft zu Höfen mit 20-30 Hektar zusammengelegt und Deutschen übergeben, die dafür Pacht zu zahlen hatten.

Unser Vater bekam 1942 einen dieser Höfe, weil unsere Mutter gern einen kleinen landwirtschaftlichen Betrieb haben wollte.
Bei der Volkszählung am 10. Oktober 1941 ergab sich eine Zahl von 567 Einwohnern.

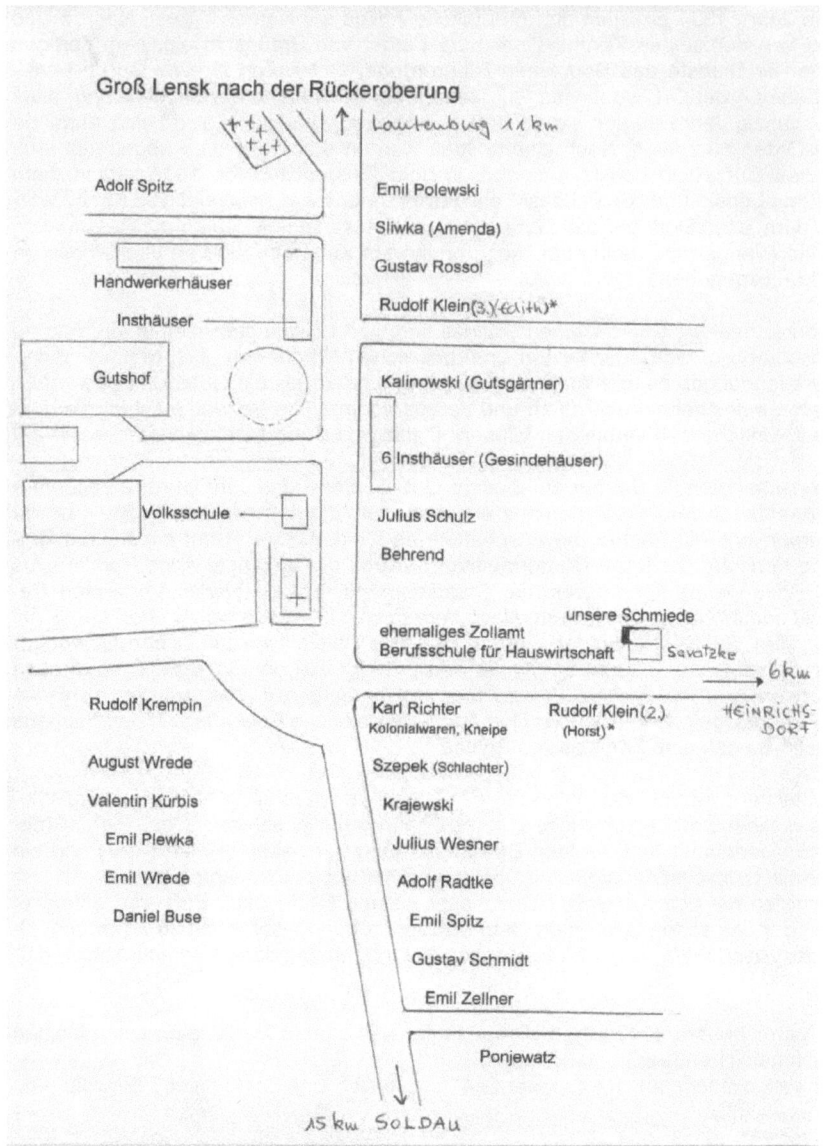

65. Kartenskizze von Groß Lensk. Die Skizze zeigt die Verteilung der Häuser. An den Namen ist leicht zu erkennen, dass es kaum noch polnische Bewohner gibt.
Weitere Hofstellen abseits der Straßen: Wilhelm Quast, Gustav Amenda, Friedrich Quast, Gottlieb Janz, Gottfried Streck, Jakob Nelz

Die Umsiedlung unseres Vaters von Przellenk nach Lensk war damit begründet worden, dass es in Przellenk überflüssigerweise zwei Schmieden gab und in Groß Lensk eigentlich keine – die erwähnte kleine des Polen Nadolski zählte nicht. Das Gebäude, das man unserem Vater zum Aufbau einer solchen Schmiede gab, war ursprünglich eine kleine Fabrik gewesen, in der man Zementdachpfannen hergestellt hatte. (Es stand neben der Unterkunft der Frau Savatzke.) Unser Vater baute das Gebäude zu einer Schmiede um.

Diese Schmiede behielt unser Vater auch bei, als die Familie 1942 den Hof vorn an der Hauptstraße erhielt. Hier wurde am 2. März 1944 das siebte Kind, Edith (Margrit), geboren. Dieser Hof „gehörte" dem deutschen Junggesellen Fritz Plewka, der es 1939 von einem Polen übernommen hatte, den man enteignete. Es stand zur Verfügung, weil Fritz Plewka zur Wehrmacht eingezogen worden war. Unser ‚altes' Haus übernahm nun wieder unser Schmiedegehilfe Nadolski.
Wir hatten das Haus in Pacht, ich weiß aber nicht, welche Pachtsumme wir zu zahlen hatten.

Zur Schmiede konnte man von unserem neuen Wohnhaus 'hintenherum' in wenigen Minuten über die Felder laufen, so dass es für unseren Vater und seine Arbeitsleute leicht war, jeden Mittag auf die Minute genau zum Mittagessen im Hause unserer Familie zu erscheinen. Unsere Mutter erzählte in Harpstedt sehr oft, wie anspruchsvoll und pünktlich ihr Mann gewesen sei: Wehe, das Essen stand nicht heiß auf dem Tisch, wenn sie kamen. Dann gab es schon mal Krach und er marschierte ins Dorf ins Gasthaus zu „Opa" Richter und aß dort mit seinen Leuten (Erna und Erich bestreiten dieses Vaterverhalten, sie können sich nicht an eine solche Aktion erinnern).

Die Tage verliefen ziemlich geordnet und einigermaßen gleichmäßig, was sich aus den verschiedenen Pflichten ergab: Das Vieh musste versorgt werden, die Kinder mussten in die Schule, der Vater hatte seine Arbeit in der Schmiede zu erledigen. In den kinderlosen Jahren war er schon mal im Sommer um fünf in die Schmiede gegangen, nun begann er nicht vor sieben, im Winter um acht. Um acht begann auch die Schule – also stand man so um sieben auf und frühstückte dann gemeinsam. Die Kühe hatten schon vorher versorgt werden müssen – mit Futter und Wasser – und das Melken gehörte auch dazu. Aber das erledigten meistens die beiden polnischen Helfer.
Von acht bis zwölf war Schule, um halb eins war dann das Mittagessen angesetzt, zu dem der Vater mit seinen Leuten aus der Schmiede herüberkam. Unser Hund Rex kannte die Zeiten genau; er stand vor der Tür und wartete auf sein Herrchen, mit dem er dann stolz in die Küche marschiert kam. Bei unserer Mutter traute er sich nicht, in die Küche zu kommen, aber sein Herrchen tolerierte das und dann durfte er.

Nach dem Essen kehrten die Männer wieder zur Arbeit zurück, die Kinder machten ihre Hausaufgaben. Sie hatten daneben aber auch noch andere Pflichten. Erna musste zum Beispiel Grünfutter für die Enten und Gänse besorgen, nach Ediths Geburt hatte sie immer den Kinderwagen mit Edith dabei, wenn sie Brennnesseln schneiden ging. Die Kühe wurden von einem kleinen Polenjungen namens ‚Kajon' oder ‚Kaschon' gehütet. Dieser Kajon war ein ganz witziges Kerlchen, erzählt Erna, er sagte immer – auf Polnisch natürlich – „Kajon ist wild" und dann machte er Faxen und sprang herum. In der Erntezeit half er auf den Feldern mit und mussten die Kinder die Kühe morgens auf die Wiese bringen. Gut einen Kilometer musste man sie dazu auf der Straße in Richtung Soldau treiben. Auf der großen Grasfläche war jedem Hof ein Stück zugeteilt, dessen Grenzen man mit einfachen Stöcken kennzeichnete (richtige Einzäunungen zu Weiden begannen erst langsam üblich zu werden). Mittags wurden sie dann zurückgetrieben, kamen in den Stall – jede Kuh kannte ihren Platz selbständig – wurden gemolken und dann nachmittags wieder bis zum Abend hinausgebracht. Auf der Wiese hatte man vor allem darauf zu achten, dass sie nicht auf das Gebiet des Nachbarn hinübergingen – das hätte Ärger gegeben. Erna erzählt, dass Rex ein perfekter Hütehund war. Wenn eine Kuh der Grenze nahe kam, brauchte man nur zu rufen „Rex, die Bunte!", dann rannte er zu ihr hin und sie parierte auch sofort und kehrte zu den anderen zurück.

Mittags gab es warmes Essen, das war die Hauptmahlzeit. Abends standen Milchsuppen oder Bratkartoffeln auf dem Tisch oder auch Brot. In der Erntezeit saßen schon so fünfzehn Leute um den Tisch herum.
Das Brot wurde selbst gebacken. Dazu heizte man den großen Backofen in der Küche an und dann kamen sechs Laibe Brot hinein (in den Erntezeiten mehr), zu sechs Pfund das Stück. Das reichte dann normalerweise für eine Woche. Wenn das Brot fertig war, wurde der Kuchen hineingeschoben, Streusel- oder Butterkuchen meistens.

Jeder kennt dumme Sprüche über die ostpreußische Sprache, zumindest das „Marjellchen" und das „Jelbe vom Äi" wird er einmal gehört haben. In unserer Familie wurde kein typisches Ostpreußisch gesprochen. Das lag ganz einfach daran, dass sowohl unsere Mutter als auch der Vater in Wolhynien aufgewachsen waren und erst als Jugendliche nach Ostpreußen gelangten. Dennoch gab es ein paar Spracheigenheiten, zu denen das Verschieben des „ge-" in Richtung „je-" gehört, das „ü" in Richtung „i", das „g" im Auslaut als „ch" und nicht als „k", Besonderheiten in der Wortstellung und – ganz unüberhörbar - das harte, gerollte „rrrr", das ich mir mühsam verkneifen musste, als ich Englisch lernte und das mir umgekehrt beim Spanisch-Lernen sehr zugute kam. Hier wird nämlich zwischen dem „pero" = „aber" und dem „perro" = „Hund" sehr deutlich unterschieden: eben durch das Rollen des doppelten „rr".
Wir benutzten natürlich einige ostpreußische Wörter, (die dann später in Harpstedt die Einheimischen nicht verstanden): So war ein schlecht erzogenes Kind „dreibastig" oder ein „Lorbaß" oder ein „Bocher", wer gierig war, vor allem beim Essen, war „lakumrig", „Kluntern" stand für Kleidung/Klamotten, „Dups" für Po/Hintern, wer abends zwei Bier zu viel getrunken hatte, dem ging es morgens „kodderig", wer ein Lästermaul hatte, besaß eine „Kodderschnauze". Ein „Schubiak" war und ist ein Schuft.

„Jieperig" oder auch „jankerig" war man auf etwas, das man kaum erwarten konnte, „schlunzig" war manch einer gekleidet, schluderig also; „zerdasseln" bedeutete zerschlagen; „verbiestert" war jemand, der total verwirrt und durcheinander war, das „Glubschen" und die dazugehörigen „Glubschaugen" sind wohl inzwischen in den normalen Wortschatz übergegangen wie auch die „Wrucke" = Steckrübe und der „Deetz" / „Dötz" für den Kopf. „Kodder" stand für Lumpen, Lappen, ein „Handkodder" war ein Handtuch, eine „Kodderpuppe" das einfache Püppchen, aus Stoffresten hergestellt. „Wurrachen" musste man auf den Feldern, also hart arbeiten, schuften, „gniddern" stand für kiechern, „nuscht" für nichts. Ein „Deikert" war ein Bösewicht, auch wohl ein sehr unartiges Kind, „Schlorren" waren Schlappen, „dammlig" meinte dumm, dusselig, „rumjachtern" war eine Kinder-Lieblings-Beschäftigung und meinte das meistens planlose Herumrennen, „peesen" das allgemeine Laufen; „klabastrig" war man, wenn man alt und klapperig geworden war, „schlubbern" stand für trinken, aber eher bei Buttermilch aus der Tasse als bei Alkohol, der einen schnell „bedammelt", also halb betäubt macht. „Pesern" taten wir gern, also mit Feuer spielen, ein „Peserchen" war ein kleines Feuer, das man so aus Spaß anmachte. „Kielern / Killern", also Kitzeln war sehr beliebt, da hatte man als Kind manchen – zum Teil groben - Spaß der Erwachsenen auszuhalten. „Poggen" waren Frösche, „Itzepoggen" Kaulquappen, „Spirgel" fein geschnittener Speck, den man anbräunte, um dann herrliche Spiegeleier damit zu braten.

Das „Stuckern" erlebten wir auf den ungefederten Pferdewagen auf den Kopfstein-Pflaster-Straßen oder bei dem netten Spielchen, das fast täglich mit uns kleinen Kindern durchgeführt wurde. Man nahm uns auf den Schoß, schob die Beine sanft hin und her und sprach oder sang dazu: „So fahren die Damen, so fahren die Damen", dann ließ man, rhythmisch in den Zehenspitzen wippend, das Kind auf den Knien leicht auf und ab hüpfen: „So reiten die Herren, so reiten die Herren" hieß der Text dazu und dann folgte das „so stuckert der Bauer, so stuckert der Bauer", wobei ein wildes Auf und Ab der Knie das kleine Mädchen oder den kleinen Kerl ordentlich durchrüttelte und jedes Mal in einem lauten Juchzen endete. Ich habe das später oft mit meinen beiden Töchtern praktiziert.

Diminutive waren sehr beliebt: Ich nannte schon das „Peserchen"; ein „Stullchen" holte man sich gern zwischendurch, ein „Schluckchen" oder „Schlubberchen" Milch oder Buttermilch trank man gern dazu.
Wir kannten auch ein paar Flüche – es geht das Gerücht, dass die Polen und die Spanier am besten fluchen können. Ich nenne hier nur den einen, den wir oft hörten und verwendeten: „pschakref" sagten wir – ich kann „wir" sagen, weil wir Kinder sie auch später noch in Harpstedt benutzten - ich las dann allerdings, dass es richtig „pschakret" heißen müsse. Man übersetzte uns das mit „Hundsblut", was im Deutschen nicht nach einem Fluch klingt, aber es ist ja bekannt, dass auch im angelsächsischen Bereich das „bloody" ein schlimmes Wort ist und von keiner Dame in den Mund genommen werden darf.

Der zweite sehr geläufige Fluch kommt aus dem sexuellen Bereich und betrifft und beleidigt die Mutter; ich mag ihn deshalb hier nicht nennen. Ich kenne ähnliche Ausdrücke aus dem Spanischen – und wenn jemand auf dem Schulhof unbedingt einen Streit vom Zaun brechen wollte, dann brauchte er nur die Mutter eines Mitschülers auf diese Weise zu beleidigen, dann war umgehend die übelste Hauerei in Gang.
Und wir ließen auch mal polnische Wörter in unsere Gespräche einfließen, auch noch in Harpstedt, sagten „noscha" für Messer, „passek" für Gürtel, „chleba" für Brot, „chapka" für Mütze. Aber wir merkten in Harpstedt bei Gesprächen mit den Einheimischen und vor allem in der Schule schnell, welche Wörter nach Ostpreußen und deshalb nur in die Baracke gehörten, weil sie nur dort verstanden wurden.

Für unsere Mutter ging das Leben seinen Gang. Es war bestimmt von der Geburt der Kinder, deren Aufzucht und Erziehung. Daneben waren Garten und Landwirtschaft zu versorgen, das Haus mit den vielen Personen. Mägde und Knechte gab es nun, ebenso eine Näherin, die in der Erntezeit auch mal als Köchin half. Tante Berta hieß diese Person, Berta Link. Ihr Verlobter war gefallen, sie war Jungfer geblieben und hatte – ich erwähnte das bereits vor ein paar Seiten – als eine der drei Deutschen in polnischer Zeit in Lensk ausgeharrt. Ihr Vater war Gärtner bei dem Gutsbesitzer Schmieding gewesen, den man 1919 *„von seinem Gut gejagt"* hatte, als die Polen das Land übernahmen. Unser Vater hat die völlig verarmte Tante Berta immer unterstützt, und ich soll sie über alles geliebt haben und sie mich auch. Ich soll – wenigstens als ich klein war (auch wenn man sich das heute nur schwer vorstellen kann) - ein *„süßes Kind gewesen sein, mit Grübchen, Löckchen, blonden Löckchen. Als er klein war, ganz blond"* – so jedenfalls erzählte Erna es meiner Tochter Katja. Oft geschah es, dass ich nach dem ersten Einschlafen noch einmal aufwachte und zu Tante Berta wollte. Ich schrie dann so lange, bis sich jemand erbarmte, mich auf den Arm nahm und hinüberbrachte – Janek, der Pole, zum Beispiel. Ich schlief dann bei Tante Berta – und morgens kamen wir beiden dann zum Frühstück wieder herüber.

Schöne Sachen soll sie für unsere Familie genäht haben. Als „höhere Tochter" hatte sie es auch gelernt, gut zu kochen, was sie denn auch bei uns im Hause während der Erntezeit tat. Erna erzählt von einem blauen Anzug mit weißen Knöpfen und einem weißen Kaninchenfellmantel, den sie für Irmgard genäht hatte und den ich dann später übernahm. Erna hat auf alle Kinder aufpassen müssen, aber auf mich am wenigsten, weil sich dafür Tante Berta zuständig fühlte.
Diese arme Frau soll Ende 1945 oder Anfang 1946 zu Tode gekommen sein - erstickt an giftigen Schwaden aus einem Ofen in dem Haus in Lensk, das wir dort in der ersten Zeit bewohnten.

Für unsere Mutter war das Leben endlich so, wie sie es sich lange erhofft hatte. Die Schmiede lief gut, unser Vater war ein angesehener Mann, bei dem sich viele Leute Rat holten und bei dem man z. B. die Steuern bezahlen kam, weil der Bürgermeister mit der Mathematik ein wenig auf Kriegsfuß stand und wenig Lust hatte, sich mit dieser komplizierten Materie zu befassen.
Auch die Schmiede gehörte bisweilen zu ihrem Arbeitsbereich. Ich erinnere mich gut, dass sie oft stolz erzählte, dass „Papa" sie manchmal herüberholen ließ, wenn es galt, bestimmte Stücke Eisen miteinander zu verbinden. Er machte dann beide Teile weiß glühend, die Gesellen hielten sie fest und er und sie schlugen in genau bestimmtem Rhythmus so lange darauf, bis die beiden Teile eine Verbindung eingegangen waren.

Erna betont immer, die Schmiede habe stets hinreichend Kunden gehabt und unser Vater habe gut verdient, man habe sich alles Notwendige leisten können, auch kleinen Luxus an Kleidung und Geschirr und Mobiliar. So um Weihnachten seien die Bauern immer in unser Haus gekommen, um die Rechnungen zu begleichen. Dann habe unser Vater denen – gratis - die Haare geschnitten und das Geld kassiert. Die großen Kinder haben oft bei diesen Abrechnungen und den sie begleitenden Gesprächen dabeigesessen und so allerlei über das Leben im Dorf und die Beziehungen zwischen Deutschen und Polen gehört. Manchmal hat auch Tante Anna, später dann Erna die Rechnungen zu den Bauern gebracht.

66. *Von Erich bekam ich das Abrechnungsbuch unseres Vaters zur Verfügung gestellt.* Ich bringe hier die letzte Seite. Die Zusammenstellung kommt für das Jahr 1944 auf 11.586,33 RM. Es ist schwer, die Summe zu kommentieren, weil man nicht weiß, welche Kaufkraft eine solche Zahl repräsentiert und was an Kosten abging.

Um das Berufsbild unseres Vaters abzurunden, sei noch folgendes hinzugefügt: Er hat dann später Lehrgänge gemacht, um Autoschlosser zu werden, aber dazu ist es nicht mehr gekommen. In Lautenburg hatte er bereits einen Vertrag unterzeichnet, um eine Autowerkstatt aufzubauen, weil er voraussah, welche Rolle das Auto einmal spielen würde, aber der Krieg verhinderte dann die großen Pläne.

Das Haus an der Hauptstraße maß etwa 14 mal 10 Meter, es sei damals – so betonen Erna und Erich - wesentlich schöner gewesen als wir es 1993 kennen gelernt haben und wie die Fotos es zeigen. Es sei weiß-beige gestrichen gewesen, die Fenstersimse farblich abgesetzt. Natürlich gab es in allen Häusern in dieser Zeit keinen Strom. Man kochte auf dem Holzfeuer im Herd und heizte ebenso die Zimmer – meistens nur den Wohnraum. Die Beleuchtung bestand aus Petroleumlampen. Nur das Gut erhielt 1944 eine Stromversorgung, und auch die Soldaten hatten in ihrer Versorgungskompanie einen Strom-Anschluss. Draußen gab es einen Brunnen, aus dem man mit einer Kurbel und der daran hängenden Kette den Wassereimer hochzog. Nein, eine Pumpe mit einem Schwengel, wie wir sie als Weidepumpen kennen, hatte nur Onkel Ferdinand. Das Wasser aus solchen Brunnen sei immer wunderbar kalt gewesen, erinnert sich Erich. Wenn sie im Sommer von Lensk zum Opa nach Przellenk hinüberliefen, stellte Tante Ella immer schöne Kirschen oder anderes Obst oder auch Dickmilch in frisch hochgeholtes Wasser, und die Kinder genossen dann die herrlich gekühlten Früchte oder die Milch.

Und das Klo war natürlich ein einfaches Plumpsklo, was aber angesichts des sowieso anfallenden Mists und der Gülle durch die Haustiere kein gesondertes Problem war und auch niemanden störte, weil man gar nichts anderes kannte.

67. Einbindung ins Dorf: Unser Haus an der Hauptstraße – es ist das graue Haus ganz links mit den grauen Dachziegeln neben Arturs Auto. Daneben steht das hellere Haus des Gutsgärtners Kalinowski. Rechts im Bild-Hintergrund sieht man das Dach des Kirchturms.

68. *Die Straßenfront – unser Haus und das neue Nachbarhaus (um 2002).* Unser Haus hat neue Fenster. Das Zimmer links mit den sechs Scheiben war die Wohnküche, das Zimmer in der Mitte bewohnten wir vier Jungen, rechts schliefen unsere Polen. Unter dem Dach war ein Boden, in dem unterschiedlichste Vorräte lagerten.

69. *Das Bild zeigt unser Haus von der Hofseite her.*
Man sieht, dass es nicht gerade in einem guten Zustand ist. Die Vergitterung der Fenster existierte zu

unserer Zeit nicht, aber Tiere gehörten auch bei uns auf den Hof.
Durch die Tür kam man in einen geräumigen Flur, rechts lag das Wohnzimmer, das auch den Eltern als Schlafzimmer diente (mit Edith), links war „die Stube", in der Erna und Irmgard und Olla schliefen. Man ahnt schon: Das Haus war gut ausgenutzt, überflüssigen Raum gab es nicht. Rechts sieht man die Stall-Ecke (jetzt Garage) und den nachbarlichen Neubau. Neben Artur steht der „heutige" Bewohner, 1945 aus Ostpolen hier her umgesiedelt.
Auf diesem Hof wurde der Fluchtwagen beladen.

Bei uns hatten „*schon immer*" – in den Häusern in Lensk – Fremde gewohnt, die mit dem Militär zu tun gehabt haben. So z.B. die Frau eines Luftwaffensoldaten, der auf dem kleinen (später ausgebauten) Flugplatz in Lautenburg stationiert war. Sie kam aus Berlin in den Urlaub hierher, wohnte bei uns und brachte uns auch Spielzeug mit. So bekam ich einmal ein schönes Segelboot geschenkt, das dann alle Kinder auf dem Teich zwischen der Schule und der Schmiede schwimmen ließen.

Als dann im Herbst 1944 die Front näher kam, legte man eine Werkstattkompanie nach Lensk; die meistens älteren Soldaten waren im Gut und in den Schulen untergebracht, in denen dann auch kein Unterricht mehr stattfand. Die Soldaten dieser Kompanie verbrachten ihre freien Tage, wenn sie von ihren Versorgungsfahrten zur inzwischen ja sehr nahen Front zurückkamen, lieber auf unserem kleinen Hof als in ihren Massenunterkünften.

Außer der Volksschule gab es eine hauswirtschaftliche Berufsschule in Lensk, fast alle Frauen aus dem Ort lernten dort kultiviertes Kochen. Unsere Mutter hat in dieser Schule z.B. das Einkochen in Gläser gelernt, was damals gerade „in" war. Auch die Frauen aus Przelenk gingen dort hin. - Und nach dem Unterricht trafen sich dann alle bei Kleins – wir führten ein offenes Haus.

70. Unser Haus. Tante Anna (3.von links), Tante Ella (rechts mit Kind). Der Soldat ist „Onkel Paul", von dem später noch zu reden sein wird. Man achte auf den Ziehbrunnen, der unsere einzige Wasserstelle war.

Erna sagt, wir hätten es in unserem Haus sehr schön gehabt. Die Küche sei sehr groß gewesen, ein gemauerter Ofen mit Backofen und ein großer Tisch hätten darin gestanden, ein Schrank mit Scheiben, die mit gestickten Gardinen, von einer Schleife zusammen gehalten, dekoriert waren. In dieser Küche wurde einmal in der Woche gebadet, in einer großen Zinkwanne. Für den jeweils nächsten wurde nicht etwa jedes Mal das Wasser ausgetauscht, sondern man schöpfte ein wenig ab und goss dann warmes Wasser nach, bis alle, die Eltern und die zahlreichen Kinder, sauber waren. Erich erinnert sich, dass das Baden der Kinder auch dann stattfand, wenn Fremde im Haus waren, was nicht gerade selten vorkam, und dass man sich in fortgeschrittenem Alter schon genierte, aber das half nichts.

Für die morgendliche Katzenwäsche stand eine Schüssel bereit, ein von allen benutztes Handtuch hing daneben. Trotz der heute als bedenklich geltenden hygienischen Verhältnisse hatte kaum jemand eine Allergie. Die moderne Medizin ist denn ja auch wieder dahin zurückgekehrt, vor allem kleine Kinder mit Schmutz und Bakterien zusammenzubringen, damit sich früh Antikörper und Abwehrstoffe bilden und die enorme Zahl der heutigen Allergien dadurch wieder zurückgeht; die Hysterie und der Reinlichkeitswahn der vergangenen Jahre hat offensichtlich nicht nur Positives bewirkt.

Zum Nebenzimmer habe es eine verglaste Tür gegeben. Dort habe der berühmte dunkle schwere Schreibtisch unseres Vaters gestanden, mit der grünen Filz-Schreib-Unterlage. In diesem Schreibtisch habe unsere Mutter jederzeit genügend Geld vorgefunden, an diesem Schreibtisch wurde das Geld für die Schmiedearbeiten kassiert und hier bezahlten auch die Bauern ihre Steuern…

Dabei wurde viel erzählt und auch gelacht. Erich – in jungen Jahren stets etwas schüchtern - habe sich oft in einer Ecke versteckt und heimlich zugehört…Dieses Zimmer war gleichzeitig Wohnzimmer. Für die Jungen habe es ein Kinderzimmer gegeben, im zweiten hätten Olla, Erna und Irmgard geschlafen. Das Elternschlafzimmer sei mit schönen neuen Möbeln ausgestattet worden, besonders von dem Schrank mit dem vielen teuren Porzellan (das sie denn auch zur Flucht eingepackt hatte - davon später) schwärmt sie heute noch, das Geschirr mit dem roten Rand, das blaue…Und das Bett hatte eine gelbe Tagesdecke, über die man eine ganz zweite Decke breitete, in der es große, mit Stickerei eingefasste Löcher gab. Das Gelb schimmerte dann durch die Decke insgesamt und sah durch die Löcher…(Diese Decke wurde noch in Harpstedt in der Baracke benutzt, sie ist jetzt im Besitz von Edith.)
Neben dem Flur gab es dann noch einen Raum, in dessen zwei Betten der polnischen Landarbeiter Janek und der Schmiedegehilfe Chenek schliefen.
Diese Zimmeraufteilung ist nicht die gesamte Zeit über so beibehalten worden, es gab zeitweise einige Änderungen, z.B. durch die zwangsweise Einquartierung von Soldaten.

Der Hof – unser Pacht-Hof - hatte etwa 80 Morgen Land, Ackerland und Wiesen bis runter zur Soldau, dem Grenzfluss zum früheren Polen, eine Scheune und ein Stall waren dabei, wir hatten acht Kühe, einige Schweine und Schafe, 3 Pferde und stets viele Gänse, Enten und Hühner. (In Bremen stellten wir zu diesem Besitz einen Antrag auf Lastenausgleich, der positiv beschieden wurde – Nachbarn von damals hatten diese Angaben bestätigt.)

Die Bewirtschaftung lag vor allem in der Hand von Janeck, der nicht nur bei uns im Haus wohnte, sondern auch an unserem Tisch aß, obgleich das von den Nazis verboten worden war - unsere Mutter setzte sich demonstrativ über dieses Verbot hinweg.

In anderen Familien war es allerdings üblich, erinnert sich Erna, dass man für die Familie etwas Ordentliches kochte und für das polnische Gesinde dann Minderwertiges gesondert zubereitete. Schlafen mussten viele im Stall bei den Pferden oder in einem Verschlag in der Scheune.

Zum Beackern des Landes und zum Ernten hatten wir durchaus schon Maschinen – unser Vater als Land-Maschinen-Schlosser konnte natürlich stets für eine gute Ausrüstung sorgen, wenn sie auch einen Vergleich mit den Maschinen im Reich nicht standhielten. Gras wurde nicht mehr mit der Sense gemäht, dafür gab es einen sogenannten Mähbalken, den zwei Pferde zogen. Zum Mähen des Korns hatten wir noch keinen Selbstbinder, den es damals durchaus schon gab, aber eben nicht in Polen und Ostpreußen, aber den Vorläufer dazu: Ein Gerät, das das Korn abmähte und dann auf einer Plane mit Flügeln in „Portionen" abteilte, die von nebenhergehenden Frauen und Männern heruntergenommen und per Hand zu Garben gebunden wurden.

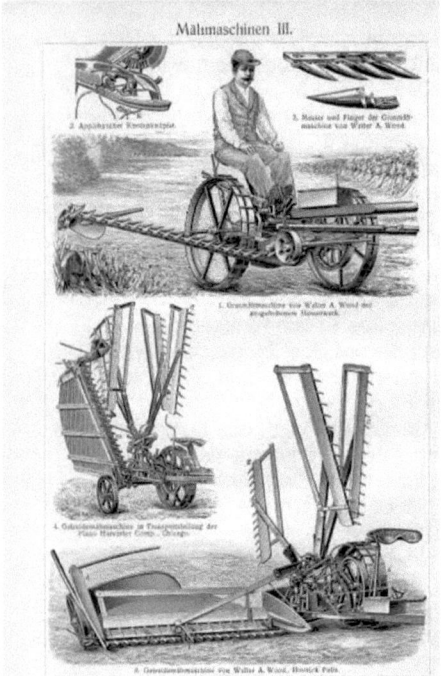

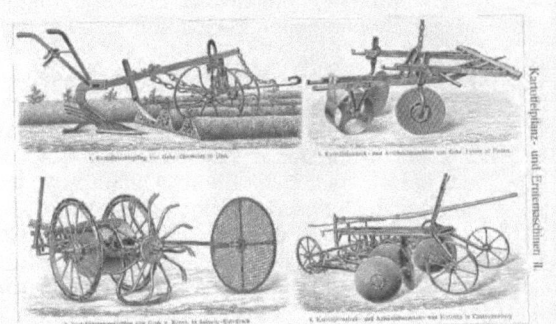

71. Landmaschinen

Zum Einpflanzen der Kartoffeln gab es eine „Löcher-Maschine", die durch Schaufelchen an einer sich drehenden Walze im Abstand von rund 30 cm Löcher aushob, in die man nur noch die Kartoffeln per Hand einwerfen musste. Unsere Maschine hatte aber nicht mehrere Walzen nebeneinander, beschränkte sich auf eine, so dass auch nur eine Person notwendig war, hinter der Maschine die Kartoffeln einzuwerfen. Zum Ernten hatten wir bereits eine Kartoffelausmach-Maschine, die, ebenfalls von Pferden gezogen, seitwärts in einer Breite von 1,5 m die Kartoffeln auswarf – wir haben später in Harpstedt viele Stunden hinter einer solchen einfachen Maschine die Kartoffeln in

Körbe gesammelt, hier in Ostpreußen erledigte das unser Personal. (Der schlaue Schirm auf dem obigen Bild [unten links], der das weite Wegfliegen der Kartoffeln verhinderte, war aber weder in Ostpreußen noch in Harpstedt vorhanden.)

Im Haus - und oft auch im Stall und auf dem Feld – arbeitete die eben schon erwähnte Olla. Olla, Olga Neumann, war ein Waisenkind, das bei der Familie des Jakob Rapp, dem Bruder ihrer verstorbenen Mutter, aufwuchs und dort - aus Gründen des Geizes - recht schlecht behandelt wurde. Ihre 'Tante', gutmütige Ehefrau des Onkels, konnte ihr heimlich ab und zu helfen. Als unser Dienstmädchen schwanger wurde, empfahl Frau Witzke uns diese Olla, die damals 15 Jahre alt war, und wir stellten sie ein.

Obwohl nun keine Grenze mehr zum ehemaligen "Kongresspolen" existierte, gab es mit den Polen „*auf der anderen Seite*" (so redete man weiterhin – Grenzen verschwinden nicht so schnell aus den Köpfen, wie uns allen nach dem Fall der Mauer und der Grenze zwischen BRD und DDR bewusst geworden ist), die nun auch Untertane des großdeutschen Reiches waren, kaum Berührungen, auch keine Probleme. Man lebte ganz normal in einem deutschen Dorf unter Deutschen, obwohl bis 1939 dasselbe Dorf ein typisch polnisches Dorf gewesen war. Die weitestgehend von ihren Höfen vertriebenen Polen waren zum großen Teil als Zwangsarbeiter ins Reich gebracht worden, nur einige der Inst-Arbeiter auf dem Gut behielten ihre Arbeit als Gespannführer oder Melker. 1943 gab man einigen der Polen die Möglichkeit, deutscher Soldat zu werden, wenn ihre Väter im Ersten Weltkrieg für Deutschland gekämpft hatten, sie Deutsch sprachen und Volksdeutsche werden wollten. Sie bekamen dann manchmal sogar wieder einen Hof zugewiesen, auf Pacht.

Nachdem wir nun wieder „normale" Deutsche geworden waren, hatten wir uns auch nach den in Deutschland üblichen Gesetzen und Regeln zu verhalten. Dazu gehörte, dass seit März 1940 jeder deutsche Junge, der zehn geworden war, auf Grund des § 2 der Jugenddienstverordnung zu den „Pimpfen" musste, also zu der Kinderformation der Nazis. Da Erich im November 1943 zehn wurde, ist er wohl am Vorabend des Führergeburtstages, also am 19. April 1944, in diese Organisation aufgenommen worden. Der Reichsjugendführer hielt zu diesem Zweck - für alle deutschen Kinder - eine Rede vom Remter der Marienburg. Hitler war anwesend. Ich weiß nicht – Erich erinnert sich nicht -, ob Erich und seine Mit-Pimpfe die Rede über den Volksempfänger gehört haben, ziemlich sicher aber ist, dass er und sie die Verpflichtungsformel der Hitlerjugend nachgesprochen haben, die für die Pimpfen- und die Hitlerjugend-Zeit galt: *„Ich verspreche, in der Hitlerjugend allzeit meine Pflicht zu tun in Liebe und Treue zum Führer und unserer Fahne, so wahr mir Gott helfe."*

Sicherlich hat Erich auch die Pimpfen-Probe abgelegt und damit das Recht erworben, ein Fahrtenmesser zu tragen. 60 Meter musste man dazu in 12 Sekunden laufen, den Ball 25 Meter weit werfen, 2,75 Meter weit springen, an einer Tagesfahrt teilgenommen haben, bestimmte Kenntnisse über den Aufbau des Jungvolkes haben, das Schwertwort und das Horst-Wessel-Lied und das HJ-Fahnenlied auswendig kennen.

Erna ist – sie erinnert sich zwar grundsätzlich daran, aber nicht an das Datum - wohl schon 1942 zu den Jungmädeln gekommen, auch sie hatte eine ähnliche Probe abgelegt, nur waren die Bedingungen für Mädchen noch ein wenig milder; man hatte 14 Sekunden für die 60 Meter, ein Zweimetersprung reichte und der Ball durfte nach 12 Metern landen... Aber Mut, Geschicklichkeit und Geistesgegenwart erwartete man auch von der zukünftigen deutschen Frau....Erna erinnert sich gut, dass sie sogar einmal an einer Art Wehrertüchtigungslager teilnehmen musste.

Artur war noch zu jung, um Pimpf zu werden (er hat das nach seinen eigenen Angaben durchaus bedauert, weil er Freude an den sportlichen Aktivitäten und den Geländespielen gehabt hätte), Rudi war noch viel zu klein.

Im Rahmen dieser NS-Organisation nahmen Erna und Erich häufig an Wettkämpfen teil, die von der Schule organisiert wurden und bei denen ein Ort gegen den anderen konkurrierte. Das Kirchspiel Heinrichsdorf hatte hier die Leitung.
Über die Spiele meiner Geschwister weiß ich nur wenig. Sie hatten hinreichend Platz und trotz mancher Arbeit sicherlich auch Zeit genug, auf dem Hof, den Feldern und am Fluss zu spielen. Spielkameraden beiderlei Geschlechts gab es im Dorf in großer Zahl. An einen Zeitvertreib erinnere ich mich aber; als ich als Kind davon hörte, schien mir das völlig normal, heute schüttele ich mich ein bisschen, wenn ich an diese Aktivität denke. Es gab auf dem Hof natürlich eine Fülle von Spatzen, die bei der üblichen Einteilung aller Tiere in Schädlinge und Nützlinge unter die Schädlinge fielen, weil sie den Hühnern die Körner wegfraßen und sich auch gern an der frischen Saat gütlich taten. Also durfte man sie ohne schlechtes Gewissen töten, genauso wie Mücken oder Ameisen im Haus. Unsere beiden Großen hatten dazu eine effektive Methode ersonnen – oder wahrscheinlich von älteren Jugendlichen im Dorf übernommen: Man stützte das schwere Brett, mit dem man die Kastenwagen vorn und hinten schloss, um Korn oder Kartoffeln hineinschütten zu können, mit einem Stock in der Weise ab, dass es schräg stand. An den Stock knotete man ein hinreichend langes Band. Dann schüttete man Hafer oder andere leckere Körner unter die Brettschräge und versteckte sich. Wenn genügend Spatzen ihr Misstrauen überwunden und sich zum Körnerpikken unter dem Brett versammelt hatten, zog man ruckartig am Band, und das schwere Brett fiel auf die kleinen Federtierchen - nur wenige konnten schnell genug auffliegen und überlebten…

Es ging uns „im Krieg" nicht schlecht, das betonen alle Geschwister, die sich (außer Edith und ich) gut an die Zeit erinnern können: Die Schmiede und der Hof warfen gute Gewinne ab. Geld war immer vorhanden – ich erinnere an Ernas Erzählung von Vaters Schreibtisch. Der Krieg war weit weg, der Alltag in Lensk war dadurch lange Jahre nicht beeinträchtigt. Wir hatten in Hülle und Fülle zu essen. Sicher, es gab eine Zwangswirtschaft mit Marken. Aber wenn man dank eigener Landwirtschaft die Grundnahrungsmittel selbst herstellen oder eintauschen konnte, dann fiel das wenig ins Gewicht. Wenn man mit dem selbst geernteten Korn in die Mühle gefahren war, brachte man genügend Mehl für das ganze Jahr nach Hause. Und unser Vater und seine Leute brachten von ihren Einkäufen in Soldau oder Neidenburg nicht ein Glas Marmelade mit, sondern ganze Eimer voll, zum Beispiel mit schönster Erdbeermarmelade. Auch ganze Käse hatten wir oft in der Speisekammer liegen.
„Einmal zog eine Instandsetzungskompanie durchs Dorf, die haben gesungen; das war doch alles lustig und witzig. Die Mädchen sind denen hinterhergelaufen. Nein, sonst war bei uns kein Krieg, wir merkten nichts davon. Wo ein Sohn nach dem anderen gefallen ist, deren Familien wussten, dass Krieg ist. Bei uns war eine Familie Krüger, die auch so viele Söhne hatten. In einer Woche hat Frau Krüger die Nachricht bekommen, dass zwei Söhne gefallen sind. Die wussten natürlich, dass Krieg ist".
(Erna und Irmgard zu Katja im Sommer 1991)

Die meiste Arbeit machte unsere Mutter am liebsten selbst: Dann wusste sie, dass sie gut und auch schnell erledigt wurde. So kam es eines Tages im November, dass sie, müde wie sie war, den gerade geborenen Erich nach dem Stillen ablegte - aber nicht in die Wiege neben ihrem Bett, sondern auf den eisigen Fußboden. Er wurde schwer krank und blieb dann jahrelang ihr Sorgenkind. Erst später wurde er der kluge, kräfti-

ge Junge, wie wir ihn alle kennen - und da atmete sie auf und machte sich keine Vorwürfe mehr.
Das siebte Kind, Edith, bedeutete am Ende des Krieges *„keine Freude mehr"* - so formuliert Edith das auf Grund von Erzählungen selbst -, die Lebensumstände entwickelten sich zu bedrohlich. Unser Vater tröstete unsere Mutter und prophezeite ihr, gerade an diesem Kind werde sie später viel Freude und eine große Stütze haben – Edith hat sehr von dieser Prophezeiung gezehrt und deswegen große Stücke auf ihren Vater gehalten, von dem sie ebenso wenig ein erlebtes Bewusstsein hat wie ich.

Unsere Mutter verlor bei der Geburt – die nach Ernas Aussage aber keine besonders schwere war, sondern als normal bezeichnet werden konnte – viel Blut, aber das ist bei allen Geburten so gewesen und hat wohl mit ihrem Blut-Gerinnungsfaktor zu tun gehabt. Sie blutete auch bei kleinen Verletzungen sehr stark.

Edith - vom Vater wegen der dunklen Hautfarbe „der Murchel" genannt -, wurde mal von dem, mal von dem versorgt und im Hause umher getragen. Sie hatte also – wie wohl wir alle – eine große Anzahl von Beziehungspersonen.
Erna war es, die als fast dreizehn Jahre ältere Schwester, Edith am häufigsten im Kinderwagen herumfuhr und dabei auch noch die Enten und Gänse hütete. Mit neun Monaten konnte Edith bereits laufen, worauf unsere Mutter sehr stolz war. So wie es für sie ganz wichtig war, dass man groß war und hübsch, so war es bei Kindern von entscheidender Bedeutung, dass sie früh laufen konnten. Auf der Flucht verlor Edith diese Fertigkeit allerdings wieder (mangelnde Möglichkeiten auf dem engen Wagen und ihre permanente Schwäche waren die Gründe dafür) und musste in Harpstedt neu laufen lernen.

Erna erzählt, dass unsere Mutter keines der Kinder über längere Zeit gestillt hat – sie bekamen alle gleich die Flasche, was für die viel beschäftigte Mutter natürlich sehr praktisch war, weil das Flasche-Geben auch andere Personen für sie übernehmen konnten und sie dann frei war für ihre Arbeit in Haus und Garten und Schmiede und Feld.

Hella Richter, die Tochter des Dorfkrämers - erzählte die kleine Anekdote, dass ich sehr oft ihren Vater besucht habe und in ihm meinen Opa sah. Als dann unser Vater mir den richtigen Opa zeigte, soll ich gesagt haben: „Nein, das ist nicht mein Opa, mein Opa hat keinen Bart."

Noch eine kleine Geschichte gilt es zu erzählen, die man heute „nachhaltig" nennen würde:
Ich habe aus Ostpreußen einen völlig krumm zusammengewachsenen kleinen Finger der linken Hand mitgebracht. Diese Mini-Behinderung ist folgendermaßen zustande gekommen: Ich war auf dem Witzke-Hof in die Ölmühle gegangen und hatte dort ein Weckglas gefunden. Damit war ich zum Haus hinüber gelaufen, um es meiner Mutter zu zeigen. Dabei stolperte ich, stürzte und schnitt mir die Hand auf, schräg durch den Handballen und den kleinen Finger. Das war wohl 1944, einen Arzt hatte man nicht in der Nähe, und so verband ein Sanitäter die Hand, legte an dem kleinen Finger eine Schiene an, nähte aber nicht die durchtrennte Sehne zusammen, weil er davon auch gar nichts wusste. Solange die Schiene da war, heilte der Finger nicht. Also nahm man sie ab und danach schloss sich die Wunde, bildete aber ein so umfangreiches Narbengewebe, dass der Finger im zweiten Gelenk krumm wurde und auch steif.
(Diese Hand sah eines Tages in Harpstedt ein Dr. Maier, ein ziemliches Raubein von einem Arzt. Er war sicher: „Das kriegen wir wieder hin." Der Finger wurde aufgeschnit-

ten, die verknorpelt zusammengewachsene Sehne durchtrennt, der Finger geradegebogen, geschient und zugewickelt. Er tat weh, machte keinen guten Eindruck. Als der Doktor nach vielen Tagen den Verband abnahm, weil ich die Schmerzen nicht mehr aushielt, spritzte uns in hohem Bogen der Eiter entgegen und ich verabschiedete mich in eine kurze Ohnmacht. Nichts war geheilt, die ganze linke Seite der Hand und der Finger waren rot geschwollen und vereitert. Nun ließ man die Hand ohne die dicke Schiene heilen, und siehe da, das funktionierte ziemlich problemlos, wie damals in Ostpreußen. Man versäumte es aber, wie damals in Ostpreußen, die durchtrennte Sehne zusammenzunähen. Man hätte - so sagten viele Jahre später professionelle Handchirurgen - das Narbengewebe entfernen und die verkürzte Sehne, die beim Zusammenwachsen den Finger in diese krumme Haltung gezwungen hatte, durch Einsetzen eines körpereigenen Sehnenstückchens - etwa aus dem Bein - verlängern müssen. Nun wuchs der aufgeschnittene Finger also wieder zu, wie damals in Ostpreußen, die beiden Sehnen-Enden verknorpelten und zogen den kleinen Finger wieder krumm zusammen - noch krummer, als es vorher der Fall gewesen war.)

Mit dem „Erfolg" dieser Operation lebe ich heute noch; der krumme kleine Finger hat mir das Leben nicht besonders erschwert, manchmal hatte ich aber kleine Probleme beim Sport, vor allem beim Judo. Allerdings habe ich nie den Mut gefunden, etwa Gitarre spielen zu lernen, wie meine Mutter es sich immer gewünscht hatte, weil ich nie perfekt hätte die Seiten greifen können, und auch an das Zehnfingermaschineschreiben bin ich nie herangegangen. Ich schreibe immer noch mit beiden Zeigefingern, auch diese Familiengeschichte ist in dieser Technik in den Computer getippt worden.

72. Die Bilder zeigen den Witzkehof mit dem Stall links, in dem die Ölmühle untergebracht gewesen war, der Scheune im Hintergrund und dem Wohnhaus rechts. Ich stehe vor dem Wohnhaus und zeige auf meinen Finger, der an dieser Stelle ruiniert worden war.

Erna ist noch zur Polenzeit mit sieben Jahren - wie dort üblich - in die Schule in Przellenk gekommen. Das ist im Herbst des Jahres 1938 gewesen. Sie hat dort gut ein Jahr polnisch-sprachigen Unterricht bekommen.

73. Das Foto zeigt Erna vor ihrer Schule (1993). Das Gebäude ist noch ziemlich gut intakt, steht aber leer.

Sie lernte erst dort richtig Polnisch, d.h. sie hatte - wie alle Kinder - vorher durch den Umgang mit Polen auch bei uns im Haus und in der Schmiede so ein paar Brocken aufgeschnappt, was aber für den Schulunterricht nicht gereicht hätte. Nun lernte sie es so gut, dass sie - wie sie stets unter Lachen erzählt - die Liebesbriefe für unseren polnischen Landarbeiter („Knecht" ist immer das gebrauchte Wort) schreiben konnte. Der konnte zwar lesen, aber mit dem Schreiben haperte es sehr. Immer wenn er die von Erna geschriebenen Briefe las, freute und amüsierte er sich sehr über ihre gelungenen Formulierungen.

Erich sollte dort mit sieben Jahren im Herbst 1940 auch mit der Schulausbildung beginnen, kam dann aber wegen des Kriegsbeginns und des Umzuges erst in Groß Lensk in die Schule, und zwar dann natürlich schon in die deutsche.

74. Ein frühes Erich-Bild (ganz rechts) mit Spielkameraden

Unser Vater hatte den (angeordneten) Umzug nach Lensk extra früh gelegt, so dass Erich gleich im März normal starten konnte. Erna, die ja eh im Deutschen perfekt war, „schenkte" man ein halbes Jahr, so dass sie im März in die dritte Klasse kam, als Erich anfing. Die Lehrer für den jetzt wieder deutschen Unterricht hatte man aus den alten deutschen Bezirken Allenstein und Neidenburg holen können. An den Lehrerinnen-Namen Zeranski kann Erich sich noch erinnern. Erst im Krieg gab es Personal-Probleme, weil auch Lehrer zum Kriegsdienst eingezogen wurden - schnell umgeschulte Krankenschwestern etc. übernahmen dann den Unterricht.

75. Das Foto zeigt die ehemalige Dorfschule in Lensk neben der Kirche

76. *Erna steht vor der Schule* neben einer alten Schulfreundin namens Luzie, die jetzt in dem Schulgebäude wohnt. Sie spricht Deutsch und kann sich gut an Erna und die Familie Klein erinnern. Sie war aber nicht bereit, uns ihre Wohnung im alten Schulgebäude zu zeigen. Vor Thale steht ein Pole, der neugierig wurde, als er unsere deutschen Auto-Kennzeichen gesehen hatte. Die stämmige junge Dame ganz rechts ist eine Verwandte besagter Luzie.

Gleich nach dem „Deutschwerden" hatte man in Lautenburg wieder eine Mittelschule eingerichtet, in die zum Beispiel einige Bekannte wie Lisbet Behrend und Robert Rossol und Ida Wrede gingen. Erna stieg auf Wunsch unseres Vaters dort allerdings nicht ein, sondern startete gleich eine Nummer höher: Sie kam zusammen mit Heinz Radtke nach Soldau aufs Gymnasium. Dieser Heinz Radtke war es, mit dem Erna ihre – und seine – besonderen Qualitäten kombinierte, nicht Paul Richter (ihren späteren Ehemann), wie man in unserer Familie gern erzählt. Den kannte sie damals gar nicht bewusst. Sie half also Heinz bei den Deutsch-Aufgaben und er erledigte für sie manches Mathematikproblem, wenn unser Vater nicht zur Stelle war, um ihr das Nötige zu erklären.

Lange dauerte der Unterricht auf dem Gymnasium allerdings nicht. Noch bevor Erich dort seine höhere Schul-Ausbildung beginnen konnte – er war bereits angemeldet – schloss man im Herbst 1944 die Schule und richtete in den Räumen ein Feldlazarett ein. Auch in Groß Lensk ließ der Unterricht zu wünschen übrig. Wegen der nahenden Kampfhandlungen gab es Einquartierungen im Ort und auch im Gut, die jungen Lehrer wurden im Krieg gebraucht, die älteren zum Volkssturm eingezogen – die Schule wurde mit Soldaten belegt und geschlossen.

77. Familienbild – wohl 1943, Edith ist noch nicht geboren. Irmgard – das Vaterkind - demonstriert Zugehörigkeit, ich habe noch meine blonden Locken.

78. Das Parallelbild mit dem älteren Bruder unseres Vaters, Onkel Ferdinand. Die Ähnlichkeit ist nicht zu übersehen. Tante Pauline, links die Tochter Erna, rechts Ruth, links der Sohn Ernst (gefallen) und unser Cousin Gustav. Mai 1943

79. Das berühmte Orgelpfeifenbild – wohl 1943. Man erzählt, ich hätte partout nicht stillstehen wollen, bis man mir eine Taschenuhr in die Hand gegeben hat. Man achte auf die kleidsamen Strümpfe – vor allem bei den drei Großen. (Edith ist noch nicht auf der Welt)

3.3. Das Verhältnis unserer Eltern zum Hitler-Regime

Wenn jemand Geschichtslehrer war und in der Nazizeit geboren wurde, kommt er gar nicht um die Frage herum, wie denn die Eltern (speziell der Vater) sich in der NS-Zeit verhalten und wie sie zu den Nazis gestanden haben.

Erich erzählt, vor dem Krieg sei unser Vater gar nicht besonders politisch interessiert oder gar aktiv gewesen.
Wenn in der Familie Themen zur Sprache kamen, die nach Ansicht der Erwachsenen nicht für Kinderohren geeignet waren, so wurden die Kinder hinausgeschickt. Das geschah nach Ernas Aussagen sehr häufig – sie und Erich hatten oft versucht, lange Ohren zu machen und etwas mitzubekommen, was die Erwachsenen „verstecken" wollten. Unsere Mutter sei so von Arbeit zugedeckt gewesen, dass sie wohl gar kein politisches Bewusstsein gehabt habe, sie, die Kinder, hätten nichts erfahren, andere im Dorf, die etwas über Nazi-Schandtaten gehört hatten, verdrängten es wohl, meinten, so schlimm könne das alles nicht sein. Eine Regierung, die den Deutschen so viele Verbesserungen gebracht hatte, die konnte nicht schlecht sein! Dass diese „Verbesserungen" auf die Knochen der Polen gingen, die man nun von den Höfen vertrieb und mitsamt ihren Frauen zur Zwangsarbeit nach Deutschland schickte, das zählte nicht. Wie heißt es doch in England: „Right or wrong - my country." also: Egal ob es an sich gut oder schlecht ist - wenn es nur meinem Land nützt!

Nach dem Deutschwerden gab es auch im Kreise Soldau und Neidenburg weiterhin Nazipropaganda auf breitester Front mit massiver Werbung für die NSDAP, die keinen Zweifel daran ließ, dass jeder anständige deutsche Mann in die Partei gehöre, zumal wenn er einen Betrieb hatte. *„Unser Vater trat denn auch gleich in die Partei ein"*, so formuliert es Erich, den genauen Zeitpunkt konnte ich nicht erfahren. Es sei nicht wahrscheinlich, dass das schon vor dem Beginn des Krieges geschah, auf keinen Fall gleich nach der Machtergreifung. Laut Erich geschah der Beitritt weniger aus Begeisterung für die Wohltat, dass man uns Deutsche wieder heim ins Reich geholt hatte, als aus einfachem Kalkül: Man hatte deutlich gemacht, dass Nichtparteimitglieder schneller mit einem Einsatz als Frontsoldat zu rechnen hatten, und auch, weil er dem oben genannten Erwartungsdruck nachgeben wollte. Was die zentrale Motivation war und ob nicht auch noch andere Gründe, fern von Nützlichkeitserwägungen, hineinspielten, kann ich nicht beurteilen. Ich bewege mich hier im Bereich der Spekulation und möchte meinem Vater keinesfalls Unrecht tun.

Er wurde dann innerhalb der Partei bald zum Blockleiter befördert, was doch wohl zeigt, dass er zumindest freundlich in der Partei mitgemacht hat. Zwar war ein Blockleiter nichts Großes, aber immerhin hatte er in Lensk zusammen mit dem zweiten Blockleiter Gustav Rossol dafür zu sorgen, dass Anweisungen der NSDAP umgesetzt wurden und nichts gegen Ansehen und Macht der Partei und ihres großen Führers geschah.

Ja, bestätigt Erich, natürlich trug er zu allen offiziellen Anlässen die braune Parteiuniform, genauso selbstverständlich, wie andere aus dem Umkreis und der Verwandtschaft dann die schwarze Uniform der SS trugen. Für etwa ein halbes Jahr machte man ihn dann auch noch zum Ortsbauernführer, weil der bisherige Ortsbauernführer Wrede Probleme mit der Ablieferungspflicht der Bauern hatte und vorübergehend abgesetzt worden war.

Am 14. August 1941 kam ich auf die Welt. Ich bekam den Vornamen „Horst". War diese Namensgebung als Hommage, als Ehrung für den von den Nazis hochverehrten SA-Mann Horst Wessel zu sehen, der von einem KPD-Mann ermordet worden war und den man zum Märtyrer der Bewegung hochstilisiert hatte? Sein Lied „Die Fahne hoch, die Reihen fest geschlossen" war zur Hymne der NSDAP geworden und wurde bei offiziellen Anlässen im Anschluss an das Deutschlandlied gesungen.

In Neidenburg übernahm unser Vater Anfang 1944 auch den Vorsitz der Handwerker-Innung „Landmaschinenschlosser", weil sein Vorgänger eingezogen worden war - was in der NS-Zeit auch eine politische Funktion im Rahmen der Partei-Unter-Organisationen war.

Ich befragte Erna und Erich auch in Sachen Juden, wollte Information darüber bekommen, ob man ihnen eventuell Hilfe geleistet habe, weil ich mich dunkel an Erzählungen erinnerte, die ich in Harpstedt in der Baracke aufgeschnappt hatte. So klärte Erich eine Geschichte auf, die über Lodz/ Litzmannstadt und einen Besuch unseres Vaters dort in unserer Familie herumgeisterte und mir nicht recht klar war. Erich erzählte: *„Aus Lodz kamen mehrfach Leute, Händler, schon zur Polenzeit, die auch in der christlichen Gemeinde aktiv waren, ein Müller und andere. Zu denen fuhr dann unser Vater zusammen mit anderen aus seinem Beruf, weil man bei besagtem Müller ohne Bezugsscheine einkaufen konnte. Schwarzhandel. Dort gab es viele Bekleidungsindustrie und man konnte daher über Naturalien (Speck, Eier...) Kleidung einkaufen. Mit dem KZ in Lodz hatte das nichts zu tun* (wie ich immer gedacht hatte), *davon erfuhr unser Vater wohl auch nichts. Onkel Ferdinand, zehn Jahre älter als unser Vater, der hat aktiv Juden geholfen, mit denen er befreundet war, in Lautenburg, sechs Männer. Der eine hatte eine Gaststätte, ein anderer eine Sägemühle, der dritte eine Getreidemühle. Gebrüder Lessmann. Leider hat er aber auch nicht verhindern können, dass sie später doch ins KZ kamen und dort starben. Auch der Herr Streck - unser Nachbar später in der Baracke in Harpstedt - hat aktiv gegen die Nazis gearbeitet, indem er einen Polen versteckte, der zur Zwangsarbeit ins Reich sollte - monatelang. So etwas hat es im Hause Klein nicht gegeben."*

Erna erzählt die Geschichte mit dem Getreidemühlenbesitzer Lessmann ein wenig anders als Erich – mit aktiver Beteiligung unseres Vaters. Diese Lessmanns seien die einzigen Juden in der Nähe gewesen, die man gekannt habe, sie hätten ein großes Haus neben der Mühle besessen und noch ein zweites in Kongresspolen. Erna sei oft mitgefahren, wenn man Korn zu dieser Mühle gebracht habe und Frau Lessmann habe dann meistens Tee gekocht, man habe zusammen gesessen und sich was erzählt. Die Lessmanns seien ganz anders gewesen, als sie in der Schule über die „schlimmen Juden" hatte lernen müssen... Zuerst nahmen die Nazis der Familie die Mühle weg, dann gab es Verbote, sie konnten kein Essen mehr kaufen. Da seien Onkel Ferdinand und unser Vater *„über den Fluss gegangen"* (so formulierte es Erna) und hätten ihnen Kartoffeln und Brot und sonstige Esswaren gebracht. Aber eines Nachts trafen sie die Familie nicht mehr an: Die Juden waren abgeholt worden. (Offensichtlich bewegte das Schicksal dieser Familie, die alle Bauern in der Umgebung, die doch Kunden der Mühle waren, mitbekommen haben mussten, niemanden erkennbar tief, keiner scheint nachgefragt zu haben.)

Und weiter berichtet Erna darüber, dass Nachbarn in die nächste Stadt hinter Soldau, nach Midlau fuhren, wo man so schön billiges Porzellan und Silber aus den jüdischen Haushalten, die man nach dem Abtransport der Besitzer aufgelöst hatte, kaufen konn-

153

te. Unsere Mutter soll gesagt haben: *„Du fährst da nicht hin, das ist von den Juden, ich will nichts davon haben."* (Unsere Mutter hielt auch später noch in Harpstedt Abstand zu denen, die dort hingefahren waren und sich an dem ehemaligen Eigentum der Juden bereichert haben – so erinnert sich Edith.)

Offensichtlich hat auch hier niemand gefragt, was denn aus den Juden geworden sei, deren Haushaltsgüter man so großzügig verkaufte.

Zwei andere kleine Geschichten von Erich weisen doch in Richtung Aktivitäten gegen die Anordnungen der Nazis.

Neben Chenek und Janeck hatten wir eine kurze Zeit lang einen russischen Kriegsgefangenen als Arbeiter, Arkadiusch mit Namen. Diesem hat unser Vater schon nach drei, vier Tagen gesagt, *„da ist deine Heimat"* und mit der Hand in die aufgehende Sonne verwiesen. Am nächsten Tag war Arkadiusch verschwunden und unser Vater wartete mehrere Stunden, bis er sein Verschwinden der Polizei meldete.

Im Ort gab es eine Frau Savatzke, Polin, die auch gleich 1940 als Zwangsarbeiterin ins Reich geschickt werden sollte. Da sie unsere Familie gut kannte, weil sie als Schneiderin für uns arbeitete und für die Mädchen und für unsere Mutter Kleidung nähte, auch mal auf die Kinder aufpasste, kam sie zu unserer Mutter und bat um Hilfe. Unsere Mutter beantragte beim Bürgermeister Radtke, sie als Hausmädchen anstellen zu dürfen. „Wir können doch nicht alle Polen behalten", hieß der abschlägige Bescheid. Unsere Mutter gab sich damit nicht zufrieden, ging immer wieder zum Bürgermeister und setzte schließlich durch, dass diese Frau als Schneiderin für uns arbeiten und daher bleiben konnte.

80. Das Foto zeigt uns 1993 bei einem Besuch bei Frau Savatzke, die sich sehr freute. Leider war die Kommunikation stark eingeschränkt, weil Ernas Polnisch doch nicht mehr so wortreich ist und die verschüchterte Enkelin, die ein wenig Deutsch kann, kaum ein Wort herausbrachte.

Wie man sieht, gab es durchaus Handlungen, die man als „Widerstand" gegen das Regime bezeichnen kann und die zu höchst negativen Folgen - zumal bei einem Parteifunktionär - geführt hätten, wären sie den Parteioberen bekannt geworden. Ich denke, eine solche Schizophrenie – aktive Mitgliedschaft in der Partei und daneben Hilfe für Juden und andere Entrechtete - ist in unserer Familie durchaus glaubhaft: Unser Vater war in die Partei gegangen, hatte Ämter übernommen - aber das bedeutete noch lange nicht, dass er sein christliches Gewissen unterdrückte: Hilfe für in Not Geratene war für beide Elternteile sicher eine Handlungsmaxime, von der sie sich auch nicht durch eine potentielle Strafandrohung abbringen ließen.

Ich schiebe hier kurz Informationen über die Juden in unserem Bereich Soldau ein:
Da der ('christliche') Deutsche Ritterorden keine Juden in seinem Staat duldete, gab es im ganzen Mittelalter und bis hinein in das 18.Jahrhundert keine Juden in unserem Bereich. Als man 1750 ein ‚Generalprivileg' für die Juden erließ, brachte das keine Änderung, da es einen Passus gab, der besagte, dass Städte, in denen es noch keine Juden gab, auch jetzt keine aufzunehmen brauchten – Soldau lehnte daher alle Anträge auf Einbürgerung ab. Erst die Freiheitsbewegung in Preußen brachte 1812 eine rechtliche Änderung: Juden waren nun emanzipiert, d.h. den anderen Bürgern gleichgestellt, und 1816 zog mit Simon Meyer der erste Jude nach Soldau. Ihm folgten viele Juden aus Pommern und Westpreußen.

1862 hatte die jüdische Gemeinde immerhin 109 Mitglieder und baute dann auch eine Synagoge, hatte aber keine eigene Schule. Fast alle waren als Schankwirte oder als Händler tätig und zählten schnell zu den reichsten Bürgern der Stadt, was sie gar nicht beliebt machte. 1857 klagte der Magistrat Soldaus: „Der größte Teil der hiesigen Juden ist im Besitz der schönsten und größten Häuser der Stadt."
Bis zum Ersten Weltkrieg nahm ihre Zahl noch um einiges zu und in der Literatur wird von einer ‚Machtposition' der Juden gesprochen, die sich vor allem auf den Handel mit Spirituosen, Kleidung, Porzellan und Futtermittel stützte und auf ihre Stellung im öffentlichen Leben der Stadt, als Stadtverordnete und Mitglieder in verschiedenen Kommissionen und Aufsichtsräten.
Auch auf dem Lande fassten Juden Fuß, waren dort meistens Pächter des Gasthauses und somit auch der einzige Kaufmann. In Lensk war das anders, da hatte bekanntlich die Familie Richter diese Doppelfunktion.

Anfangs war man über die neue deutsche Regierung begeistert: Nach der Polenzeit wurde dank der deutschen Machtübernahme erst einmal alles besser. In der letzten Phase unter den Polen hatten Deutsche keinen selbständigen Betrieb mehr in Handel und Gewerbe aufmachen dürfen, die deutschen Bauern hatten mehr Steuern zu bezahlen als die Polen, Kredite gab es nicht – damit war nun Schluss.
Die anfängliche Begeisterung hielt nicht lange, denn schon Anfang 1940 mussten die Ersten aus unseren Dörfern Soldat werden - Gustav, der Sohn von Onkel Ferdinand, war der erste Soldat in Przellenk, und während des Russlandfeldzuges gab es dann in jeder Familie Tote - die Stimmung begann zu kippen. Entscheidend war auch die Einquartierung ab Ende 1943: Die Soldaten einer Werkstatt-Kompanie lagen im Ort, hatten in der Scheune des Gutes ihre Werkstatt, in der die Fahrzeuge für die Ostfront repariert wurden, in jedem Privathaus wohnten zwei, drei, vier: Das hob nicht gerade die Stimmung für die dafür verantwortlichen Nazis.

Zu dieser Kompanie gehörten Altgediente, die die russische Front kannten und schon einiges gesehen hatten. So auch „Onkel Paul", ein Soldat aus Plettenberg (wir finden ihn auf dem Bild Nr.70). Er war als Kraftfahrer weit herumgekommen, hatte von KZs erfahren - und dieser Onkel Paul hat unseren Vater im Spätsommer 1944, kurz vor seiner Einberufung zum Volkssturm, besucht. Er erzählte dann unter dem Siegel tiefster Verschwiegenheit von der Lage an der Ostfront, zog den Endsieg total in Zweifel. Bei diesem letzten Treffen fand er einen Brief bei uns vor, dass sein Sohn, Kriegsfreiwilliger der ersten Tage, gefallen war, was seine Stimmung und seine Aussagen wohl noch düsterer gemacht haben wird. Er berichtete nicht nur über die Grausamkeiten der Russen, auch über die der Deutschen, der Nazis.

Besagter Paul hatte nicht nur von KZs gehört, er hatte mit seinem Lastwagen auch Lieferungen zu Lagern gebracht, hatte Juden in schrecklichem Zustand gesehen, abgemagert bis auf die Knochen. Über die fürchterlichen Lager hat „Onkel Paul" wohl nur unserem Vater etwas erzählt. Erich und seine Frau Tale waren sich in unserem Gespräch darüber einig: Niemand traute sich, Negatives laut und öffentlich zu sagen, weil man nie wissen konnte, wer Spitzel und Zuträger war - und es genügte eine unvorsichtige defätistische Äußerung [ein Zweifel am Endsieg] und man wurde von der Gestapo abgeholt.

Offenbar hat aber unser Vater dann mit unserer Mutter darüber gesprochen. Wie und was da im Einzelnen ausgetauscht wurde, weiß ich natürlich nicht und auch meine Geschwister konnten darüber keine Aussagen machen, da das Thema im Familienkreis nicht zur Sprache kam. Das Ergebnis aber kenne ich: Meine Eltern kamen zu der Einsicht, einen schlimmen Fehler gemacht zu haben, als sie zu Anhängern von Hitler wurden. Die Verbrechen, von denen sie über Paul erfahren hatten, waren ungeheuer für sie, so ungeheuer, dass sie zu der schlimmsten Verurteilung griffen, die für sie als Christen in Frage kamen. Hitler, da waren sie sich sicher, sei der Antichrist, diese Figur der christlichen Apokalyptik, die als Gegenspieler und Gegenmacht zu Jesus Christus vor dessen Wiederkunft erwartet wird und nach den Johannesbriefen falsche Lehren über ihn verbreitet und nach der Überzeugung unserer Eltern das Böse personifizierte. Unsere Mutter erwähnte das später in Harpstedt in der Baracke mehrfach; sie bereuten tief, dass sie sich mit dem Antichristen eingelassen hatten, aber diese Reue kam zu spät, um in der Realität noch etwas zu bewirken.

Nach Ernas Aussagen hatte unser Vater schon früher Negatives über die Nazis gehört, was seine Begeisterung sehr abkühlte. Und zwar war Gottlieb Rapp aus Österreich nach Hause gekommen und hatte Informationen über das Naziregime mitgebracht, die niemandem, schon gar nicht einem überzeugten Christen, Freude machen konnten. Er hatte von den allgemeinen politischen Veränderungen in Deutschland berichtet, dem schleichenden, aber schnellen Übergang von der Demokratie zur Diktatur, der schrittweisen Entrechtung und dann Verfolgung der Juden. Erna war sicher, dass auf den Dörfern bei uns davon kaum etwas bekannt gewesen sei – und wenn, dann hätte dieses Wissen wohl auch nicht viel bewirkt. Erst als die Leute – auch meine Eltern - erfuhren, dass man Juden nicht nur diffamierte, sondern sie systematisch verfolgte und dann tötete, auszurotten versuchte, da setzte das Umdenken ein – aber da war es zu spät.

Ich habe oben schon geschrieben, dass man als Geschichtslehrer oder allgemein als politisch Interessierter gar nicht an der Frage vorbeikommt, wie denn die Eltern zu Hitler und dem Nazi-Regime gestanden haben. Ich möchte hier einen Schritt weitergehen und nach den Konsequenzen aus dem Erfahrenen und Dargestellten fragen – rein theoretisch-hypothetisch natürlich:
Was wäre herausgekommen, wenn man unseren Vater dem Entnazifizierungs-Programm unterworfen hätte, wenn ihm der Fragebogen vorgelegt worden wäre, der aufgrund der *Direktive des Kontrollrats zur Verfolgung von Kriegsverbrechen und Na-*

tional-Sozialisten (12. 10. 46) von den Amerikanern entwickelt worden ist, und den Hunderttausende ausfüllen mussten?
Bei der Frage 1: „Waren Sie jemals Angehöriger, Anwärter, Mitglied, förderndes Mitglied der NSDAP?" hätte er das „Ja" ankreuzen müssen, unter der Rubrik „von" hätte wohl 1939 gestanden, unter „bis" wäre 1945 aufgetaucht, unter „höchster Rang" wohl 'Blockwart' und 'Ortsbauernführer'.
Bei „allg. SS, Waffen-SS, Gestapo, SD, SA" und vielen der weiter folgenden NS-Unterorganisationen hätte er mit gutem Gewissen das „Nein" ankreuzen können, lediglich bei Ziffer 58, „NS-Bund Deutscher Technik", wäre wohl wieder ein Kreuz unter „Ja" fällig gewesen, denn als Schlossermeister und Vorstand dieser Innung ist er gewiss Mitglied dieses „Bundes" gewesen.
In die letzten Zeilen, die nach 136 Fragen Platz ließen für Zusatzangaben, hätte er wohl die erwähnten Hilfsaktivitäten für Verfolgte eingetragen, vielleicht auch, dass er nicht aus Überzeugung der Partei beigetreten sei, sondern aus Nützlichkeitserwägungen.

Wie hätte die Spruchkammer, die für die Beurteilung und Verurteilung von Nationalsozialisten zuständig war und in den ersten Jahren von den jeweiligen Alliierten (später von deutschen Behörden) geführt wurden, über ihn entschieden? In welche der fünf „Gruppen der Verantwortlichen" hätte man ihn eingegliedert?
Als „Hauptschuldigen"? Gewiss nicht! Hierher gehörten Kriegsverbrecher und Personen, die an der Spitze des Regimes standen. In die Gruppe 2 unter die „Belasteten (Aktivisten, Militaristen, Nutznießer)"? Sicher war er in gewisser Weise „Nutznießer" gewesen, hatte jahrelang nicht am Krieg teilnehmen müssen, aber das hatte er wohl nicht so sehr seiner Parteizugehörigkeit zu verdanken gehabt, sondern der Kombination aus Alter, Kinderreichtum und Bedeutung für die ‚Heimatfront'. Kurz und gut - als „Belasteten" hätte man ihn wohl nicht eingestuft. Für die Gruppe 5 - „Entlastete" - wäre er aber auch nicht in Frage gekommen, dazu hätte er nachweisen müssen, dass er „nicht schuldig" war. Das gelang eigentlich nur Leuten, die beweisen konnten (zwei Zeugen brauchte man dazu), dass sie aktiv gegen das Regime geredet und gearbeitet hatten, indem sie z.B. Flugblätter herstellten, Juden versteckten etc. Hätte man die von Erna und Erich mitgeteilten Aktivitäten für die Zwangsarbeiter und Juden nachweisen können, hätte das gewiss Eindruck auf die Spruchkammer gemacht.
Ich vermute: Man hätte ihm wegen der Zugehörigkeit zu den Parteiorganen unter 4 („Mitläufer") seinen Platz zugewiesen und ihn wegen der positiven Aktivitäten ohne die 2000 DM Strafzahlung, ersatzweise zwei Monate Haft (das war das Strafmaß für die Minderbelasteten), aus der „Entnazifizierungskampagne" entlassen...

3.4. Unser Vater als Volkssturmmann

Unser Vater ist nicht Soldat geworden, weil mehrere günstige Faktoren zusammenkamen, die ich oben schon angedeutet habe: 1. Er war Parteimitglied, zeitweise sogar Ortsbauernführer. 2. Er war mit sieben Kindern „kinderreich". 3. Er war Brandmeister der hiesigen Feuerwehr. 4. Die Landwirtschaft musste funktionieren, und er hatte für die ganze Umgebung die Maschinen in Schuss zu halten und die Pferde zu beschlagen, er war also „kriegswichtig" - an der „Heimatfront".
Das alles hatte Bedeutung und Geltung, so lange sich der Krieg – im deutschen Sinne – gut oder zumindest normal entwickelte, d.h. die deutschen Truppen siegreich nach vorn marschierten oder die Front zumindest weit weg war von deutschem Boden. Als besagte Front dann aber bedrohlich näher kam, d.h. die Rote Armee sich dem Deutschen Reich näherte, da zählten plötzlich alle diese Dinge nicht mehr, jeder (die Ausnahmen wurden immer seltener) hatte zur Verteidigung des Vaterlandes anzutreten, der ein Gewehr halten konnte.

Ich stelle im Folgenden die Ereignisse zur Verteidigung Ostpreußens und die Beteiligung unseres Vaters an diesen Aktionen dar, soweit ich das herausfinden konnte:

Mit dem 16.10. 1944 war die Schonung für ihn vorbei – er hatte sich zu einem Ausbildungslehrgang *„zwecks Sonderausbildung bekannter Nahbekaempfungsmittel"* in Allenstein einzufinden.

Nationalsozialistische Deutsche Arbeiterpartei

Gau Ostpreußen
Kreisleitung Neidenburg

Der Kreisleiter

Bankkonto:

Unser Zeichen:

Ihr Zeichen:
In der Antwort anzuführen.

Gegenstand:

An die
Ausbilder der Einsatzbereischaften der NSDAP

Neidenburg, den 1o.1o.1944

Parteigenosse *Robert Lila...*

wird hiermit zu einem 3 tagigem Lehrgang in de Zeit von Sonnabend, den 16.1o.1944 7 Uhr früh, bis Montag, den 16.0.44 abends nach Allenstein Gren.Ers.Batl.4oo (Kaserne Friedrich der Gross zwecks Sonderausbildung bekannter Nahbekaempfungsmittel einberufen.

<u>Auszug:</u> Uniform. Diejenigen, die keine Uniform bezitzen, melden sich nach Erhalt der Einberufungsscheine sofort beim zustaendigen Ortsgruppenleiter der verantwortlich ist, leihweise Uniform zu besorgen.

<u>Hinfahrt:</u> Neidenburg ab, Sonnabend, den 14.1o.44 4,56 Uhr über Hohenstein. Allenstein an, 7 Uhr.

Die Verpflegung der Lehrgangsteilnehmer erfolg durch die Truppe. Die Unterkunft in Allenstein ebenfalls durch die Truppe.

Transportleiter Pg.Wicht - Neidenburg.
Diejenigen, die den Frühzug nicht mehr in Neidenburg erreichen, melden sich marschbereit am Freitag, den 13.1o.44 bis 18 Uhr auf der Kreisleitung.

Heil Hitler!
Der Kreisleiter.
m.d.F.b.
(Tratscher)

81. Einberufungsbescheid unseres Vaters zu einem Lehrgang

> **Dienstverpflichtung.**
>
> Name .... Vorname ....
> geb. am .... Wohnort ....
>
> Auf Grund des Führererlasses vom 27.9.1944 werden Sie hiermit zur Dienstleistung im deutschen Volkssturm verpflichtet.
> Der Dienst im deutschen Volkssturm geht jedem anderen Dienst vor.
> Wer sich dieser Pflicht entzieht, wird nach Kriegsrecht bestraft.
>
> Neidenburg, den 10. Oktober 1944.   Der Kreisleiter
>   m.d.L.b.
>
>   (Fratzscher)

82. Dienstverpflichtung zum Volkssturm

Dieser Befehl war für unsere Familie ein Schock und bedeutete das Ende der friedlichen Idylle, über die Irmgard und Erna geschwärmt hatten. Laut Edith hat unsere Mutter diese Einberufung als Strafe gesehen, als Strafe Gottes dafür, dass man mit dem Bösen, mit dem Antichristen paktiert hatte. Für diesen Antichristen Adolf Hitler hatte man Partei ergriffen – und nun strafte Gott sie dafür.

Die Meinung unserer Mutter soll hier nicht diskutiert werden – aber offensichtlich gab es noch einen anderen, viel trivialeren Grund für die Einberufung, und dahinter stand nicht ein strafender Gott, sondern ein leibhaftiger Mensch namens Wrede.
Besagter August Wrede kam eines Tages – wohl im Jahre 1946 oder 1947 zu unserer Mutter in Harpstedt in die Baracke: Er wolle sie um Vergebung bitten, man möge sich doch wieder vertragen. Und unsere Mutter, die sehr viel von christlicher Güte und Vergebung hielt, unsere Mutter warf diesen Herrn Wrede hinaus, vergab ihm nicht.
Der Grund ist schnell erzählt:

August Wrede war als SA-Mitglied gegen Kriegsende Ortsbauernführer in Lensk geworden, die Gemeindeversammlung hatte ihn dazu gewählt, obgleich er sich gar nicht um diese Stellung drängte – er hatte schon zu viele Ämter. In diesem Amt machte er sich vor allem durch zwei Aktivitäten schnell viele Feinde – und auch unser Vater gehörte zu denen, die ihn ablehnten: Jeder Bauer hatte in Wredes Dienststelle zu melden, was er angebaut hatte, wie viel er geerntet hatte etc.; Staat und Partei wollten über die Nahrungsmittel informiert sein, um sie zentral (Stichwort ‚Lebensmittelkarten') verteilen zu können. Nun wusste man, dass jeder Bauer unvollständige Angaben machte, also manches verschwieg, um den eigenen Haushalt besser versorgen zu können. Und August Wrede hatte nun einige unserer Bauern bei der nächsthöheren Nazi-Stelle in Heinrichsdorf angeschwärzt, hatte sie verraten. Das war gar nicht aus Boshaftigkeit geschehen, sondern eine Folge des NS-Systems gewesen: Man schickte häufig Kontrolleure aus Heinrichsdorf in die Ämter, und aus Angst, dass man den

‚Unterschlagungen' auf die Spur kommen und ihn dann maßregeln könnte, hatte er vorsichtshalber ein paar Bauern angezeigt, um seine Treue und Aufmerksamkeit unter Beweis zu stellen; genau das war mit den überraschenden Kontrollen beabsichtigt.
Die zweite Aktion war die, dass er sehr eifrig Polen aus dem Dorf für den Zwangsarbeitseinsatz im Reich bereitstellte. Je mehr Bauern und Handwerker Soldat werden mussten, umso mehr setzte man im Reich die deutschen Frauen auf den Höfen und in Fabriken zu schwerer Arbeit ein, und als auch das nicht mehr reichte, wurden Hunderttausende von Zwangsarbeitern aus Polen und Russland nach Deutschland verbracht (später auch aus den westlichen besetzten Ländern), um bei diesen Arbeiten zu helfen. So sollte ja auch unsere Frau Savatzke ins Reich geschickt werden, was unsere Mutter verhinderte – das habe ich bereits berichtet. Anderen gelang es nicht, „ihren" Polen vor der ‚Verschickung' zu bewahren, und das ärgerte sie, wenn nicht aus humanitären Gründen, dann doch aus simplem Egoismus: Man wollte seine Polen selbst ausnutzen können!

Beide Aktivitäten sorgten dafür, dass die Gemeindeversammlung Herrn Wrede eines Tages abwählte und unseren Vater an seine Stelle setzte – aber für uns, unseren Vater und damit auch für unsere Familie, kam diese Abwahl zu spät. Als unser Vater den Befehl zum Einrücken beim Volkssturm erhielt, soll August Wrede stolz verkündet haben – Erna zitiert das – *„Das hat diese Hand getan, dass der Klein aus dem Dorf verschwunden ist."* „Diese Hand" war dazu fähig gewesen, weil es zu den Aufgaben des Bürgermeisters und des Ortsbauernführers gehörte, diejenigen im Dorf für den Volkssturmeinsatz auszusuchen, die ‚abkömmlich' waren, deren Arbeit im Ort also nicht als unbedingt notwendig und kriegswichtig angesehen wurde. Bei der ersten Einberufung hatten die beiden Gemeindepolitiker dabei noch große Entscheidungsspielräume – und offenkundig hatte Wrede (damals noch im Amt) seinen Einfluss und seine Kompetenz geltend gemacht und dafür gesorgt, dass unser Vater auf die Liste der ersten Welle kam – was für ihn in der Konsequenz das Todesurteil war. Warum er das getan hatte, ist mir nicht bekannt, vielleicht spielte Neid und Eifersucht eine Rolle, unser Vater war ein sehr beliebter Mann im Dorf. Die später einberufenen Volkssturmmänner – da nahm man alle, die noch einigermaßen gesund waren (auch Adolf Radtke gehörte dazu, auch Onkel Ferdinand, die beide schon im Ersten Weltkrieg gekämpft hatten) – die später Einberufenen kamen nicht mehr zum Einsatz, fuhren noch bis Soldau, kehrten dann aber nach Hause zurück, weil es keine Züge mehr gab, die sie an irgendeine Front hätten bringen können.

Die Kausalkette ist also eindeutig: Hätte August Wrede ihn nicht auf die Liste 1 gesetzt, dann wäre unser Vater nicht aktiver Volkssturmmann geworden, dann wäre er nicht an die Front gekommen, dann hätte er den Krieg vielleicht überlebt.
Man kann es also unserer Mutter nicht verdenken, dass sie sich hier in ihrer christlichen Gnade überfordert sah, das Vergebungsgebot des Vaterunsers ignorierte - und August Wrede hinauswarf.

Angesichts der drohenden Lage an den Fronten und besonders der sich immer mehr den Grenzen Ostpreußens nähernden Ostfront wurde die männliche Bevölkerung der bedrohten Provinzen im Osten erst einmal zu einem sogenannten ‚Schipp-Einsatz' aufgerufen. Am 17. Juli 1944 rief auch die Kreisleitung Neidenburg auf Befehl der Gauleitung die Männer des Kreises zu dieser Arbeit zusammen. Bereits am 18. Juli erfolgte der erste Abtransport von etwa 500 Mann mit der Bahn von Neidenburg aus.

Wenn ich Erichs Aussagen richtig in Erinnerung habe, war unser Vater vor seiner Einberufung zum Volkssturm schon einmal im Sommer für kurze Zeit weg gewesen; das würde bedeuten, dass er bei dem hier erwähnten Schipp-Einsatz dabei war.
Die Männer wurden westlich von Ossowiez ausgeladen, kampierten die ersten drei Nächte auf den Feldern am Bahndamm und wurden dann auf die umliegenden Bauernhöfe verteilt, die zum Teil schon von ihren Besitzern verlassen waren. Sie hatten einen Panzergraben in Nordsüdrichtung bis zum Moor der Narew-Wiesen zu schaufeln. Nach Aussagen von Kriegshistorikern war das Anlegen solcher Befestigungsgräben, die der berüchtigte Gauleiter Koch befohlen hatte, *„militärisch völliger Unsinn"*.

Siegfried Lenz erzählt in seinem schon genannten Buch „Heimatmuseum" (S.522 ff) von einem solchen Panzergraben-Bau ganz in der Nähe (und zur gleichen Zeit) und die Ironie ist nicht zu übersehen. Sein Erzähler berichtet:
„Sodann rief er uns auf,…eine Verteidigungsstellung zu errichten; ein Graben, ein unüberwindbarer Panzergraben sollte entstehen, ein einfaches, dennoch wirksames Hindernis, an dem die Flut aus dem Osten sich zuerst stauen, dann brechen würde(…) Der einmalige, das Land umschließende Graben sollte Falle und Grabkammer werden, in dem Mann und Kriegsgerät Hals über Kopf verschwinden würden, vor allem aber die dröhnenden Rudel jenes legendären T 34, die er bereits stürzen und umkippen sah, hilflos wie auf dem Rücken liegende Schildkröten.(…)
„Wir rissen Erde auf,… stachen und schippten planvoll, die Wände des Grabens mußten schräg nach unten führen, sie mußten beklopft und geglättet werden, wenn der feindliche Panzer sich so über sie senken sollte, daß er erst im letzten Augenblick von seinem eigenen Übergewicht hinabgezwungen wurde und sich ratschend festkeilte in der nach unten immer enger werdenden Befestigung, ohne Chance, die Gegenwand erklimmen zu können, aber auch nicht mehr fähig, sich rückwärts herauszuwühlen. Manche von uns fragten sich, wie die Beobachter in den hochfliegenden, fremden Flugzeugen unsere gesammelte Anstrengung auslegten, dieses schlichte unübersehbare Bauwerk…Und wir zweifelten nicht, daß sie bei der Auswertung der Luftaufnahmen zumindest von der Schnelligkeit beeindruckt waren, mit der wir den schützenden Graben um Lucknow legten."

Gauleiter Koch wollte sich bei Hitler einen weißen Fuß machen und hatte im August 1944 großspurig versprochen, *„kein Russe wird ostpreußischen Boden betreten."* Hitler ließ ihn denn auch gewähren, und Koch spielte sich zum Herrscher aller Preußen auf, griff in die Rüstungsindustrie ein und ließ den ‚Ostwall' bauen, (den man denn auch spöttisch ‚Erich-Koch-Wall' nannte), zu dem das eben genannte Anlegen von Panzergräben ebenso gehörte wie die Verweigerung der Erlaubnis für die Bevölkerung, rechtzeitig vor den näher kommenden Russen zu fliehen. Man sollte bleiben und standhalten, alles andere wurde als Defätismus und als Feigheit vor dem Feind ausgelegt und bestraft.
(Koch selbst setzte sich mit seinem Gefolge gerade noch rechtzeitig vor den Russen per Schiff über die Ostsee nach Flensburg ab, wo er einen Tag vor der deutschen Kapitulation ankam und untertauchte. Erst im Mai 1949 fassten ihn die Engländer unter dem Namen ‚Rolf Berger' in Hasenmoor bei Hamburg. Sie übergaben ihn den Polen, die ihn zum Tode verurteilten, dann aber begnadigten. Er starb 1986 im Prominentengefängnis in Wartenburg.)

Am 5. August wurde die Arbeitsgruppe nach Prostken verlegt, wo man ebenfalls einen Panzergraben zog. Dann teilte man die Gruppe und schickte 300 Mann – alle aus dem Kreis Neidenburg, also auch unseren Vater - am 13. August nach Stürlack. Sie sollten angeblich in der Nähe des Führerhauptquartiers in Rastenburg arbeiten, aber da von dort keine Befehle kamen (man hatte schon die Verlegung nach Berlin ins Auge gefasst, nachdem am 20. Juli 1944 in der Wolfsschanze das bekannte Attentat stattgefunden hatte, das bewies, dass man auch in dieser Festung nicht sicher war), da man also keinen Einsatzbefehl bekam, schickte man die Leute am 16. August nach Hause, so dass sie noch einigermaßen rechtzeitig zum Ernteeinsatz kamen. Auch unser Vater kehrte nach Hause zurück. Ersatzweise berief man dann die Jungen im Alter von 16 bis 18 zum Schippeinsatz.

Ende August wurden die Arbeiten an den Verteidigungsanlagen wieder verstärkt. Neben den Panzergräben wurden nun auch Schützengräben gezogen und befestigte Schützenlöcher angelegt – eine „dritte Linie" wurde zur Verteidigung quer durch den Kreis Neidenburg gebaut.

Am 25. September 1944 kam der *„Erlass des Führers über die Bildung des Deutschen Volkssturmes"* heraus:
„Dem uns bekannten totalen Vernichtungswillen unserer jüdisch-internationalen Feinde setzen wir den totalen Einsatz aller deutschen Menschen entgegen. Zur Stärkung der aktiven Kräfte unserer Wehrmacht und insbesondere zur Führung eines unerbittlichen Kampfes überall dort, wo der Feind den deutschen Boden betreten will, rufe ich daher alle waffenfähigen Männer zum Kampfeinsatz auf. Ich befehle: 1. Es ist in den Gauen des Großdeutschen Reiches aus allen waffenfähigen Männern im Alter von 16 bis 60 Jahren der deutsche Volkssturm zu bilden. Er wird den Heimatboden mit allen Waffen und Mitteln verteidigen, soweit sie dafür geeignet sind..."

Am 18. Oktober 1944, auf dem Höhepunkt der russischen Herbstoffensive und am Jahrestag der Völkerschlacht bei Leipzig [bei der deutsche Truppen, vereint mit Österreichern und Russen, Napoleon eine schlimme Niederlage beigebracht hatten], tönte Hitler, der größte Feldherr aller Zeiten: *„Während der Gegner glaubt, zum letzten Schlag ausholen zu können, sind wir entschlossen, den zweiten Großeinsatz unseres Volkes zu vollziehen. Es wird uns gelingen, wie in den Jahren 1939 und 1940, ausschließlich auf unsere Kraft bauend, nicht nur den Vernichtungswillen der Feinde zu brechen, sondern sie wieder zurückzuwerfen und sie solange vom Reich abzuhalten, bis ein die Zukunft Deutschlands, seiner Verbündeten und damit Europas sichernder Friede gewährleistet ist."*

Heinrich Himmler wurde zum Oberbefehlshaber der Volkssturmeinheiten bestellt, und er definierte deren Aufgabe wie folgt: *„Wie damals in den Freiheitskriegen [1813/14 gegen Napoleon] hat heute der Volkssturm die Aufgabe, überall dort, wo der Feind unseren Heimatboden betritt, ihn fanatisch festzuhalten und womöglich aufzureiben."*

Gauleiter Koch hatte mit der Einberufung der Männer zum Volkssturm nicht einmal bis zu diesem Jahrestag der Völkerschlacht gewartet: Unser Vater musste sich schon zwei Tage früher, am 16.Oktober 1944, zum Dienstantritt melden.
Im Kreis Neidenburg wurden insgesamt vier Kompanien von je 150 bis 165 Mann aufgestellt. Die erste Kompanie stellte Neidenburg selbst, die zweite der Bezirk Soldau – hier also war unser Vater eingegliedert. Da bisher viele noch relativ junge Bauern zur Arbeit auf ihren Höfen vom Kriegsdienst freigestellt gewesen waren, bestanden diese Kompanien aus sehr gutem *„Männermaterial"*, wie der Leiter dieses Bataillons festhielt. Weil sich alle des Ernstes der Lage bewusst waren, nahmen sie engagiert an den Ausbildungsübungen teil. Die Bewaffnung war schlecht, sie bestand nur aus Kleinkalibergewehren und Karabinern. Später kamen ein paar (eroberte) russische Tellermaschinengewehre und auch Panzerfäuste dazu.

Die Kompanien wurden Anfang November einzeln nach Neidenburg in das Tannenberglager beordert, um dort das Scharfschießen zu trainieren.

Am 10. November wurden die Männer notdürftig eingekleidet – es gab keine einheitlichen Uniformen, man konnte aber anfangs noch eine einigermaßen normale Wehrmachtskleidung zusammenstellen, wenn auch die Farben und Größen nicht immer passten.

83. Unser Vater als Volkssturmmann

Später trug man ersatzweise eine international anerkannte Binde am Arm, die einen als offiziellen Kriegsteilnehmer auswies und so verhinderte, dass man bei Gefangennahme als Partisan angesehen und umgehend erschossen wurde. Die Ausrüstung wurde durch italienische Gewehre verbessert, man bekam ein paar Fahrräder und einige Feldküchen und dann ging es am 11. November mit der Bahn nach Ortelsburg. Das Bataillon trug jetzt die Bezeichnung „1.Marschbataillon des Volkssturms Neidenburg". Der bisherige Leiter Major Grast wurde durch den Parteibonzen Kreiskassenleiter Sedding ersetzt, d.h. ein Parteimann verdrängte den Soldaten von der Spitze. Das hatte System, denn der Volkssturm war mit Himmler direkt der Partei unterstellt, nicht der Wehrmacht.

Von Ortelsburg ging es nach Grabnick im Kreis Lyck (von diesem Einsatzort hat Erich immer erzählt), was auf der Höhe von Allenstein, aber weit im Osten, nur etwa 40 km von der Grenze entfernt liegt. Dort wurde man nachts ausgeladen und dann auf unterschiedliche Quartiere verteilt. In diesem bäuerlichen Kirchdorf, in dem Tag und Nacht der Kanonendonner der nicht mehr fernen Front zu hören war, bewirtschafteten nur noch wenige Bauern ihre Höfe, die meisten hatten sich trotz aller Verbote bereits nach Westen abgesetzt. Hier verlebte das Bataillon zwei ziemlich ruhige Monate, in denen man sich im Felddienst und Waffengebrauch übte, also lernte, ein Soldat zu sein. Einige bekamen sogar für ein paar Tage Heimaturlaub, so auch unser Vater, der am zweiten Weihnachtstag bei uns eintraf und bis Silvester bleiben konnte. Dadurch hat er den Auftritt des Gauleiters Koch nicht mitbekommen, der Weihnachten das Bataillon besuchte und kleine Geschenke verteilte.

In diesen Urlaubstagen fuhr unser Vater nach Soldau und kaufte ein, Massen von Material für die Schmiede, auch Leder für einige Arbeitsschürzen, gab sechstausend Mark aus, weil er sicher war, nach dem Krieg die Schmiede gleich wieder weiter betreiben zu können. Er bereitete in diesen Tagen aber auch eine mögliche Flucht der Familie vor – aber das berichte ich im Kapitel über die Flucht.
Erna erzählte in diesem Zusammenhang, dass unser Vater oft Briefe geschickt hat, und *„unsere Mutter sagte eines Tages zu uns Kindern: >Jeder schreibt dem Papa nun etwas!< Und da hat jeder etwas geschrieben. Und Rudi hat gesagt, er weiß gar nicht so recht, was er schreiben soll und unsere Mutter hat dann gesagt, er soll schreiben, Papas Platz sei jetzt immer so leer. Das hat er denn auch gemacht. Als Papa dann in Urlaub gekommen ist, sagte er, er musste doch weinen, als er das gelesen hat."*

Die Bewaffnung des Bataillons wurde im Laufe der Wochen verbessert, man bekam sogenannte „Ofenrohre", stärkere panzerbrechende Waffen, als es die einfachen Panzerfäuste waren, und auch zwei leichte Geschütze. Im neuen Jahr wurde dann ein zweites Bataillon im Kreis Neidenburg zusammengestellt, zu dem der Großteil der bei der ersten Erfassung noch verschonten Männer einberufen wurde. Die Bürgermeister hatten den Auftrag, nur alleräußerste Härten zu vermeiden.

Ein Großteil der Männer wurde am 15. Januar überraschend nach Hause entlassen, was die Leitung des Bataillons gar nicht verstehen konnte, da die Russen am 13. Januar an der Narew und im Weichselbogen wieder große Erfolge erzielt hatte. Andererseits freute man sich aber, dass nun diese Männer zu Hause die Flucht der Familien planen und vorbereiten konnten.
Leider betraf diese Entlassung aber nur das neu aufgestellte zweite Bataillon, so dass unser Vater nicht nach Hause kam. Das wäre zu schön gewesen, er wäre dann genau zur rechten Zeit da gewesen, um am 18. den Wagen zu beladen, die Pferde mit Stollen zu versehen…mitfahren hätte er aber nicht dürfen, denn allen Entlassenen war gleich mit auf den Weg gegeben worden, sie müssten sich für eine baldige Wiedereinberufung bereit halten. Mit auf die Flucht zu gehen, wäre also Fahnenflucht gewesen und hätten Erhängen oder Erschießen zur Folge gehabt…

Am Donnerstag, dem 18. Januar – das ist der Tag, an dem unsere Flucht begann – überstürzten sich auch für die beiden Neidenburg-Bataillone die Ereignisse. Um 16.00 wurde höchste Alarmstufe ausgegeben. Die gerade entlassenen Männer wurden wieder zusammengerufen, mit Lastwagen abgeholt und alle Volkssturmmänner zusammen wurden nach Neidenburg gebracht, wo man um halb zwei in der Nacht ankam.
Die Stadt - und vor allem die Kreisleitung - glich einem Ameisenhaufen. Die wildesten Gerüchte kursierten. Die Russen seien am 17. Fast bis Soldau vorgerückt, hätten es am 18. erreicht und besetzt, seien weiter auf dem Vormarsch. Im Hof der Kreisleitung verbrannte man die Akten, die Straßen der Stadt waren verstopft von nach Westen flüchtenden Marschkolonnen und Wagen, Militärs und Zivilisten.
Ein Teil der Neidenburg-Bataillone besetzte die Schützengräben in der Stadt, die man beim Schippeinsatz im Sommer ausgehoben hatte. Ob unser Vater bei diesen Leuten war oder es ihn in dem beginnenden Chaos anderswo hin verschlagen hatte, konnte ich nicht herausfinden. Schon am Vormittag des Freitag (19. Januar) wurden die Volkssturm-Stellungen von Flugzeugen aus beschossen und erste Bomben über Neidenburg abgeworfen. Am Morgen dieses 19. – reichlich spät, für viele Tausende zu spät – kam von der Partei die Erlaubnis und dann der Befehl zur Evakuierung der Bevölkerung – wir, die Kleins, waren bereits unterwegs.

Es zeigte sich nun, dass man zur Verteidigung Neidenburgs unter dem Waffen-SS-Major Krosigk viel zu wenige Soldaten zur Verfügung hatte, die mit den zusammengewürfelten Volkssturmeinheiten die Stadt nie und nimmer halten konnten. Und so kam denn auch am Morgen des Sonnabend der Befehl, sich abzusetzen. Als sich die Volkssturmmänner sammelten, stellten sie fest, dass die Wehrmachtssoldaten bereits verschwunden waren.

In den nächsten Tagen hielten sich verschiedene Teile der Volkssturmbataillone in unterschiedlichen Bereichen dicht an der Front auf. Der Hauptteil des Bataillons, zu dem unser Vater gehörte, wurde unter dem Befehl von Seddig noch in letzter Stunde – am 22. – zur Verteidigung Allensteins eingesetzt, konnte dort aber nichts mehr ausrichten, die Russen nicht mehr aufhalten. Am 20. hatte der russische Wehrmachtsbericht die Einnahme von Mlawa, Soldau und Plonsk gemeldet, am 22. die von Tannenberg, Allendorf, Gedwangen und Neidenburg, am 23. die von Osterode, Deutsch-Eylau und Allenstein. Wo genau unser Vater bei diesen Kämpfen mitmachte, ist leider nicht bekannt. Unklar ist auch, wann und wie er dann in den Bereich Heiligenbeil an der Ostseeküste geriet, wo er die Endphase des Krieges erlebte, aber nicht überlebte.

Bevor ich über diese für uns so schlimmen Ereignisse berichte, bereite ich aber erst einmal unsere Flucht vor, weil das der Chronologie entspricht und unser Vater dabei ja noch als Lebender beteiligt war.

4. Die Flucht

4.1. Planung und Vorbereitung

Unser Vater hat in all den Kriegsjahren jeden Gedanken an Flucht weit von sich gewiesen. Er gehörte zu denjenigen, die fest an den Endsieg glaubten, wusste man doch unklar etwas von Wunderwaffen, die bereits erprobt wurden und mit denen man trotz allem den Sieg würde erzwingen können. Außerdem stand an der Spitze der deutschen Streitkräfte immerhin der größte Feldherr aller Zeiten – was sollte da schiefgehen.
Die Wende in seinem Denken – so wird bei uns in der Familie erzählt – sei im Winter 1944 gekommen. Er sei als Volkssturmmann unter anderem in Goldap gewesen, und dieses Goldap sei kurz zuvor von Russen eingenommen und dann wieder zurückerobert worden. Und was die Russen dort in der kurzen Zeit der Besatzung angerichtet hätten, solle so schrecklich gewesen sein, dass er und seine Kameraden es kaum glauben mochten. Er habe danach seine Meinung geändert, sei nun überzeugt gewesen, dass diese Russen den Kampf gewinnen würden und er war vor allem sicher, dass man es keinesfalls riskieren konnte, seine Familie diesen Menschen in die Hände fallen zu lassen.

Diese Erzählung ist ziemlich sicher nicht korrekt, denn erstens kann unser Vater vor Weihnachten kaum in Goldap gewesen sein (sein Einsatzort Grabnick lag 50 km südlich davon) und zweitens haben sich die Gräuel, von denen er zu Hause erzählt hat, nicht in Goldap selbst abgespielt, sondern in einem Dorf ganz nahebei, in Nemmersdorf, noch einmal 25 km nördlich. Das ändert aber nichts an den berichteten Ereignissen selbst und auch nichts daran, dass unser Vater die eben genannten Konsequenzen in Bezug auf das Fliehen zog.
Goldap, das ist zutreffend, war am 22. Oktober 1944 von der russischen Armee besetzt worden, einen Tag vorher hatte man die Bevölkerung evakuiert. Nach schweren Kämpfen gelang es der deutschen Armee noch einmal, die Stadt zurückzuerobern, wobei sie zu 90% zerstört wurde. Am 18. Januar geriet sie endgültig in die Hände der Roten Armee. Von irgendwelchen Gräueltaten in dieser Stadt finden sich nirgendwo Berichte, weder in den Geschichtsbüchern, noch in den Romanen, die sich mit diesen Ereignissen befassen.

Um Nemmersdorf einzubetten, muss ich wieder ein wenig aus der Geschichte erzählen, aus den Kämpfen um Ostpreußen, die uns ja zur Flucht gezwungen und unseren Vater das Leben gekostet haben.

Jahrelang herrschte in Ostpreußen schönster Frieden, während deutsche Soldaten den Krieg in die Nachbarländer trugen und die Alliierten, vor allem die Engländer und dann auch die Amerikaner, das Deutsche Reich mit Fliegerangriffen überzogen, um die Bevölkerung gegen Hitler aufzubringen und auf diesem Wege einen politischen Umsturz und dann den Frieden zu erreichen. Während es im „Reich" schon Hunderttausende von Bombenopfern gab und Städte wie Lübeck, Köln und Hamburg bereits in Schutt und Asche lagen, fühlten sich die Menschen in Ostpreußen weitgehend sicher. Die deutsche Propaganda hatte ihnen weisgemacht, kein britischer Bomber könne die weite Strecke nach Ostpreußen zurücklegen. So wurde dieses Gebiet Zufluchtsort für viele ausgebombte Reichsbewohner, vor allem für Kinder im Rahmen der „Kinderlandverschickung". Die Front in Russland lag so weit weg, dass auch von die-

ser Seite keine Gefahr gesehen wurde, auch dann nicht, als die Front begann, sich nach Westen zurückzubewegen. Im Herbst 1944 fühlte man sich noch völlig sicher.
Dabei hatte der Anfang vom Ende bereits am 22. Juni 1944 begonnen. An diesem Tag – es war der dritte Jahrestag des Überfalls der deutschen Wehrmacht auf Russland – hatte die Rote Armee ihre Sommeroffensive begonnen. Die schwache deutsche Heeresgruppe Mitte unter Generalfeldmarschall Busch bekam den unsinnigen Befehl, jeden Ort, jede Stellung bis zum letzten Mann zu verteidigen – dabei wäre es strategisch klug gewesen, die weit ausgebeulte, fast tausend Kilometer lange Front zurückzunehmen, zu begradigen, um sie besser verteidigen zu können. Die wenigen deutschen Soldaten hatte keine wirkliche Chance, zu viele Männer und Waffen hatte man nach Frankreich hinübergeworfen, um dort die Invasion, die die Engländer zusammen mit den Amerikanern zwei Wochen vorher (am 6. Juni) in der Normandie begonnen hatten, zu stoppen.

Die Russen setzten 2,2 Millionen Soldaten und 6000 Flugzeuge ein und vernichteten in kurzer Zeit 25 der 38 kämpfenden deutschen Divisionen – das sind 350 000 Soldaten. Dieser Zusammenbruch der Heeresgruppe Mitte übertraf in seinen Auswirkungen sogar Stalingrad. Die Front war nun auf 350 km offen und die Russen konnten relativ ungehindert auf das Deutsche Reich zumarschieren.
In nur sechs Wochen stieß die Sowjetarmee etwa 1000 km vor. Erst kurz vor den Grenzen Ostpreußens brachte man sie zum Stehen. Wer in grenznahen Gebieten wohnte, konnte das Grollen des Kanonendonners in der Ferne hören.

Ende Juli erlebten die Ostpreußen die ersten Flüchtlingsströme aus dem Baltikum und dem Memelland. Aber da die Russen noch einmal zurückgeschlagen wurden, konnten die Geflüchteten rechtzeitig zur Ernte auf ihre Höfe zurückkehren – man war in Ostpreußen wieder beruhigt.
Im August wurde dann die ‚Idylle' schlagartig zerstört, als 200 englische Bomber trotz aller gegenteiliger Schwüre des Reichsmarschalls Göring, der die Luftwaffe befehligte, Königsberg erreichten, 500 Tonnen Bomben abwarfen und damit über tausend Einwohner töteten und 10.000 obdachlos machten. In den nächsten Tagen erfolgten weitere Bombardements. Göring, der getönt hatte, er wolle „Meyer" heißen, wenn es je einem feindlichen Flugzeug gelänge, deutsches Gebiet zu erreichen, trug schon lange seinen Spitznamen.
Nach diesen Angriffen, die Hand in Hand gingen mit weiteren Vorstößen der russischen Bodentruppen, schlug der Oberbefehlshaber der 4. Armee Roßbach vor, die Bevölkerung aus den östlichen Gebieten der Provinz zu evakuieren – aber vor allem Gauleiter Koch sorgte dafür, dass dieser Vorschlag abgelehnt wurde – der Bau des „Ostwalls" war seine Antwort.

Als Mitte Oktober die Herbstoffensive der Russen begann, war man auf deutscher Seite schlecht vorbereitet. Der erste Angriff erfolgte gezielt von Osten her auf Königsberg – erstmals in diesem Krieg rollten russische Panzer über deutschen Boden. Der erfolgreichste Angriff traf den Ort Nemmersdorf, etwa 25 km nördlich der Stadt Goldap. Und von den Ereignissen hier hat unser Vater mit Sicherheit gehört, und das ist der Hintergrund der nicht ganz korrekten Information, er habe in Goldap die Schrecken russischen Einmarsches kennen gelernt. Über Nemmersdorf muss hier genauer berichtet werden, denn die Ereignisse dort haben nicht nur unseren Vater dazu bewogen, für seine Familie die Flucht vorzubereiten, sondern viele tausend weitere Ostpreußen auch….

Am 21. August 1944 drangen russische Soldaten in Nemmersdorf ein. Als deutsche Truppen zwei Tage später den Ort wiedereroberten - ich zitiere jetzt aus dem Buch von Guido Knopp, Die große Flucht – „*bot sich ihnen ein grausames Bild: Alle, die Nemmersdorf nicht rechtzeitig verlassen hatten,* [die meisten waren am Vortag geflüchtet] *waren brutal ermordet worden. Die grausame Bilanz der ersten Konfrontation russischer Kampfverbände mit deutscher Zivilbevölkerung lautete: 26 Tote, unter ihnen Frauen, Kinder und Alte. Sofort lief Goebbels Propagandamaschinerie auf Hochtouren. Deutsche wie ausländische Zeitungen berichteten wenig später vom ‚Massaker in Nemmersdorf' und sparten dabei nicht an Details: ‚vergewaltigte Frauen und Kinder', ‚brutal hingerichtete Greise'. Die Wochenschau brachte Bilder, die sich für immer in das kollektive Gedächtnis der entsetzten Kinobesucher eingraben sollten."*

84. Frauen-Leichen in Nemmersdorf

Diese Informationen haben ohne Zweifel auch die Volkssturm-Einheiten (und damit auch unser Vater) zu sehen bekommen, denn Goebbels hatte Anweisung gegeben, die *„sowjetischen Gräuel in der Öffentlichkeit stärker in den Vordergrund zu rükken"*...So titelte dann auch der Völkische Beobachter am 27. Oktober: *„Das Wüten der sowjetischen Bestien – Furchtbare Verbrechen in Nemmersdorf"*.
Ziel dieser Pressekampagne war es, den Widerstandswillen der Soldaten und des Volkssturms zu stärken, doch – ich zitiere noch einmal Knopp – *„mit seiner Nemmersdorf-Kampagne hatte sich der sonst so wirkungsvoll agierende Propagandaminister verrechnet: Statt den Widerstandswillen zu stärken, brach unter der Bevölkerung Panik aus. In den Wochen nach... Nemmersdorf setzte in Ostpreußen eine erneute, unkontrollierte Fluchtbewegung ein..."*

Über die Ereignisse in Nemmersdorf hat es zahlreiche Untersuchungen gegeben, die wohl folgendermaßen zusammengefasst werden können: 1. Die russischen Soldaten haben tatsächlich 21 Zivilisten getötet – auch Frauen und Kinder und Alte. Diese hatten in einem Bunker Schutz gesucht, waren dann hinausgetrieben worden, als die russischen Soldaten dort selbst unterkrochen, weil die deutsche Luftwaffe angriff, und man hatte sie dann direkt vor dem Bunkereingang mit Maschinenpistolen zusammengeschossen. Eine junge Frau überlebte mit schweren Schussverletzungen und berichtete diese Details. 2. Die genannten Vergewaltigungen hat es hier nicht gegeben, anderswo und später durchaus. 3. Die deutschen Truppen eroberten am nächsten Morgen das Dorf zurück und fanden die Toten. Goebbels schickte sofort ‚Fachleute' nach Nemmersdorf, die gezielte Veränderungen am Tatort vornahmen. Man holte Tote aus den noch offenen Gräbern, man legte ermordete Frauen mit manipulierter Kleidung wirkungsvoll in Reih und Glied. 4. Man machte Aufnahmen für den Völkischen Beobachter und die Deutsche Wochenschau, und man lud drei Tage später die internationale Presse ein, die die Toten fotografierten und in ihren Blättern vorführten.

Hanns-Joachim Paris, der damals als Kriegsberichterstatter vor Ort war, erinnert sich: *„Man hatte mit dem Aufräumen gewartet, bis die ausländischen, neutralen Journalisten gekommen waren und alles dokumentiert hatten. Auf einem Acker liegend, wurden die Toten ‚öffentlichkeitswirksam' präsentiert: die Frauen mit entblößtem Unterleib, daneben tote Kinder und Greise."* Helmut Hoffmann, der das Dorf als einer der ersten Soldaten nach der Rückeroberung betreten hatte: *„So wie sie fotografiert wurden, so hatte man sie im Nachhinein hingelegt. Man hat ihnen die Kleider hochgeschoben und die Schlüpfer heruntergezogen."*
Die Interviews mit diesen Zeitzeugen wurden von Guido Knopp durchgeführt und in dem genannten Buch veröffentlicht.

Ich habe Nemmersdorf hier so ausführlich dargestellt, nicht weil ich teilnehmen möchte an der müßigen Diskussion, welches Volk wie viel Schuld auf sich geladen hat, sondern weil dieses Ereignis das Umdenken unseres Vaters bewirkte. Für den Historiker und die Nachwelt ist es wichtig, zwischen der Realität und der propagandistischen Überzeichnung zu unterscheiden (wie ich es hier in Kürze versucht habe), für unseren Vater dürfte es ziemlich gleichgültig gewesen sein, ob die Darstellung der Medien die Realität *genau* traf, sie schockierte ihn und bewirkte sein Umdenken.

Wie stark die Darstellung der Medien bis heute die Sicht der (zumindest einiger!) Deutschen dominiert, belegt Giordanos Schilderung, die auch in der vierten Auflage seines Buches „Ostpreußen ade" im Jahre 2009 nicht korrigiert wurde (S.99 f.)

"Das Bild, das sich ihnen bot, übertraf alle Befürchtungen: Frauen und Männer, Alte und Junge waren auf bestialische Weise umgebracht worden – verstümmelt, an Türen und Scheunentore genagelt, die Leiber aufgeschlitzt, und die Frauen vergewaltigt, ehe auch sie erschlagen, erschossen, erdrosselt wurden."
Zur Ehrenrettung des Roman-Autors Giordano möchte ich aber eine weitere Stelle zitieren, eine Seite später, in der er sich ganz in meinem Sinne zu der oben genannten „müßigen Diskussion" äußert, nachdem er geschrieben hat, *„daß ein so barbarisches System wie das nationalsozialistische (*das mit der Barbarei in Europa und dann vor allem in Russland begonnen hatte!*) „nur durch ein anderes barbarisches System entscheidend geschlagen werden konnte":*
„Also endlich Schluß mit der Perversität, das nationalsozialistische Deutschland und die stalinistische Sowjetunion als Meßmodelle aneinanderzuhalten, um dann, je nach Standort des Beurteilers, zu dem Schluß zu kommen, das eine sei >schlimmer< oder >weniger Schlimm< als das andere. Schluß damit, die Ermordeten der beiden größten historischen Gewaltsysteme zu Rivalen zu degradieren…Und Schluß auch damit, das grauenhafte Ende in den Gaskammern von Auschwitz zu kompensieren mit dem schaurigen Tod in den Gefrier- und Hungerhöllen des Gulag – und umgekehrt."

Ich habe 2005 einen Film über die Kämpfe zwischen Weichsel und Oder im Januar/Februar 1945 gesehen. Hier wurde auch die damalige deutsche Wochenschau über die Ereignisse in Nemmersdorf gezeigt – ich habe keinen Grund, das eben Geschriebene daraufhin zu verändern, habe jetzt aber eine direktere Anschauung. In diesem Film wurde auch ein russischer politischer Kommissar interviewt, der ganz deutlich formulierte, wie er „seine" Soldaten auf äußerste Härte gegen die deutschen Soldaten trimmte, wie man den jungen Soldaten ausgesuchte Fotos und Schilderungen der Grausamkeiten der Deutschen in KZs und in Russland vorführte, um jedes Mitleid mit den Deutschen, auch mit Verletzten oder Gefangenen, zu unterdrücken.
Man darf hier aber auch nicht das bekannte Stalin-Zitat unerwähnt lassen, das zeigt, dass nicht alle russischen Politiker (und natürlich auch nicht alle russischen Soldaten) darauf aus waren, die Deutschen pauschal als Nazis anzusehen und daher möglichst vollständig umzubringen. Im Gegensatz zu zahlreichen Hetzern – auch unter den russischen Schriftstellern, die ihre Parolen über den russischen Rundfunk verbreiteten - sagte Stalin in seinem Tagesbefehl Nr. 55: *„Manchmal wird darüber geschwätzt, dass die Rote Armee das Ziel habe, das deutsche Volk auszurotten. Es wäre lächerlich, die Hitlerclique dem deutschen Volke, dem deutschen Staat gleichzusetzen. Die Erfahrungen der Geschichte besagen, dass die Hitler kommen und gehen, aber das deutsche Volk, der deutsche Staat bleibt."*

Im Nachhinein müssen wir Goebbels eigentlich dankbar sein für seine Propaganda-Aktion, denn erst sie hat es möglich gemacht, dass die Flucht unserer Familie zumindest halbwegs gut vorbereitet wurde:
Als unser Vater Weihnachten zu dem schon erwähnten Urlaub aus seinem Standort Grabnick nach Hause kam, war sein Entschluss gefasst. *„Du wartest auf niemanden! Wenn hier gesagt wird, es wird geflüchtet, dann bloß weg!"* – so erinnert sich Erna an seine Worte. Er gab nicht eher Ruhe, bis unsere Mutter ihm fest versprochen hatte, sofort zu flüchten, wenn man hörte, dass die Russen in der Nähe seien. Wir sollten so weit nach Westen fahren, bis wir sicher sein konnten, dass die Russen uns dort nicht mehr erreichen könnten.

Und damit eine solche Flucht auch stattfinden konnte, ging er gleich in die Schmiede, um einen Wagen vorzubereiten. Ein normaler großer Kastenwagen mit Sitzbock und den üblichen Holzrädern, die mit einem Eisenreifen eingefasst waren, wurde ausgewählt. Dieser Wagen war etwa fünf Meter lang, der Boden zwei Meter breit, die schrägen Seitenbretter hatten oben einen Abstand von vielleicht 2,5 Meter. (Diese Maße teilte man mir auf der Terrasse am Gym-See mit, als wie den Beschluss fassten, dass ich dieses Buch schreibe.) Er kaufte in Soldau biegsame Eisenbänder und etwa zwei Meter breite, verzinkte, gebogene Blechplatten, und daraus baute er - zusammen mit den beiden Polen, die die Arbeit dann eigenständig abschlossen - ein rund gewölbtes Dach, so dass man in der Mitte des Wagens stehen konnte und gegen die Unbilden des Winterwetters gut geschützt war. Dieser Bau musste versteckt in der Schmiede stattfinden, zu deutlich hätten böse Menschen an der Konstruktion die Fluchtabsicht erkennen und unsere Familie anzeigen können. Niemand sonst baute in Lensk einen ähnlichen Wagen – als die Flucht begann, konnten sie in der Eile nur Notkonstruktionen aus Latten und Wolldecken und irgendwelchen Planen errichten. Wer sich Filme von der Flucht anschaut, wird beobachten können, dass fast alle Wagen oben offen waren, nur ganz wenige waren so gut geschützt wie der unsere.

Unser Vater konnte nicht wissen, dass bereits zweieinhalb Wochen nach seinem Urlaub die Stunde Null kam - deutlich früher, als selbst die Pessimisten angenommen hatten.
Schuld daran war wieder einmal die große Kriegs-Politik:
Nachdem die Deutschen im Westen noch einmal alle Kräfte mobilisiert hatten, um in der Ardennenoffensive (Beginn: 16. Dezember 1944) das Kriegsglück doch noch auf ihre Seite zu bringen - sie hatten auch Anfangserfolge, wurden dann aber (vor allem wegen der alliierten Luftüberlegenheit) schnell in arge Schwierigkeiten gebracht - drängten die Westmächte die Russen dazu, ihnen mit einem eigenen Großangriff im Osten zu Hilfe zu kommen. So kam es, dass der Beginn dieser schon lange geplanten Offensive vorverlegt wurde: auf den 12. Januar 1945.

Die Offensive hatte an der ganzen Front Erfolg: Durch das Umgehen Ostpreußens und das Vordringen der Roten Armee im Weichseltal von Süden her bis hinauf an die Ostsee wurde Ostpreußen vom übrigen Reich abgetrennt, und die Generäle Rokossowski und Tschernjakowski gingen dann zur Eroberung dieses isolierten Gebietes über. Die deutschen Soldaten fluteten zurück, vor allem nach Norden, weil der Westen, die Weichselniederungen, bereits in russischer Hand waren. Auch durch Przellenk und Lensk marschierten sie, vor allem am 18. Januar, als die Russen sich bereits Soldau näherten (es kapitulierte am 19. Januar). Sie erzählten von den Vorgängen an der Front und machten den Deutschen klar, dass jetzt, und keinen Tag später, der Zeitpunkt gekommen sei, an dem man die Flucht ergreifen müsse.

Hella Richter, Tochter unseres Lebensmittelhändlers und Schankwirtes in Gr. Lensk, erzählte auf unserem Familientreffen im August 2003, am 17. Januar hätten sich „die Männer" (sie machte keine genaueren Angaben) zu einer Versammlung in Heinrichsdorf getroffen. Dort habe man sich darauf verständigt, dass man in Lensk von Hof zu Hof gehen und jeden befragen solle, ob er flüchten oder bleiben möchte. Dann sei - wohl am nächsten späten Nachmittag oder frühen Abend, also dem 18. Januar - der Gastwirt aus dem nahen Grodtken bei Richters hereingestürzt - er hatte dort Licht gesehen - und hatte gerufen: „Seid ihr denn verrückt, warum seid ihr noch nicht weg?!" Er selbst war mit seiner Mutter bereits unterwegs auf der Flucht, denn die in Grodtken einmarschierenden Russen hatten seinen Vater erschossen, und sie waren daraufhin sofort aufgebrochen.

Vater Richter, der nach Hellas Aussage seinen Wagen schon am 17. beladen hatte, sei daraufhin sofort zum Bürgermeister Radtke hinüber gelaufen, und gemeinsam seien die beiden dann verabredungsgemäß von Hof zu Hof gegangen und hätten die Bewohner gefragt, ob sie flüchten wollten, dann müssten sie sofort packen. Bei der Frau Behrend seien sie drei Mal gewesen, die sei aber bei ihrem Nein geblieben, wie auch die Wredes und die Amendas. Die anderen Deutschen hatten zugestimmt.

85. Bürgermeister Radtke mit Familie

Im unserem Nachbardorf Przellenk kam man zu einem anderen Ergebnis als in Groß Lensk. „Wir sind doch Christen und die Polen und Russen auch. Wir haben doch immer alle gut behandelt und wir haben doch schon einmal unter dem Polen gelebt und es war uns gar nicht so schlecht gegangen. Wir bleiben hier, was soll uns schon passieren?!" - Das war der Tenor, der in Przellenk die Oberhand gewann und dafür sorgte, dass aus diesem Dorf nur wenige Familien flüchteten, und das auch erst am Morgen des 19. Januar. Eine Familie Bölke war dabei, Adolf Krempin, Rapps, Lehmanns und die Gutsbesitzer Orschinski. Die engen Verwandten mancher Lensker waren nicht dabei. Möglicherweise hat das nächtliche Glatteis – über die genannten grundsätzlichen Erwägungen hinaus - eine Rolle gespielt, möglicherweise haben sie auch auf die offizielle Anweisung des Gauleiters zur Flucht gewartet: Diese kam dann einen Tag später, aber dieser eine Tag war für fast alle ein Tag zu spät: Sie fielen der einrückenden Roten Armee in die Hände. (Ich komme später noch einmal darauf zurück.)

4.2. Ostpreußen bei Kriegsende

Bevor ich nun unsere Familie und fast ganz Lensk auf den großen Treck schicke, soll die Frage beantwortet werden, ob denn die Przellenker mit ihrem Optimismus Recht behalten haben. Die Antwort lautet eindeutig ‚nein': Es zeigte sich sehr schnell, dass sie sich getäuscht hatten. Die Stimmung am Ende des Zweiten Weltkrieges war mit der am Ende des Ersten in keiner Weise zu vergleichen. Hatte damals Polen wieder einen eigenen Staat erhalten und war man daher bereit, die Deutschen glimpflich zu behandeln, so war die Grundstimmung jetzt gänzlich anders. Bei vielen, wenn nicht bei allen, herrschte Wut und der Wunsch nach Rache vor. Schließlich hatten die Deutschen unter Hitler ihren Staat neuerlich zerstört, hatten Hunderttausende umgebracht, hatten – auch in Lensk und Przellenk! – den Polen ihr Hab und Gut weggenommen und sie gezwungen, die Arbeit für die neuen Besitzer zu verrichten, an abgesonderten Tischen zu sitzen…es wäre leicht, die Aufzählung der Schikanen um einiges zu verlängern. Wie konnte man als Deutscher da eigentlich erwarten, nun freundlich behandelt zu werden!? Außerdem hatte man es jetzt nicht nur mit den Polen zu tun, sondern die konkreten Eroberer waren Russen, russische Soldaten, die auf ihrem Vormarsch durch die westlichen Teile ihres Heimatlandes gesehen und gehört hatten, wie die Deutschen auf ihrem Vormarsch in diesem Bereich gehaust, gewütet, gemordet hatten und die zusätzlich von kommunistischen Kommissaren mit Bildern und Filmen z.B. über das KZ Maidanek, das man inzwischen eingenommen und befreit hatte, zu Härte und Hass gegen die Deutschen – nicht nur gegen die deutschen Soldaten – erzogen und sogar aufgehetzt worden waren – ich erwähnte das bereits.

Ich kenne einen Bericht über den Einmarsch der Russen in Neidenburg, der sehr zurückhaltend und differenziert über unterschiedlichste Verhaltensweise der Offiziere und Soldaten berichtet, der aber auch klar sagt, dass manche Offiziere Plünderungen und Vergewaltigungen zumindest in den ersten Tagen durchaus nicht unterbunden haben. Die Soldaten hatten sogar die Erlaubnis erhalten, recht große Pakete kostenfrei in ihre Heimat zu schicken – und dass man diese Pakete schwerlich mit dem füllen wollte und konnte, was man in der Armee erhielt, wird allen klar gewesen sein. Ich möchte das hier nicht weiter ausbreiten, weil über die schlimmen Ereignisse beim Einmarsch der Russen hinreichend (oder mehr) berichtet worden ist, in Zeitungen, Zeitschriften, in Erlebnis-Romanen, in Filmen, in wissenschaftlichen Untersuchungen, in Dokumentationen - und ich nicht Öl ins Feuer gießen will.

Nicht nur die Deutschen wurden Opfer der ersten Wut-Welle, auch die im Grenzbereich wohnenden Polen hatten Schikanen auszuhalten. Erst nach Tagen besann sich die russische Führung, dass man nicht gegen die Polen Krieg geführt hatte; man ließ sie zufrieden – und man ließ sie gewähren, auch als der eine und andere dem aufgestauten Hass gegen den einen oder anderen Deutschen freien Lauf ließ.

Je mehr man über die Ereignisse liest, desto deutlicher wird der Eindruck, dass es in den Anfangstagen weder bei den Russen noch bei den Polen eine klare Linie in der Behandlung der Deutschen gab. So gibt es Beschwerden der Russen, dass sich die Polen schlecht benehmen, plündern, rauben, prügeln, und so gibt es umgekehrt Klagen der Polen gegen die Russen. Ich zitiere stellvertretend für viele Gomulka, den späteren Regierungschef, der an die russische Botschaft in Warschau schrieb (14.Jan.1946): *„Das Verhalten einiger Einheiten der Roten Armee, die es zu Vergewaltigungen, Plünderungen, Diebstählen und Mordtaten kommen lassen, erschwert das polnische Vorgehen in den wiedergewonnenen Gebieten."*

Ich habe von unseren Verwandten und Bekannten aus Przellenk leider kaum etwas über ihre Erlebnisse erfahren, weil wir in den Jahren, als das gut möglich gewesen wäre, an diesen Geschichten nicht interessiert waren. Ersatzweise zitiere ich erst einmal aus einem Bericht der alten Gutsbesitzerin aus Przellenk, Magda Oschinski, geb. Riemer, die zumindest einiges darstellt: *„Am 19. Januar 1945 besetzten sowjetische Truppen Przellenk. Die Mehrzahl der Einwohner war, da kein Räumungsbefehl vorlag, im Dorf geblieben. Von den Russen wurden folgende Einwohner erschossen: Rudolf Schmidt, Rudolf Wolff, Helmut Wolff, Wilhelm Jablonowski. Zwei Einwohner wurden verschleppt, 35 Männer sind im Dienst der Wehrmacht gefallen."*

Was in Groß Lensk geschah, darüber gehen die Angaben nicht nur in unserer Familie auseinander. Es soll vor der Kirche spontan zu Ausschreitungen gekommen sein, an denen sich ‚unsere' beiden polnischen Mitarbeiter beteiligt haben sollen. Hier sind die Darstellungen ebenfalls kontrovers. Laut Erich wäre eine Beteiligung unserer beiden Polen nicht ganz überraschend gewesen, sie hätten manchmal in der Scheune gesessen, das Balkenwerk betrachtet und sich darüber unterhalten, wen sie an welchem Balken aufhängen werden, wenn erst einmal der Krieg von der Roten Armee gewonnen und die Polen wieder Herren in diesem Lande sein würden. Erna bezweifelt diese Erich-Aussage und verlegt die Geschichte mit dem Balken-Aussuchen in die Familie Rossol. Diese Familie sei mit ‚ihren' Polen besonders schlecht umgegangen. Sie hätten sie nicht nur an einem gesonderten Tisch essen lassen, sondern hätten auch extra – natürlich extra schlecht – für sie gekocht. Und von diesen Polen habe ‚unser' Janeck dann gehört, sie hätten ihm gesagt, dass sie bereits den Balken ausgesucht hätten, an dem sie die Rossols... Bei unseren Polen sei eine solche Haltung kaum zu erwarten gewesen. Zwar sei „der Chenek" durchaus „fanatisch" gewesen (was wohl bedeutet, er habe mit Engagement die Rechte seines polnischen Volkes eingefordert), aber Janeck sei geradezu dankbar gewesen, bei uns arbeiten zu können. Er stammte aus Kongresspolen, wo es ihm viel schlechter gegangen sei als bei uns, erst bei uns habe er anständige Arbeitskleidung bekommen und ebensolches Essen. Würde er nicht bei uns gearbeitet haben, so hätte Zwangsarbeitseinsatz im Reich angestanden – und das wäre mit Sicherheit wirklich schlimmer gewesen. - Letzteres wird so stimmen, bei der Wahl zwischen Cholera und Schnupfen wird er mit Freuden den Schnupfen hingenommen haben – aber hätte es da nicht noch eine Variante gegeben – ein freies, selbstbestimmtes Leben neben und mit den Deutschen, statt unter ihnen!?

Nach Aussagen von Erich soll bei diesen Ausschreitungen bei uns in Lensk aber niemand erschlagen worden sein. Die Vergewaltigungen, von denen ich mehrfach gehört hatte, fanden wohl auch nicht in Lensk statt; unsere Cousine Frieda Klein, die Tochter von Papas Schwester, wurde nicht dort, sondern auf der Flucht aus dem Warthegau (was die Sache aber natürlich nicht weniger schlimm macht) von russischen Soldaten vergewaltigt; ihre zweite Tochter hat einen Russen zum Vater.

In Przellenk und Lensk behielt kein Deutscher seinen Hof. Die Polen drehten nun den Spieß um und machten die Deutschen zu ihren Arbeitern, wenn sie sie nicht noch schlechter behandelten. So erzählt Erich, Onkel Michel und Onkel Ferdinand seien zusammen mit vielen anderen Männern aus Przellenk in die Burg nach Soldau verschleppt und dort misshandelt worden. Onkel Ferdinand überlebte das Lager, Onkel Michel nicht. Unsere Tante Anna gehörte mit vielen Przellenkern zu denen, die man nicht sofort im Rahmen der in Potsdam erlaubten Zwangsaussiedlung in den Westen deportierte; im Gegenteil, man erlaubte ihnen jahrelang nicht die Ausreise, weil man

175

sie gut als kostenlose Zwangsarbeiter gebrauchen konnte – Auge um Auge, Zahn um Zahn.
Erna ist noch heute erbittert über die Ungerechtigkeit der Behandlung vieler Deutscher. *„Aber was sie nun mit den Menschen gemacht haben, die dageblieben sind, die keinem Menschen etwas zu Leide getan hatten, die haben nicht danach gefragt, hat der einem Polen was getan, nein, die haben alle schlecht behandelt, und wie! Hör mal Tante Anna und die andern! Die haben ganze Familien in ein Zimmer zusammengepfercht und haben ihnen alles weggenommen, restlos alles, und nicht nur denen, die polnische Arbeiter schlecht behandelt haben."*
Erna hat von Hilde, (einer entfernt Verwandten) bei einem gemeinsamen Aufenthalt in Norddeich grausliche Geschichten über die Behandlung auch unserer Verwandten in Przellenk gehört. Meine Versuche, genauere Informationen darüber zu bekommen, sind aber trotz vieler Bemühungen gescheitert: In diesem Bereich ist Verdrängung ein weit verbreitetes psychologisches Phänomen. Man möchte nicht erinnert werden…

Wer über das Chaos in den ersten Tagen und Wochen nach der Eroberung Näheres wissen möchte, sollte das Buch „Ostpreußisches Tagebuch, Aufzeichnungen eines Arztes aus den Jahren 1945-1947" von Hans Graf von Lehndorff lesen. Der schildert ausführlich, wie sich russische Soldaten und polnische Zivilisten gegenüber den Deutschen verhalten haben - man glaubt es manchmal kaum, welche aberwitzigen, unsinnigen und unmenschlichen Aktionen es da gegeben hat.

Wer diesen Erlebnisbericht für subjektiv und zu übertrieben ansieht, kann zu der offiziellen Dokumentation des Bundesministeriums für Vertriebene aus dem Jahre 1954 greifen, die *„die umfangreichste Sammlung von Berichten über Brutalitäten aller Art, von Plünderung und Vergewaltigung bis Massenmord auf rund 4000 Seiten"* darstellt und mit Augenzeugen belegt. (Das Zitat stammt aus Peter Urban, Deutsche in Polen). Man kann es zusammenfassen und auf eine ganz einfache Formel bringen: Deutsches Eigentum und deutsche Menschen waren rechtlos geworden – Deutschland sei nach der bedingungslosen Kapitulation (und im Osten schon in den Monaten davor) kein Rechtsobjekt mehr gewesen – so formulierte es ein polnischer Außenminister im Jahre 1989. Deutsche Rechtswissenschaftler halten allerdings dagegen, dass nach der Haager Landkriegsordnung (Artikel 42 bis 56), die bereits vor dem Ersten Weltkrieg verabschiedet worden war, allen Besatzern Kollektivstrafen, Zwangsarbeit und Verschleppungen verboten seien, sie hätten der besetzten Bevölkerung den Schutz ihrer Ehre, der Rechte der Familie und des Privateigentums zu gewähren.
Aber wer interessierte sich in diesen Chaos-Wochen schon für eine alte Landkriegsordnung?!

Ich fragte mich nach der Lektüre der grauslichen Details, ob all diese Handlungen gewissermaßen privat, in eigener Regie der Soldaten und Zivilisten durchgeführt worden sind und wie die russische und polnische Staatsmacht (so weit es eine polnische gab) dazu standen, und fand einige Antworten in dem gerade genannten Buch von Urban.
Es ist ganz offensichtlich, so weist Urban nach, dass die Polen nicht etwa nur die Erlaubnis der Potsdamer Konferenz, die Deutschen aus den Ostgebieten umzusiedeln, ausgeführt hätten, sie seien selbst eine treibende Kraft gewesen und hätten mit Enteignung und Vertreibung etc. bereits Monate vor den Potsdamer Beschlüssen begonnen.
Was die „polnische Staatsmacht" angeht, so hatten die Russen das polnische „Komitee zur Nationalen Befreiung", das aus Moskau-treuen Kommunisten bestand und sich

im Juli 1944 in Lublin zusammengetan hatte, anerkannt und zum Vertragspartner bei allen Verhandlungen gemacht. Dieses Komitee hatte gleich in seiner ersten Verlautbarung Klartext geredet: *„Die Stunde der Revanche an den Deutschen hat geschlagen. Für die Qualen und Leiden, verbrannten Dörfer, zerstörten Städte, vernichteten Kirchen und Schulen, für die Verhaftungen, Lager und Erschießungen, für Auschwitz, Majdanek, Treblinka, für die Ghetto-Morde."*
„Rache für Auschwitz" wurde zum geflügelten Wort.

Bereits am 26.Juli 1944 schlossen Russland und Polen ein Geheimabkommen über die polnische Westgrenze an Oder und Neiße sowie die Vertreibung aller Deutschen östlich dieser Flüsse.
Als dann die Rote Armee zu Beginn des Jahres 1945 den deutschen Osten eroberte, forderten sie das Lubliner Komitee umgehend auf, hier eine eigene polnische Verwaltung aufzubauen – wilde Austreibungen begannen umgehend. Das Komitee teilte den Engländern und Amerikanern, von denen sie gar nicht als legitime polnische Regierung anerkannt wurden, mit, dass sie mit der *„Eingliederung deutscher Vorkriegsterritorien"* begonnen hätten. Der Chef Gomulka gab die Devise aus, es müssten vor Friedensverhandlungen bereits *„vollendete Tatsachen geschaffen werden"*. Diesem Zweck diente denn auch der am 2. März 1945 herausgebrachte Erlass, nach dem allen Deutschen in den *„wiedergewonnenen Gebieten"* ihr Eigentum, auch ihre Häuser und Wohnungen, genommen werden sollten. Andere Dekrete in den Jahren 1945 und 1946 sorgten dafür, dass die Deutschen nicht nur ihr Eigentum verloren, sondern auch einen Großteil ihrer bürgerlichen Rechte. So wurde an sie in manchen Gebieten kein Geld ausgegeben, sie bekamen keine Lebensmittelkarten, man verkaufte an sie keine Bahnfahrkarten etc. Ein polnischer katholischer Pfarrer drückte es so aus: Sie wurden für „vogelfrei" erklärt. (Erna braucht sich also gar nicht über die negative „Gleichbehandlung" aller Deutschen in Przellenk und Lensk zu wundern – die Polen dort handelten ganz im Sinne ihrer Regierung.)

Schon Ende Januar waren in Schlesien alle Bauernhöfe und alles landwirtschaftliche Gerät in den Besitz des polnischen Staates überführt worden. Das *„Gesetz über die Ausstoßung feindlicher Elemente aus der polnischen Gemeinschaft"* (6. Mai) erlaubte Zwang, Gewalt und Arbeitslager. Die Westalliierten, die von den vielen Lagern hörten, protestierten zwar, aber sie scheiterten ebenso wie das Internationale Rote Kreuz an dem Widerstand der Polen und der Russen. Ein amerikanischer Diplomat schrieb im Sommer 1945 an sein Ministerium in Washington: *„Konzentrationslager sind nicht aufgehoben, sondern von den neuen Besitzern übernommen worden. Meistens werden sie von der polnischen Miliz geleitet…"*
Lange bevor also die Alliierten in Potsdam grünes Licht für die Oder-Neiße-Linie gaben (und auch das nur zur vorübergehenden Verwaltung durch die Polen bis zu einer Friedensregelung) und die *„Überführung der deutschen Bevölkerung…in geordneter und humaner Weise"* gestattet wurde, hatten die Polen begonnen, vollendete Tatsachen zu schaffen, wie Gomulka es gefordert hatte – und um Ordnung und Humanität hatte man sich dabei nicht gekümmert.

Eine einheitliche Linie ist auch in Sachen Vertreibung nicht zu erkennen. Es gab Bereiche, aus denen man die Einwohner in Güterwagen deportierte, ihnen ein paar Stunden Zeit gab und nur gestattete, einen Koffer mitzunehmen – wie Hitler es ein paar Jahre vorher mit Juden und Polen gemacht hatte -, es gab aber auch Bereiche, in denen man die Deutschen nicht hinausließ, sie in Lager zusammenpferchte oder

auf den Höfen in Stall oder Scheune hielt, um kostenlose Arbeitskräfte zu haben – auch hier hatten die Polen in Hitler ihren Lehrmeister gesehen.
Und es gab die Parole, dass man *„keinen Tropfen polnischen Blutes und keine polnische Seele"* an die Deutschen abgeben sollte, weshalb z.B. der Woiwode Mozcar in Allenstein alle Deutschen mit einem polnisch klingenden Namen zwang, eine Treue-Erklärung für den polnischen Staat abzugeben und im Land zu bleiben. Ebenso ging man mit den Masuren um, die ja nach polnischer Lesart Polen waren.

Um die Polen ein klein wenig zu verstehen – verstehen heißt nicht unbedingt entschuldigen – sollte man noch kurz darauf eingehen, wie denn mit ihnen umgesprungen worden war – nicht nur von den Nazis, sondern bei Kriegsende auch von den Russen. Stalin hatte in Potsdam durchgesetzt, dass Polen einen breiten Streifen seines Territoriums an Russland abzutreten hatte: Von den 389.000 km² ihres Landes verloren sie 180.000. Das erklärt auch, warum Stalin sich so stark dafür machte, dass Polen im Westen Ersatz bekam: 114.000 km² musste Deutschland als Ersatz für das verlorene Land im Osten an sie abtreten: Polen wanderte durch diese Aktion 250 km nach Westen, nur die Hälfte des alten Staatsgebietes war auch das neue.

Und schon vor den Friedensverhandlungen hatten die Russen damit begonnen, die Polen aus diesen ostpolnischen Gebieten zu vertreiben, und *„das sowjetische Konzept unterschied sich in den Methoden kaum vom Besatzungsterror der Nationalsozialisten"* (so Urban). Zwischen 1,2 und 1,5 Millionen Polen verschleppte man in den Osten, nach Sibirien, Kasachstan, in die Bergwerke am Polarkreis – wie im Ersten Weltkrieg die Wolhynien-Deutschen. Viele brachten sich durch rechtzeitige Flucht in Sicherheit – allerdings unter Zurücklassung aller Habe. Und der Rest? Der Rest von gut zwei Millionen wurde in die leergefegten ehemaligen deutschen Ostgebiete verbracht, übernahmen dort die Häuser der Deutschen, die geflüchtet waren oder die man enteignet und vertrieben hatte: Auch der Pole, der jetzt in „unserem" Haus an der Hauptstraße in Lensk wohnt, ist ein solcher umgesiedelter Ostpole.

Ich schließe dieses unerfreuliche Kapitel mit einem Ausspruch des polnischen Publizisten Jan Lipski: **„Das uns angetane Böse, auch das größte, ist keine Rechtfertigung und darf auch keine sein für das Böse, das wir selbst anderen zugefügt haben."** Ich stimme ihm von ganzem Herzen zu, nicht aber ohne zu betonen, dass sich die Deutschen bereits 1939 an diese Moral hätten halten sollen, und dass wir Deutschen nie wieder gegen diesen Grundsatz verstoßen und aufs Neue auf Rache und Revanche sinnen dürfen.

4.3. Der lange Treck

„Weißt du noch, wie schlecht es unserer Mutter ging, als wir flüchten mussten?"
Nein, ich weiß es nicht, ich habe an die Flucht ebenso keinerlei Erinnerungen wie an das Leben in Ostpreußen, habe aber natürlich hundert Mal gehört, dass unsere Mutter krank gewesen war, sehr krank sogar. Schon seit Weihnachten hatte sie kaum aus dem Bett aufstehen können, hatte Nierenschmerzen und Fieber und war sehr schwach. Um was für eine Art von Krankheit es sich handelte, wusste niemand - mit Ärzten hatte man es in Ostpreußen nicht so recht, und jetzt gegen Ende des Krieges schon gar nicht. Dennoch war sie in der Lage zu protestieren und die Abfahrt der elf Pferdefuhrwerke zu verzögern: Sie wollte unbedingt, dass man auf die Przellenker wartete, schließlich wohnte ein Großteil der engen Verwandtschaft dort. Sie war überzeugt, dass sie sich auch auf den Weg machen würden - eine Kommunikation funktionierte in dieser hektischen Nacht nicht, obgleich die beiden Dörfer nicht einmal drei Kilometer auseinander liegen.

86. GEB: Die Lage der beiden Dörfer

An diesem 18. Januar hatte man schon am Nachmittag mit den Vorbereitungen zur Flucht begonnen. Die Kinder mussten ihre Tornister einpacken, damit sie stets bereit waren, den unterbrochenen Schulbesuch wieder aufzunehmen.
„Weißt du noch, Erna, wie wir unsere beiden Polen Janeck und Chenek holen gingen?" hört man Erich fragen. Die beiden waren - wie abends oft - zum katholischen Pfarrhof zu Freunden gegangen. Das war zwar verboten – das Zusammensein von mehr als drei Polen galt schon als „Zusammenrottung" – wurde aber in den späten Kriegsjahren allgemein toleriert. Und daher war Erich zusammen mit Erna losgelaufen – oh ja, sie erinnert sich noch genau – und hatten den beiden gesagt, sie müssten sofort nach Hause kommen und den Wagen aus der Schmiede holen. Nein, begeistert seien die beiden nicht gewesen, schließlich hatte man abrupt ihr nettes Zusammen-

sein beendet. Aber sie waren gehorsam mitgekommen und gemeinsam hatte man den vorbereiteten Wagen aus der Schmiede zum Wohnhaus gefahren.
Was wohl in den Köpfen dieser beiden vorgegangen sein mag? Schließlich konnte ihnen klar sein, dass sich in wenigen Stunden einiges - nein alles! – für sie ändern würde. Die bisherige „Panje"-Familie, die Herrschaft, machte sich auf die Flucht, damit war das Leben als Knecht vorbei, denn Knechte, Menschen zweiter Klasse, waren sie gewesen, auch wenn man sie nach allem, was ich weiß, in unserer Familie anständig behandelt hatte.

Die dicken Federbetten wurden als erstes auf den Wagen geschleppt, eines für jede Person, dann Essensvorräte, von denen man reichliche Reserven angeschafft hatte: Leinensäcke mit Mehl, Zucker und Salz, ein Eimer voll Marmelade, ein halber riesiger Käse, Weckgläser mit Wurst und Fleisch, Säcke mit Hafer für die Pferde, Kannen mit Milch, dann viele Kleidungsstücke für alle, schöne warme Wollsachen vor allem, die noch Jahre später in Harpstedt getragen werden konnten („*Weißt du noch, wie gut die Stricksachen aus Litzmannstadt waren? Fast so schön gearbeitet wie heute die Sachen von Bleyle."* „*Kannst du dich noch an unserer Mutters schönes Kleid erinnern, das braune mit dem gelben Einsatz. Damit sah sie noch zehn Jahre später gut aus."*), auch die Anzüge unseres Vaters mussten mit, unsere Mutter bestand darauf: „*Er kommt bald aus dem Krieg zurück, und dann wird er doch seine Sachen brauchen!"*

Ein bisschen Geschirr und Besteck wurde ausgewählt, einige Tischdecken (*„Erinnerst du dich noch an so eine schöne mit Weintrauben? Die hatte unser Papa selbst gemalt und unsere Mutter dann gestickt. So schön mit lila und grün."*) wurden verstaut und ein paar der neuen Lederschürzen, die unser Vater beim letzten Urlaub in Soldau gekauft hatte. (Aus diesem Leder machte uns in Harpstedt Schuster Schnepel dann Schuhe - zum Lohn erhielt er einen Teil des Leders.)

Erna konnte es nicht mit ansehen, dass so viele schöne Sachen zurückbleiben sollten. Sie schleppte zusammen mit Erich und Artur Vaters Geige herbei, gut geschützt im Geigenkasten, und hinten aus dem Zimmerschrank das schöne Porzellangeschirr, das sie ordentlich in Kisten verpackt hatten. *„Das muss alles wieder runter!"* wurden sie von unserer Mutter gebremst. *„Wenn wir alles aufladen, was wir mitnehmen möchten, dann zwingen die Pferde nicht mal den ersten Hügel nach Litzmannstadt."* Erna protestierte; die Geige war doch nun wirklich nicht schwer, und es wäre besser, so meinte sie, man würde stattdessen ein paar Einmachgläser zurücklassen. Sie stieß auf taube Ohren.

Wie Recht unsere Mutter gehabt hatte, zeigte sich auf der Flucht: Viele Leute mussten einen Teil ihrer Habe in den Straßengraben werfen, weil die Pferde müde waren oder man Platz auf dem Wagen schaffen musste für einen Sack Hafer und einen Ballen Heu.

Also brachten sie diese Sachen wieder ins Haus zurück, lediglich die Zuckerdose wurde gerettet. Dafür holten sie aber aus dem väterlichen Schreibtisch alle wichtigen Papiere, auch die Sparbücher und das viele Bargeld, das unsere Mutter entgegen Vaters Anweisung noch nicht nach Soldau auf die Vereinsbank gebracht hatte, wo auf dem Sparbuch Nr. 491/457 II bereits 7096,03 Reichsmark lagen. Es stellte sich als ausgesprochen glücklich heraus, dass sie das nicht getan hatte, denn das Bargeld half uns in den ersten Nachkriegsjahren über manches Problem hinweg, und das angesparte Geld schien verloren zu sein – wer hatte schon Hoffnung, im besetzten ostpreußischen Gebiet jemals an das Geld heranzukommen?! Aber da täuschten wir uns: Gründlich wie wir Deutschen nun einmal sind, gab es nach dem Krieg und nach der Währungsreform aus Gründen der Fairness und der möglichst gleichen Verteilung der Kriegslasten die Möglichkeit für Vertriebene, einen „Währungsausgleich für Sparguthaben" zu beantragen. Unsere Mutter stellte diesen Antrag und hatte Erfolg. 461,31 DM wurden ihr ausgezahlt. Wie diese Summe zustande kam, kann ich nicht nachvollziehen, 461 DM statt gute 7000 – das war nicht gerade ein warmer Geldregen, aber da wir alle das Geld lange als verloren angesehen hatten, konnte man zufrieden sein – zumal zu der Zeit mit ein paar hundert Mark noch einiges zu beschicken war.

Zurück zu den Vorbereitungen der Flucht: Olla war bei dieser Aktion anscheinend keine große Hilfe - Erna wird heute noch böse, wenn sie davon erzählt: *„Unsere Olla war in manchen Beziehungen wirklich schrecklich. Sie stand auf der Straße und hat nur aufgepasst, ob ihr Soldat vorbeikommt. Die zogen ja auch ab. Sie hat sich um nichts gekümmert. Sie wusste, dass Mutti krank ist. Wie wir nun hier (im Westen) waren, hat Mutti alle Papiere durchgesehen. Unsere Sparbücher waren da, Ollas Sparbuch hingegen fehlte. Da hat Olla ein Theater gemacht: ‚Warum sind denn die anderen Sparbücher da und gerade meins nicht?' Als hätten wir es unterschlagen. Sie war beleidigt, obwohl wir ihr immer was gegeben haben. Die hat nichts gemacht, nur wir Kinder."*

Erna kommt immer wieder auf Ollas problematische Seite zurück. So erzählt sie, immer wenn man unterwegs abends gehalten habe - das gilt für den ersten Teil der Flucht durch das Kulmer Land und durch Westpreußen - und dann die Betten in eines der verlassenen Häuser schleppte, habe Olla protestiert. Sie sei richtig böse geworden, sie habe die Bettenschlepperei satt, sie wolle nicht mehr - bis unsere Mutter ihr eines Tages sagte: „Na gut, Olla, dann geh doch wo hin, wo du keine Betten schleppen musst!" Da erst hatte sie ein Einsehen in ihre Situation, begriff, dass sie gar nicht anderswo hin konnte und änderte ihr Verhalten. Sie hatte aber auch guten Grund, zu uns zu halten, betont Erna, schließlich habe sie die ganzen Jahre bei uns in Ostpreußen gut gehabt, sei gehalten worden wie ein eigenes Kind. Oft sei es vorgekommen, dass unsere Mutter einen schönen Stoff oder ein Kleidungsstück aus Litzmannstadt mitbrachte, das sie mit dem Geld aus dem Verkauf von Butter, Schmalz, Enten... erhalten hatte, und wenn Erna sich dann freute, musste sie manches Mal hören: „Nein, das ist nicht für dich, das ist für Olla."

Andere in unserer Familie sehen Ollas Rolle bei der der Flucht allerdings positiver, bestätigen aber ihr Verhalten bei der Fluchtvorbereitung. Sie habe einen Freund unter den in der Nähe stationierten deutschen Soldaten gehabt und tatsächlich mehr Zeit auf das Ausschau-Halten nach eben diesem Soldaten verwendet als darauf, den Fluchtwagen zu bepacken. Sie meinen allerdings auch, wir alle hätten die Flucht nicht überlebt, wenn wir Olla nicht gehabt hätten.
(In Harpstedt kam sie anfangs mit zur der Familie Elfers, wo wir zwangseingewiesen waren, ging dann aber nach kurzer Zeit zu einem Bauern – dazu war sie wegen ihres Alters verpflichtet - wo sie eine gewisse Selbständigkeit hatte und vor allem eigenes Geld verdiente, wenn es auch nicht viel war. Sie heiratete später einen uns sehr sympathischen Benno Janz und zog erst nach Hameln, später nach Frankfurt, wo wir sie auch einmal besuchten.)

87. Olla und ihr Mann Benno Janz

Im Dorf waren überall Wehrmachtsfahrzeuge unterwegs: Richtung Lautenburg, also Richtung Westen. Bei Richters Gasthof trafen Erich und Erna den Soldaten Arnold Wolff; er hatte Genesungsurlaub, musste nun aber beim Nahen der Front zu seiner Truppe zurück. Von ihm hörten sie, dass der Treck aus Przellenk am frühen Morgen des 19. aufbrechen wollte. Mit dieser Nachricht konnte unsere Mutter zur Flucht bewegt werden, die keineswegs ohne die Verwandten aus Przellenk flüchten wollte.

So gegen Mitternacht war alles verstaut und man war zur Abfahrt bereit.
Es fuhren mit uns:
-Adolf und Olga Radtke mit ihren Kindern Ursel, Irmgard, Heinz, Gertrud, Klaus.
-Else Wesner mit Werner, Christel und Inge (Vater Julius war zusammen mit unserem Vater beim Volkssturm)
-Mathilde Rossol mit Hildegard, Robert, Erich, Edith, Kurt und der Oma Busch (Vater Gustav war eingezogen worden)
-Adolf und Albertine Spitz mit Lydia, Olga und Alfred
-Wilhelm und Erna Quast mit Ursel und Ilse
-Anni Quast und Emma Magdowski mit Ewald und Heinrich (ohne Vater Fritz)
-Lina Kürbis mit Karl, Edmund, Kurt und Inge (ohne Vater Valentin)
-Helene Schmidt mit Ewald, Traute und Gerda, die auf der Flucht geboren wurde
-Else Krempin mit Sophie, Irmgard, Gerhard und Opa Friedrich Schultz (ohne Vater Rudolf)
-Karl und Felizitas Richter mit Anni und Helene (Hella); Sohn Paul blieb in Ostpreußen.

Unsere Mutter bestand immer noch darauf, ein wenig zu warten, ob nicht doch die Wagen aus Przellenk auftauchen würden. Sie kamen nicht - so brach man gegen halb eins in der Nacht auf. Der „alte" Radtke führte das große Wort. Da er schon über 50

war, hatte man ihn erst in die spätere Volkssturm-Gruppe einberufen, die nicht mehr zum Einsatz kam. Er war Bürgermeister in Groß Lensk gewesen und konnte nun seine Familie auf der Flucht begleiten. Sein Wagen führte den kleinen Treck an.
Aber nicht er, sondern „Opa" Richter, Ernas späterer Schwiegervater, war dann auf der langen Reise der eigentliche Leiter der Gruppe (wenn man von einem solchen überhaupt sprechen konnte), der stets mit Rat und auch mit Tat half - obwohl auf manchen Teilstrecken das Militär ansagte, was wie zu geschehen habe. (Zwischen den Herren Radtke und Richter gab es eine alte Rivalität im Ort, wer der Platzhirsch sei und daher das Bürgermeisteramt verdiene.)

Die Wagen knirschten auf dem festgefahrenen Schnee, es herrschte klirrende Kälte. Unsere polnischen Arbeiter blieben zurück, unser Schäferhund Rex riss an der Kette und bellte wie wahnsinnig. Langsam bewegte sich die Wagenkolonne westwärts - die erste Fluchtnacht von insgesamt 65 hatte begonnen.
Wie muss man sich gefühlt haben? Bis vor wenigen Tagen war man noch sicher gewesen, dass man sein Leben in Ostpreußen in gut bürgerlichem Wohlstand würde weiterführen können. Bis gestern hatte man noch in warmem und sicheren Haus gelebt, gegessen, gearbeitet und geschlafen, nun war all dies plötzlich Vergangenheit, man war ein kleiner Teil eines Wagen-Trecks, der sich im Schein trüber Petroleumlaternen durch die Dunkelheit seinen Weg suchte.

Drei Pferde hatten wir mit: zwei Stuten und einen jungen Hengst, der noch nicht so recht im Geschirr gehen konnte. Zwei Pferde zogen jeweils den Wagen, das dritte war hinten angebunden und lief mit, konnte sich also jeden dritten Tag ausruhen, erholen.

Nach ein paar hundert Metern hörte man freudiges Gebell hinter unserem Wagen: Rex hatte es geschafft, sich von der Kette loszureißen und uns einzuholen; er gab aber die Begleitung bald auf und trottete zu unserem Haus zurück. Wir haben nie wieder etwas über ihn gehört.

Nach einem Kilometer kam der erste Hügel und damit das erste Problem, das unsere Mutter befürchtet hatte: Die Pferde konnten den Wagen nicht hochziehen. Das lag aber nicht an der zu schweren Ladung, sondern an einer Schlampigkeit von Chenek: Unsere beiden Pferde waren Weihnachten mit Spezial-Hufeisen beschlagen worden, die Gewinde zum Eindrehen von Stollen hatten, und Chenek hatte den Auftrag gehabt, die Stollen vor dem Losfahren einzuschrauben, hatte das aber vergessen. Nun rutschten die Pferde auf dem Eis der Straße aus und kamen nicht vorwärts. Erna und Erich wurden losgeschickt, zurückzulaufen und Chenek und Janek zu holen, damit das Stollen-Einschrauben nachgeholt werden konnte.
Sie rannten zurück und erlebten eine böse Überraschung: Sie trafen die beiden in unserem Haus an, wie sie sich bereits an Vaters Zigaretten (seine Rationen, die er als Volkssturmmann erhalten und als Nichtraucher in den Schrank gelegt hatte) und seinem Likör gütlich taten. Sie waren ein bisschen verlegen, Chenek, der Schmied, kam aber doch freundlich mit, drehte den Pferden die Stollen ein, und die Fahrt konnte weitergehen.

88. *Fluchtwagen (nicht aus unserem Treck)* – die meisten sind ohne Dach; der Pfeil oben weist auf einen Plan-Wagen hin, wie wir ihn hatten

Das kleine Stück bis nach Lautenburg dauerte mehrere Stunden; auf dem Marktplatz wartete man lange, ob nicht doch die Przellenker mit ihrem Treck dazustoßen würden - sie kamen nicht.

Die zweite Nacht verbrachte unsere Familie - der ganze Treck - in Strasburg, das schon in Westpreußen liegt. Dort hatten deutsche Soldaten die alte Backsteinschule in Beschlag gelegt und in eine Kaserne umfunktioniert. (Das Gebäude hat den Krieg unversehrt überstanden und ist schon von weitem zu sehen, wenn man sich - von Lautenburg (Lidzbark) kommend - der Stadt nähert.) Die Soldaten kamen herunter, nahmen die Kinder auf den Arm und brachten sie in die Turnhalle. Dort hatte man reichlich Stroh auf den Boden geschüttet, und nun schliefen wir zwischen den Soldaten. „Weißt du noch, wie wir uns hier Läuse holten?" Diese Station ist allen gut in Erinnerung geblieben, weil man hier erste Bekanntschaft mit dieser Sorte kleiner Tiere machte, die einen in den nächsten Monaten fast stets begleiten sollten - trotz allen Bemühens um Sauberkeit. Mich haben diese Biester offenbar besonders gemocht, genauer gesagt mein Blut: Mein linker Arm war morgens ganz rot und von den vielen Stichen geschwollen.

Gleich nach dem Hellwerden ging es weiter: Die Straßen waren glatt, Schneetreiben erschwerte das Vorwärtskommen zusätzlich. Ein Plan existierte nicht, man bewegte sich einfach westwärts, wählte die Straßen, die gerade frei von Militärkolonnen und einigermaßen befahrbar waren. Die überall herumfahrende Wehrmacht hatte stets Vorfahrt, auf der man auch rigoros bestand: Oft drängten die schweren Armeelastwagen oder auch Panzer die Pferdefuhrwerke einfach in den Graben, wenn sie nicht schnell genug ausweichen konnten.

Kurz vor Goßlershausen rutschte unser Wagen von der Straße und geriet mit der Hinterachse hinter einen Kilometerstein. Wir bekamen ihn aus eigener Kraft nicht mehr frei. Drei französische (ehemalige) Kriegsgefangene, die zu Fuß nach Westen marschierten, spannten die Pferde aus, kamen mit einer Wagendeichsel, die sie als Hebel benutzten, und schafften es, unseren Wagen wieder auf die Straße zu bugsieren. Zum Glück war nichts kaputtgegangen.

Hier in Goßlershausen trafen wir auch die beiden Soldaten Franz und Emil. Sie hatten seit dem Herbst 1944 ein Zimmer bei uns gehabt, in dem sie immer wohnten, wenn sie von ihren Frontversorgungsfahrten zurückkehrten. Der ältere Emil - selbst Familienvater und aus Österreich stammend - ist der Familie in guter Erinnerung. Er übte bei jeder Gelegenheit mit Edith das Laufen und sie griff oft in seine spärlichen Haare, was ihn zu dem Ausruf veranlasste: „Oh, Dietel, meine armen Locken!"

Die Fahrt ging sehr langsam voran, weil man meistens kleine Nebenstraßen benutzen musste und die zahlreichen Militärfahrzeuge höchst hinderlich waren.

Der Alltag auf der Flucht war wenig abwechslungsreich. Meistens fuhr man den ganzen Tag, und da es wenig Platz gab, versuchte man so viel wie möglich zu schlafen. Es war ja ein sehr kalter Winter und man fror, sobald man die Wärme der dicken Federbetten verließ. Wenn das Wetter es zuließ, verschafften sich die älteren Geschwister und die anderen Kinder schon mal ein wenig Bewegung, indem sie für eine Stunde neben dem Wagen herliefen.

In den Gebieten, aus denen die Bevölkerung auch geflohen war – das war in ganz Westpreußen der Fall – suchte man sich abends in den leeren Häusern Quartier, bediente sich von den zurückgelassenen Lebensmitteln, kochte und briet. Gegessen wurde also abends und dann morgens, auf dem Wagen tagsüber gab es kaum etwas. Man war dazu übergegangen, ganz flache kleine Brotfladen zu backen; die konnte man auf dem Wagen mit den Handschuh-Händen auftauen und essen, ein großes durchgefrorenes Brot war nicht zu bewältigen. So konnte der Zwischendurch-Hunger in Grenzen gehalten werden. Später wurde die Verpflegung von Angehörigen der Wehrmacht gestellt – da lernte man die Steckrübensuppen hassen. Besonders Erich erinnert sich noch gut, wie schrecklich die Suppen schmeckten, wenn die Soldaten wegen einer großen Gruppe von Neuankömmlingen wieder ein paar Eimer Wasser in die Gulaschkanonen nachgossen und dann einige Hände voll Kartoffeln hineinwarfen. Die früh hineingegebenen Kartoffeln waren dann schon zu Brei verkocht, die neuen noch halbroh – aber wenn der Hunger groß genug war, brachte man auch das hinunter.

Zur Toilette ging man abends in den verlassenen Häusern, wenn es sich denn passend einrichten ließ. Sonst sprang man einfach vom Wagen und erledigte sein Geschäft am Straßenrand, das Sich-Genieren verlernte man schnell.

„Als wir durch Westpreußen fuhren, war die Flucht an manchen Tagen fast eine angenehme Reise", erinnert sich Erna – *„wenn man die allgegenwärtige Angst einmal ausklammert. Wenn man dann den ganzen Tag gefahren war, hielt man abends an einem der vielen verlassenen Höfe. Dann wurden die Betten ins Haus geschleppt, einige molken die Kühe, die mit prallem Euter in den Ställen standen und vor Hunger und weil sie nicht gemolken worden waren, laut brüllten. Aus dem Keller holte man dann Kartoffeln, Einmachgläser - es standen ja überall solche Sachen herum - machte Kartoffelsalat, kochte Milchsuppen für die Kinder und bereitete die Flasche für die ganz Kleinen, unsere Familie für Edith, die ja noch nicht einmal ein Jahr alt war und mehr tot als lebendig an der Flucht teilnahm."*

Oft war man zusammen mit Soldaten zur Übernachtung dort. Die schlachteten dann wohl auch ein paar Hühner oder gar ein Schwein und man kochte und brutzelte zusammen in der Küche. Frau Kürbis soll da die Oberspezialistin gewesen sein, stets die erste in der Küche, wo sie dann das Kommando übernahm und organisierte.

Die Flucht ist nicht mehr in allen Einzelheiten zu rekonstruieren, zu lange schon liegt sie zurück. Aber an verschiedene Einzelerlebnisse kann man sich noch erinnern.

„Weißt du noch, wie unser Hengst eines Tages in Panik geriet, als ihm bei Glatteis der Wagen ins Hinterteil rutschte?" Rudi erinnert sich und erzählt: Er riss sich aus dem Geschirr los und rannte davon. Von nun an waren wir also auf die beiden Stuten angewiesen. Eine dieser beiden war unterwegs – in der Gegend der Grenze zwischen Pommern und Mecklenburg – so hochträchtig, dass sie ein großes Problem darstellte. Unsere Mutter lief los und fragte bei der Standortkommandantur, ob man ihr ein Pferd geben könnte, was die natürlich ablehnten. Aber mit einem Tausch waren sie einverstanden: So konnten unsere Stute und ihr baldiges Fohlen gegen ein Wehrmachtspferd von 3,5 Jahren ausgetauscht werden. (Dieses Pferd wurde später in Harpstedt bei unseren Bauern Wulferding/ Wittgräfe in Pflege gegeben, wie das zweite auch. Während unseres nach wenigen Jahren starb, leistete das Wehrmachtspferd lange Jahre gute Arbeit, bekam auch mehrfach Fohlen.)

„Erinnert ihr euch noch an die Nacht bei Graudenz? Wisst ihr noch, was für eine Angst wir da ausgestanden haben?"

89. Die Festung Graudenz, alte Speicher an der Weichsel

Natürlich erinnern sich - außer Edith und mir - alle, es war wohl der absolute Schrekkens-Höhepunkt dieser Flucht. Bis zur Weichsel hatten wir acht oder zehn Tage gebraucht. Geplant war, dass wir bei Graudenz den Fluss überqueren sollten, aber dann hieß es, die einzige Brücke werde gesprengt, und wir mussten umkehren und fuhren nun an dem Weichseldeich nach Süden, was sehr schwierig war, weil man mal unten am breiten Fuß des Deiches, dann wieder oben auf dem Deich fahren musste, bis wir eine Notbrücke erreichten, die aus Pontons bestand, die man mit Strohballen belegt und nass gemacht hatte, damit die Ballen froren und eine feste Unterlagen bildeten. Bei Schnee und Kälte mussten diese Ballen laufend erneuert werden und waren rutschig und unberechenbar. Etwas nördlich von Schwetz überquerten wir auf dieser Brücke bei dunkler Nacht die Weichsel.

90. Die Weichsel südlich von Graudenz; Steilufer

Es war sehr schwierig, den Wagen auf der glatten, steilen, provisorischen Zufahrt zur Notbrücke hinunterzulenken. Man musste zum Vorwagen jeweils einen großen Abstand halten, um die Brücke nicht zu stark zu belasten. Der nicht allzu ferne Geschützdonner machte die Pferde nervös, sie scheuten und ließen sich nur schwer lenken. Und noch schwieriger war die Abfahrt auf der westlichen Seite des Flusses. Unsere Olla, die die Zügel führte, hatte große Sorgen und traute sich dieses Manöver nicht zu. Ein Teil der Lensker Wagen fuhr vor uns, hatte die Abfahrt von der Brücke auf den Deich geschafft und fuhr bereits den Deich hinunter. Irgendetwas bei uns verkeilte sich, wir kamen nicht voran, zwei Wagen setzten sich zwischen uns und die anderen Lensker. Unsere Mutter wurde nervös. Erna zitiert sie mit den Worten: *"Jetzt verlieren wir unsere und dann finden wir sie nicht mehr und dann sind wir alleine. Jetzt lauf ich und hol den Spitz und den Radtke."* Aber dann übernahm Erna diese Aufgabe, lief los und fand Adolf Spitz und auch Adolf Radtke bereit, uns zu helfen. Es dauerte aber eine Weile, bis sie ihre Wagen von der Straße runter in eine Hofeinfahrt lenken und dort abstellen konnten (so Erich). Sie kamen denn auch gleich mit (so Erna). Inzwischen war man auf den Fuhrwerken hinter uns ungeduldig geworden: Ein Mann vom Volkssturm übernahm die Zügel unseres Wagens und sorgte dafür, dass es wieder weiterging. Unglücklicherweise schob sich hinter den Wagen der Frau Rossol, die direkt hinter uns fuhr, ein fremder Wagen, der damit die Gruppe der Lensker noch einmal auseinander riss, was an sich noch kein Problem gewesen wäre, aber leider blieb dieser Wagen stecken und der hintere Teil der Lensker kam nicht voran. Was die Sache dann richtig schlimm machte, war, dass der Volkssturmmann für unseren (und Rossols) Wagen einen anderen Weg wählte, weil der Weg nach links, hoch zu einem kleinen Gut, voller Wagen stand und man dort – erst einmal – nicht hineinfahren konnte. Wir fuhren also geradeaus weiter, während der restliche Teil der Lensker dann eine Weile später wieder den linken Weg nutzen konnte: So kam es zu einer echten und langdauernden Trennung des Lensker Trecks.
Wir mussten in dieser Nacht also ohne die Treck-Gefährten vor uns weiterfahren, nur die Familie Rossol (und Anni Quast - so Erich) fuhren noch mit uns zusammen.

Und als Erna mit den beiden Helfern dorthin zurückkam, wo sie uns verlassen hatte, fand sie uns nicht mehr. Wir waren für sie „wie vom Erdboden verschwunden." Sie war verzweifelt und weinte und Frau Radtke sagte ihr, sie solle erst einmal auf ihren Wagen kommen, um wenigstens bei den Lenskern zu bleiben. Erna schlief fast gar nicht in dieser Nacht, immer wieder schreckte sie hoch, weil sie meinte, das Klappern des Zinkbleches an unserem Wagen gehört zu haben – es war aber jedes Mal eine Täuschung. So verloren wir in dieser Nacht unsere älteste Schwester, was für uns alle - besonders aber für unsere Mutter - furchtbar war. Zu all den Sorgen um das tägliche Überleben und Weiterkommen kam nun noch die Sorge um das Schicksal des verlorenen Kindes!
Erna ist heute noch nicht frei von Emotionen und Vorwürfen, wenn sie darüber redet: „Wie konntet ihr weiterfahren, statt..." Erich erklärt dann stets, wir hätten keine Wahl gehabt, die Soldaten hätten das Kommando übernommen, da hätten kein Protest und keine Bitten geholfen.
Gegen Morgen hörten wir im Norden wieder Kanonendonner und Flugzeuglärm: Die Festung Graudenz wurde angegriffen.

Andere Trecks hatten nicht das Glück, diese Ponton-Brücke zu finden. Sie fuhren über das blanke Eis und nicht wenige brachen ein und ertranken.

Am nächsten Morgen, als von uns immer noch nichts zu sehen war, sagte Erna sich: „Ich gehe zu Tante Zellmer!" Diese Frau Zellmer, die Schwester von Emil Witzke, war die beste Freundin unserer Eltern in Lensk – der Leser erinnert sich vielleicht daran, dass Emil Witzke sie in Wolhynien besucht hatte, damals, als er eine Hütemädchen suchte und dann die junge Leokadia nach Ostpreußen mitnahm. Diese Frau Zellmer – (ich weiß nicht, aus welchem Ort sie geflüchtet ist, aus Groß Lensk offenbar nicht, sonst müsste sie in der Liste ein paar Seiten vorher aufgetaucht sein – auf Erich, der diese Liste schrieb – ist Verlass) diese Frau Zellmer hatte noch einen Vorteil: Sie war mit zwei Wagen unterwegs. Den einen fuhr ihr Sohn, der taubstumm war und deshalb nicht hatte Soldat werden müssen, den zweiten lenkte die Tochter Martha, zwei Jahre älter als Erna, also wohl 16 oder 17. Außerdem hatten sie ‚ihren' Polen mit dabei, waren also bestens für die Flucht ausgestattet. Zu Ernas Entsetzen sagte Frau Zellmer aber schlicht und klar ‚nein', als Erna sie um Aufnahme bat. Für eine Nacht könne sie bei der Familie bleiben, länger keinesfalls. Und dann ordnete sie an, dass die beiden Mädchen in der Nacht auf dem Wagen zu bleiben hatten, während alle anderen in einem der leeren Häuser schlafen gingen. Die beiden fühlten sich gar nicht wohl, weil sie Angst hatten und in dieser Nacht jämmerlich froren. Am nächsten Morgen erlebte Erna noch eine böse Überraschung. Sie hatte schwarze hohe Lederstiefel von unserem Vater getragen – mit einigen Paar Socken ‚passten' sie – und diese Stiefel waren nun fort. Der taubstumme Sohn hatte sie sich angeeignet und war nicht bereit, sie wieder herauszugeben. Frau Radtke hatte Mitleid und gab ihr ein Paar Schuhe ihres Sohnes Heinz.

Frau Kürbis war es dann, die Erna ein Angebot machte. Sie fuhr ihren Wagen selbst, hatte weder ein Dienstmädchen noch einen Polen als Helfer, und sie konnte sich deshalb kaum um die Kinder kümmern. Sie schlug Erna vor, auf ihren Wagen zu kommen und den Kindern etwas zu erzählen und sich auch sonst nützlich zu machen, was Erna dann auch tat. Frau Kürbis war sehr gut zu ihr, betont Erna, aber da sie nur schlecht mit Lebensmitteln ausgerüstet war, hatten sie alle oft Hunger, wenn man abends keine Unterkunft mit gefüllten Speisekammern fand. Und da lernte Erna die Lensker kennen. ‚Not kennt kein Gebot', schon gar kein Mitleid! Außer Radtkes und Richters gab ihnen niemand etwas ab! Hartherzig waren sie, schimpft Erna, und noch „heute" merkt man ihr die Verbitterung an.

Volle zwei Wochen fuhr sie nun auf dem Wagen der Familie Kürbis mit, quer durch die Tucheler Heide, durch waldreiches und dünn besiedeltes Gebiet.
Hier sahen wir eines Abends nach mühsamer Fahrt durch Heideland ein Hinweisschild auf eine Revierförsterei. Robert Rossol ging los, um uns dort ein Nachtquartier zu besorgen. An einer Straßenkreuzung traf er auf einen Posten der Feldgendarmerie und musste sich ausweisen. In seinem Ausweis lagen ein Schein seiner Musterung und der Einberufungsbescheid zum Reichsarbeitsdient für den Februar 1945. Das wurde ihm zum Verhängnis: Zusammen mit anderen jungen Männern, Angehörigen der Wehrmacht, die auf Urlaub waren, wurde er auf ein Wehrmachtsauto verladen und wegtransportiert. Frau Rossol erhielt nur eine kurze Information durch die Gendarmerie-Soldaten. Nun war neben Erna auch noch Robert fort, was einen großen Verlust bedeutete, da er mit seinen sechzehn Jahren für uns alle eine bedeutende Hilfe gewesen war.

Vor der Stadt Tuchel geriet unser Treck zusammen mit Wehrmachtssoldaten in einen Kessel. Wir konnten nur wenige Kilometer weiterfahren, verbrachten die Nacht draußen im Schutz einer Tannenschonung. Die Soldaten gingen die Nacht über Streife und brachten uns gegen Morgen aus dem freigekämpften Kessel heraus.

Der Treckteil mit Frau Kürbis und Erna fuhr nach Pommern hinein, bis sie in den Ort Gütow kamen. Man beschloss auf dem Marktplatz in direkter Nachbarschaft mit RAD-Baracken zwei Tage Rast zu machen. Zum Glück fuhren wir – Kleins und Rossols - mit unseren Wagen auf derselben Straße westwärts wie der große Rest des Lensker Trecks. Und wie der Zufall will, beschloss unsere Wagengruppe, in einem Ort etwa drei Kilometer vor Gütow eine Rast einzulegen. Wie üblich schwärmte man aus, um bei allen Wagen und Menschen zu fragen, ob sie nicht zufällig die anderen Lensker gesehen hatten: Jeder Wagen trug ein kleines Schild mit dem Besitzer und dem Herkunftsort, so dass durchaus eine Chance bestand, eine positive Antwort zu bekommen. Und siehe da, an diesem Tag hatte man Glück: Ein Mann sagte, er habe am Vorabend, schon spät, Wagen mit Lensker Schildern gesehen, die könnten wohl kaum noch weit gefahren sein. Hoffnung!

Am frühen Morgen des nächsten Tages machten sich unsere Mutter mit Erich und Artur auf den Weg. Als sie nach Gütow kamen, sahen sie denn auch gleich einen Wagen mit dem Schild „Adolf Radtke, Gr.Lensk, Kreis Neidenburg" – sie hatten den Rest des Trecks gefunden! Und Frau Radtke lief gleich zum Wagen von Frau Kürbis hinüber und fragte Erna: „Was meinst du, wer draußen ist?" Und Erna wusste gleich: „Die Mutti!" Nach 17 Tagen hatte man sich wieder! Soll ich versuchen, die Erleichterung und die Freude auf beiden Seiten zu beschreiben?

Erna sagt heute, diese Trennung hätte sie gewiss traumatisiert, eigentlich hätte sie zu einem Psychiater in Behandlung gehen müssen – aber wer dachte in den Zeiten an so etwas? Und wo hätte man einen solchen Seelen-Fachmann finden sollen? Darüber hinweg ist sie bis heute nicht – ich habe das angedeutet.
Frau Zellmer ist übrigens nicht mit uns bis nach Harpstedt durchgefahren. Sie blieb irgendwo in der „Ostzone" und zog später in die Gegend von Braunschweig um.

„Wisst ihr noch, wie schlecht es Edith unterwegs ging? Ich habe oft nicht geglaubt, dass sie das alles überlebt" – so hörte man unsere Mutter oft Erzählungen über „unterwegs", wie das immer hieß, wenn man von der Flucht sprach, einleiten. Die viel zu junge Edith stellte für eine winterliche Flucht ein besonders schwieriges Problem dar. Es war oft unmöglich, für sie eine Flasche mit warmer Milch zu besorgen, und manch risikoreicher schneller Gang zu einem in der Nähe liegenden Haus wurde in Kauf genommen, wenn man eine Chance dazu sah. Meistens war die Milch dann doch bereits wieder kalt, wenn man von dem Haus zum Wagen zurückgelaufen war.

Bei einem dieser Gänge, die Erich unternommen hatte, wäre dieser beinahe verloren gegangen, weil der Treck weiter gezogen war, als er zurückkam. Erich erzählt darüber: *„Einmal hielten wir bei einem Haus, bei dem der Schornstein noch rauchte. Ich schnappte mir die Flasche und lief hin. Der Herd war noch an, aber das Feuer war am Ausgehen. Während die wohl fünfzigjährige Frau das Feuer wieder in Gang brachte, schaute ich zweimal aus dem Fenster, um mich zu vergewissern, dass der Treck noch stand. Die Frau meinte, man müsse das Fläschchen vorsichtig erwärmen, stellte deshalb Wasser auf und dann die Flasche dort hinein. Ich guckte noch zweimal aus dem Fenster: Der Treck stand still. Aber bis dann die Flasche heiß war und ich mit ihr nach draußen lief, war der Treck weg. Ich rannte in meiner dicken Winterjacke bis zum Ortsausgang. Dort gab es eine Gabelung, wo der Treck sich teilte. Weil die mei-*

sten geradeaus fuhren, rannte ich gut eine halbe Stunde auf diesem Weg an den Wagen vorbei. Von einer Anhöhe sah ich dann den anderen Teil des Trecks auf der anderen Straße. Ich meinte, das sei wohl unser und lief nun zu dieser Straße hinüber. Gut eine Stunde dauerte das. An der Straße wartete ich eine Weile, weil der Treck nicht da war und ich nicht wusste, ob er noch kommen würde oder schon vorbei war. Ich lief dann noch einmal gute zehn Minuten - und dann kamen mir unser Artur und Ewald Schmidt und Heinz Radtke entgegen - und dann hatte ich sie wieder. Ich war bestimmt einhalb Stunden weg gewesen. Die Milch war inzwischen natürlich lange wieder eiskalt. Unsere Mutter sagte, nun sei Schluss. Egal was passiert, sie lasse keinen mehr vom Wagen weg."

Jeden Morgen sah unsere Mutter als erstes nach, ob die kleine Edith noch atmete. Sie fürchtete, irgendwann das mager gewordene Wesen im Schnee des Straßengrabens ablegen zu müssen, wie es alle paar Tage mit Toten aus dem langen Treck geschah, weil man aus der Fahrspur des Trecks nicht ausscheren und auch nicht anhalten konnte. Besonders schlimm wurde es, als sie auch noch krank wurde, hohes Fieber bekam und hustete und röchelte. Einmal trug Erna sie die ganze Nacht auf dem Arm herum, weil unsere Mutter gesagt hatte, sie werde bei diesem hohen Fieber die Nacht nicht überleben, Gott werde sie wohl zu sich nehmen und das sei vielleicht sogar das Beste für sie. Die zähe Kleine überstand die Nacht - das Fieber sank, aber die Probleme blieben.

Am Tag nach Ernas Wiederfinden und der Wiedervereinigung des Lensker Trecks bewegte man sich weiter nach Pommern hinein. Weil die Wege nach Westen durch die zurückflutende deutsche Armee versperrt waren, wichen wir nach Norden aus, fuhren über Stolp und Köslin nach Kolberg an der Ostsee, wo es wieder einen Tag Ruhe gab. Ich weiß nicht, ob es die Idee gegeben hat, von hier aus eventuell auf ein Schiff umzusteigen, das einen über die Ostsee nach Schleswig-Holstein oder nach Dänemark hätte bringen können, ich weiß auch nicht, ob man bereit gewesen wäre, auf das bisschen geretteter Habe zu verzichten und mit ein paar Gepäckstücken auf ein Schiff zu steigen – sicher ist: Man tat es nicht, der Treck bog nach Süden ab und wir fuhren weiter über Land.

Eines Abends kamen wir an einen großen Hof, ein Schloss der Familie Bismarck. Da war noch der Tisch gedeckt und in einigen Tellern lag noch Kapuschniak, eine Kohlsuppe. Die Leute müssen mitten beim Abendessen den Hof verlassen haben.
Inzwischen waren die mitgenommen Essensvorräte aufgebraucht und die Verpflegung aus dem Land, aus den verlassenen Höfen, funktionierte auch nicht mehr, da in Mecklenburg die Leute ihre Höfe nicht aufgegeben hatten und man so an keine Vorräte herankam. Erna ist heute noch erschüttert über die Hartherzigkeit der Menschen dort. Wenn man nach einer Möglichkeit fragte, eine Flasche oder sonstiges Essen aufwärmen zu dürfen, wurde einem meistens die Tür vor der Nase zugeschlagen. Nur wenige zeigten sich hilfsbereit. „Sie waren so grässlich! Ich kann bis heute die Mecklenburger nicht leiden."

Die hier noch gut funktionierende Wehrmacht übernahm die Verpflegung des Trecks, und uns wurde – neben den oft erwähnten Suppen aus der Großküche - Verpflegung zugeteilt, und wir konnten hier auch Lebensmittel einkaufen, auch Hafer und Heu für die Pferde.
Von Stolberg war es in südwestlicher Richtung weiter gegangen, südlich an Stettin vorbei über die Oder. Hier gab es besonders viele zeitraubende Stockungen, weil sehr

viele Wehrmachtsfahrzeuge unterwegs waren, und zwar in beide Richtungen. Einige Stunden sind wir auch auf der Autobahn gefahren, der heutigen A11, die südwestwärts nach Berlin führt.

Wir verließen diese bequeme Straße aber sehr bald und fuhren dicht an der Oder südwärts bis zur Stadt Schwedt. Hier bogen wir nach Westen ab - und von nun an war es nicht mehr so kalt und daher auch nicht mehr ganz so beschwerlich. Unterkünfte waren jetzt oft für die Trecks durch die Wehrmacht organisiert: Wir schliefen - manchmal zusammen mit Soldaten - in Schulen und Turnhallen.

Eine Besonderheit gibt es aus Wittstock zu berichten (die Stadt liegt nordwestlich von Berlin, dort wo die BAB19 nach Rostock von der BAB 24 Berlin-Hamburg abzweigt): Helene Schmidt war hochschwanger und wurde ins Krankenhaus gebracht, während wir alle in einer Turnhalle übernachteten. Sie musste im Krankenhaus bleiben, und so kam dort ihre Tochter Gerda zur Welt. Wir fuhren am nächsten Tag weiter.

Einmal, schon in der Nähe der Elbe, wurden wir von Tiefffliegern angegriffen. Es waren schon häufig Flugzeuge über den Treck hinweg geflogen, die meisten mit dem deutschen Balkenkreuz unter den Tragfläche, aber auch einige mit dem Sowjetstern. Die Russen hatten uns nie beschossen, wohl weil man auch aus den Fliegerkanzeln unschwer erkennen konnte, dass wir nicht Wehrmachtseinheiten waren, sondern Flüchtlinge. Möglicherweise gab es keine Befehle, auch diese Deutschen anzugreifen. Anders erging es den Trecks, die von Ostpreußen aus über das Haff fuhren: Dort machten die Flugzeuge Jagd auf die Wagen und viele Flüchtlinge kamen dabei um.

Diese Flugzeuge hatten Kreise unter die Flügel gemalt, mit denen wir nichts anfangen konnten; es waren Briten, wie wir später erfuhren. Besonders peinlich an diesem Angriff war, dass der Treck gerade hielt und die Familie mit einer großen Entlausungskampagne beschäftigt war. Ich war dran. Man hatte mich ganz ausgezogen, um die Läusejagd besonders effektiv betreiben zu können. Als nun die Tieffflieger jaulend auf die Wagenkolonne herabstießen und die Bordkanonen anfingen zu belfern, sprangen alle vom Wagen und warfen sich an einer Böschung in Deckung. Ich auch. Splitternackt. Bei ziemlicher Kälte. Als alle – ich total durchgefroren - wieder auf dem Wagen saßen, schwor unsere Mutter: „Und wenn uns die Läuse auffressen, es wird keiner mehr ausgezogen."

Ich behielt von diesem Erlebnis ein Trauma zurück: Wenn später am Himmel Flieger auftauchten oder die Sirenen heulten, war ich der Erste, der in den Keller oder Bunker rannte.

Bei Dömitz (die Stadt liegt genau westlich von Wittstock, Dannenberg liegt auf der anderen Elbseite. Die damalige Brücke wurde zerstört, heute gibt es dort eine Autofähre) fuhren wir nach einigen Tagen über die Elbe und kamen in den Kreis Dannenberg. Auf der Flucht hatten wir oft Kanonendonner gehört, aber meistens in großer Entfernung. Hier wurden wir noch einmal von englischen Tiefffliegern beschossen, vor denen wir uns abseits der Straße in einer Sandkuhle in Sicherheit bringen konnten, so dass keinem der Lensker etwas passierte. Ein Stück weit vor uns kamen aber mehrere Menschen um oder wurden verletzt - auch hier hätten die Jagdbomberpiloten erkennen müssen, dass keine Militärfahrzeuge in der Kolonne waren, die einen Angriff legalisiert hätten.

Nördlich von Ülzen ging es weiter durch die Lüneburger Heide bis nach Munsterlager, wo wir auf dem großen Truppenübungsplatz einen Ruhetag verordnet bekamen. Die

Kasernen waren nicht mehr alle voll und es gab Platz für uns Flüchtlinge. Hier wies man uns einen Bestimmungsort, das Ende der Flucht, zu: den Markt-Flecken Harpstedt im Kreis Grafschaft Hoya, heute Syke.
Nach einigen Tagen fuhren wir über Rothenburg an der Wümme weiter, überquerten in Verden die Aller und dann die Weser, kamen über Thedinghausen und Emtinghausen nach Syke, querten die Bundesstraße 51 (heute 6), fuhren die kleine Landstraße über Pestinghausen und erreichten in Nordwohlde das letzte Nachtquartier der Flucht. Wir stellten den Wagen unter ein Schuppenvordach an der Mühle mitten im Ort. Diese Mühle und der Schuppen existieren heute noch.

Die Fahrtstrecke am letzten Tag der Flucht war sehr kurz, sie betrug nur ein rundes Dutzend Kilometer. Über Stühren und Hollwedel kamen wir vor Holzhausen an die Straße Bassum – Harpstedt und fuhren dann am 23. März 1945 am frühen Nachmittag in Harpstedt ein. Wir kamen durch die Bassumer Straße zum Bahnhof, lenkten den Wagen die Bahnhofstraße hinunter und hielten zusammen mit den anderen zehn Fuhrwerken aus Groß Lensk auf dem Marktplatz vor der Kirche.
Die Flucht war zu Ende.

Hier setzt mein Buch „Als Flüchtlingskind in Harpstedt" ein.

Zwei Tage später „feierte" unsere Mutter ihren 38. Geburtstag.

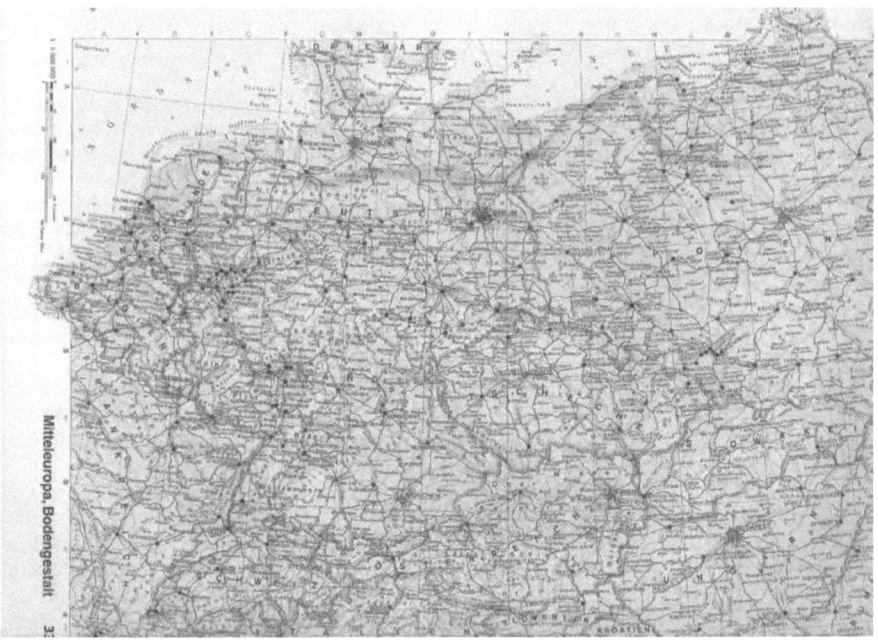

91. Grobe Skizze von der Fluchtroute

5. Der Tod unseres Vaters

Von dem Tod unseres Vaters ganz kurz vor Ende des Krieges erfuhren wir erst spät, als wir schon lange in der Baracke, der Notunterkunft für Flüchtlinge, in Harpstedt wohnten.

Die Familie Wesner war mit uns geflohen und hatte in Harpstedt bei dem Bauern Grote eine gute Unterkunft gefunden, in der sie lange Jahre wohnen blieb. Sie zogen nicht – wie wir und die meisten Fluchtteilnehmer – nach kurzer Einquartierung bei Harpstedter Bürgern oder Bauern - in die Doppelbaracke am Ortsrand von Harpstedt. Vater Wesner war im Frühjahr 1948 aus russischer Kriegsgefangenschaft entlassen worden und hatte über die Rote-Kreuz-Stelle erfahren, wo sich seine Familie aufhielt. Man kann sich vorstellen, wie groß die Freude war, als er eines Tages – unangekündigt – auf dem Hof der Grotes erschien.

Auch für uns war das Erscheinen des Herrn Wesner ein wichtiges Ereignis. Er war mit unserem Vater zusammen in Ostpreußen zum Volkssturm eingezogen worden, hatte im selben Regiment Dienst getan und wusste daher möglicherweise etwas über den Verbleib unseres Vaters, von dem und über den wir seit unserer Flucht nichts gehört hatten. Unsere Mutter besuchte daher die Wesners gleich am nächsten Tag und hörte von dem Heimkehrer tatsächlich, wie es unserem Vater ergangen war – er kannte (und erzählte) die Geschichte allerdings nur bis zu dessen schwerer Verwundung.
Ich verbinde in der folgenden Information die Aussagen des Herrn Wesner mit dem, was ich aus anderen Quellen weiß.

Es hatte einen Schmied namens Wolf in Klein Lensk gegeben. Der war auch mit unserem Vater zusammen beim Volkssturm. Überall auf den Gütern waren viele Erntemaschinen defekt und vor allem Dreschmaschinen kaum zum Einsatz bereit. Eine besondere Situation gab es in Heiligenbeil, einem kleinen Städtchen im Norden Ostpreußens. Dort stand am Stadtrand eine bekannte Maschinenfabrik, in der man Dreschmaschinen und Selbstbinder etc. herstellte (heute ist hier ein Fischkonservenkombinat untergebracht). Diese Fabrik gehörte Rudolf Wermke, dem „Heiligenbeiler Krupp", der hier mit einer kleinen Schmiede angefangen und dann eine Landmaschinenfabrik entwickelt hatte (ein prächtiges Vorbild für unseren Vater!), die auch nach Russland, Rumänien, Ungarn, Italien und sogar nach Südamerika und Südafrika exportierte.
Dieses Heiligenbeil wurde für viele Soldaten und Flüchtlinge zum Schicksalsort – auch für unseren Vater. Es liegt im heutigen Russland, nur wenige Kilometer nördlich der Grenze, die man quer durch Ostpreußen gezogen hat (der südliche Teil kam unter polnische Verwaltung, der Norden mit Königsberg an Russland).

Im Februar 1945 hatten sich die Russen bereits bis zur Oder durchgekämpft, fast ganz Ostpreußen war fest in ihrer Hand. Lediglich im Norden, um die kleine Stadt Heiligenbeil herum, gab es noch einen Brückenkopf, der mit äußerster Zähigkeit verteidigt wurde. Hier kann man sogar von einem sinnvollen „Opferkampf" sprechen, denn so lange dieser Brückenkopf gehalten wurde, konnten von hier aus Verwundete und Flüchtlinge mit Flugzeugen und Schiffen in Sicherheit gebracht werden. Mitte Februar flogen die letzten Flugzeuge nach Berlin, beladen mit Schwerverwundeten und werdenden Müttern, denen ein Transport mit dem Schiff oder gar mit Pferdewagen über das Eis des Frischen Haffs nicht zugemutet werden konnte. In den Winterwochen flüchteten dann Hunderttausende von Ostpreußen über das Eis und von dort auf die

rettenden Schiffe in Pillau oder zur anderen Seite über die Nehrung nach Danzig, von wo aus noch Schiffe nach Schleswig-Holstein und Dänemark und Schweden ablegten.
Im Februar und März war der Kessel um Heiligenbeil Schauplatz heftigster Kämpfe. In den letzten Tagen des März erfolgte dann der endgültige Untergang der 5. Armee in Heiligenbeil. Am 24. musste der Marktflecken aufgegeben werden, im Morgengrauen des 29. März 1945 schifften sich die letzten Deutschen in Richtung Pillau ein.
In Pillau gingen die Kämpfe dann noch weiter, nachdem der Kessel in Heiligenbeil verloren gegeben wurde. Erst am 28. April wurden hier die Kämpfe eingestellt.
Von der Halbinsel Hela und von Rügen und der Küste brachten deutsche Kriegs- und Handelsschiffe auch dann noch etwa 200.000 Flüchtlinge in Sicherheit, als Hitler sich bereits erschossen hatte und Dönitz der neue Staatschef geworden war. Erst als der Waffenstillstand nach der Kapitulation am 8./9. Mai in Kraft trat und weitere Schiffsaktivitäten verbot, endeten diese Aktionen: etwa 60.000 Soldaten blieben auf Hela zurück, 200 000 in Kurland, 100 000 in Ostpreußen – sie gerieten in russische Gefangenschaft.

In Heiligenbeil – ich knüpfe wieder an die Probleme mit den Dreschmaschinen an – in Heiligenbeil gab es also Maschinen, die den Gütern helfen konnten, das dringend benötigte Mehl herzustellen. Man brachte daher das Korn auf den Marktplatz, stellte dort große - zum Teil noch über Dampfmaschinen angetriebene - Dreschkästen auf, um das Korn auszudreschen.
Diese Maschinen liefen Tag und Nacht und gingen daher oft kaputt. Man brauchte also sachkundige Leute für deren Reparatur. Da fragte man beim Volkssturm herum, ob Schlosser dabei seien. Das wusste Herr Wesner zu erzählen, der zusammen mit Herrn Rossol aus unserem Dorf und unserem Vater gemeinsam in einer Einheit war. Er berichtete auch, dass oben genannter Wolf und unser Vater nach Heiligenbeil zu dieser Arbeit abkommandiert worden waren. Als dann Wolf verwundet zur Einheit zurückkam, fragte man ihn nach dem Nachbarn, dem Klein. Der sei, so sagte Wolf, schwer verwundet, sei ins Lazarett gekommen, nach Pillau hinüber, man habe erzählt, er habe durch Bombensplitter ein Bein verloren.
Die Verwundeten aus dem Kessel von Heiligenbeil sind in den letzten Tagen nachts nach Pillau oder auf die frische Nehrung transportiert worden. Tagsüber konnten keine Verwundeten über das Haff gebracht werden, da russische Flugzeuge ununterbrochen dort im Einsatz waren und jeden Schiffsverkehr unterbanden.

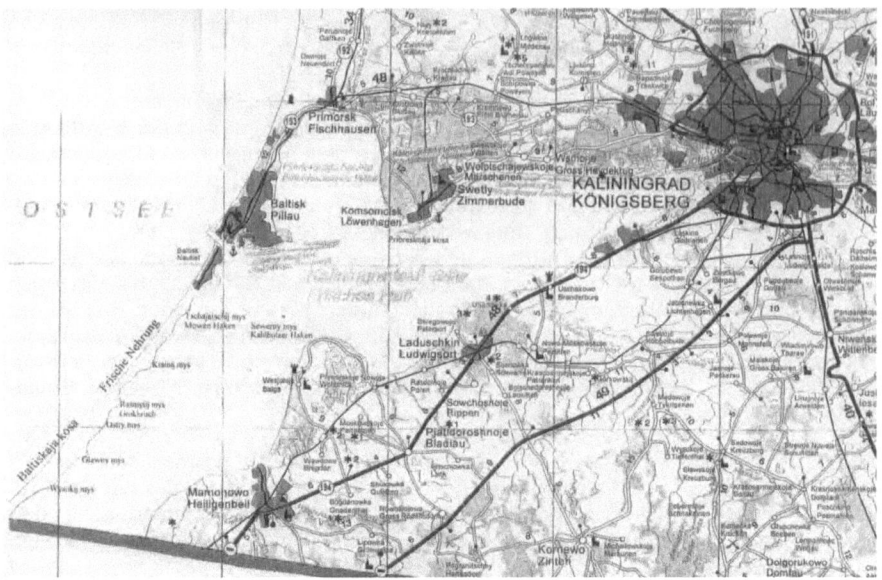

92. Heiligenbeil und Pillau

Die Verwundung geschah am 23. oder 24. März, das konnte er nicht genau sagen, als die Russen durch ihre Fliegerangriffe die Deutschen zur Aufgabe Heiligenbeils zwangen: Tiefflieger hatten den Markplatz, auf dem die Dreschmaschinen standen, bombardiert.

93. Heiligenbeil, Marktplatz; hier standen die Dreschmaschinen

Auch in Pillau ging es hoch her: In der Nähe der Halbinsel Balga wurden Ende März die Reste der Batterien, Geschütze und Fahrzeuge von russischen Tiefffliegern zusammengeschossen. Wenn noch Benzin in den Tanks war, brannten sie lichterloh.
Die Burgruine in Balga war zum Lazarett geworden, in den Kasematten lagen die Verwundeten, die aus Heiligenbeil und Umgebung auf Booten und Kähnen der Marine nach Pillau gebracht worden waren. Man hatten ihnen Ausweise gegeben, die sie berechtigten, die Schiffe zu benutzen. Die Stadt Pillau war Ende März schon stark zerstört. Ich habe Berichte von Soldaten gelesen, die in diesen Kasematten untergebracht waren, in denen es nicht nur einmal heißt: *"Erspare mir bitte, Einzelheiten, wie es damals zuging bzw. ausgesehen hat, zu schildern. Es war ja 4 Tage vor dem Fall von Pillau und der Besetzung durch die Russen. Zudem war der Zustrom von Verwundeten enorm, so daß in den Kasematten praktisch kein Meter freier Boden war."* *"Soweit ich gesehen habe, waren alle Räume, Gänge und dergl. voll bepackt mit Verwundeten."* *"Anfang April meldete Pillau noch 41.385 Verwundete, zu ihnen waren 9 Lazarettschiffe und 5 Verwundetentransporter unterwegs."* Von *"kathastrophalen Zuständen"* ist die Rede. *"Die Zitadelle dort war übervoll mit Verwundeten. Medikamente und Verbandsmaterial gingen zur Neige. Die grauen Decken waren vom Eiter verkrustet. Viele Verwundete bekamen Wundbrand - sie tobten für einige Stunden, wurden stiller und stiller und schliefen für immer ein. Die Ärzte amputierten von morgens bis abends Arme und Beine. Ein Arzt ging jeden Morgen durch die Räume und prüfte, wer unbedingt frisch verbunden werden musst."* (Aus verschiedenen Antworten auf eine Anfrage im Internet nach den Zuständen im Lazarett Pillau.)

Was mit dem verwundeten Klein in Pillau geschehen war, darüber konnte Herr Wolf - und damit auch Herr Wesner - keine Auskunft geben.

Der große Marktplatz trägt heute zahlreiche russische Kriegerdenkmäler, an die Tragödie für Familie Klein u.a. erinnert – natürlich – nichts.

Ich weiß noch, dass ich eines Tages im Jahre 1948 aus der Schule nach Hause kam, mittags so gegen halb eins, wie üblich. Aber ganz gegen die Gewohnheit roch es nicht nach Essen, obwohl meine Mutter zu Hause sein musste – ich hatte ihr altes Fahrrad, mit dem sie zu den verschiedenen Arbeitstellen zu fahren pflegte, angelehnt vor der Tür stehen sehen. In der Küche war sie aber nicht, wie ich mit einem schnellen Rundblick feststellte. Da hörte ich aus dem Schlafzimmer ein lautes Schluchzen – meine Mutter weinte! Ich lief hinüber und sah sie auf dem Bett sitzen. „Ist was passiert?!" Sie brachte nur ein Kopfnicken zustande und reichte mir einen Zettel herüber: „Hier, lesen kannst ja schon." Es war per Post die Nachricht gekommen, dass unser Vater gefallen sei. Man hatte uns seinen Wehrpass, Familienfotos und die beschädigte Taschenuhr mit einer Delle (sie hatte wohl einen Splitter abbekommen) mitgeschickt.

94. Die Todesnachricht

Die Bombensplitter hatten meinem Vater nicht nur ein Bein abgerissen, sondern auch einen so starken Blutverlust zugefügt, dass er keine Überlebenschance hatte. Gestorben ist er am 4. April 1945 im Lazarett in Pillau, wie seine Sterbeurkunde ausweist.

Sterbeurkunde

(Standesamt I in Berlin ~~von Groß-Berlin~~ Nr. 17380./1948)

Der Volkssturmmann Landmaschinenschlosser Rudolf Klein

wohnhaft in Groß Lensk, Kreis Neidenburg

ist am 4. April 1945 um — Uhr — Minuten zu unbekannter Stunde in ~~Berlin~~ Pillau verstorben.

Der Verstorbene war geboren am 7. April 1905 in Anuschin.

(Standesamt — Nr. —)

Der Verstorbene war ~~nicht~~ verheiratet mit Leokadia Klein geborenen Edimann.

Berlin, den 9. September 1948

Der Standesbeamte
In Vertretung
(Unterschrift)

(Siegel)

Gebühr bezahlt.

95. Die Sterbeurkunde

Wenn ich an den Tod meines Vaters denke, ist mir eines ein wenig trostreich: Er starb nicht bei einer der unsäglichen Eroberungsschlachten, die Hitler seinen Generälen befohlen hatte und die die meisten Soldaten ohne Protest ausführten, er lag auch nicht hinter einem Maschinengewehr und verteidigte eine der völlig sinnlosen Stellungen, die nur gehalten wurden, weil Wehrmachts-Betonköpfe keinen Meter Boden aufgeben wollten (Stalingrad lässt grüßen), sondern er starb bei der Ausübung seines Berufes: Landmaschinen zu reparieren, damit Korn gedroschen werden konnte, damit die Leute in dem Kessel von Heiligenbeil etwas zu essen hatten.

Wie reagierte unsere Familie auf diese lange befürchtete Nachricht?
Ich war nicht besonders erschüttert: Ich hatte keinerlei Erinnerung an meinen Vater, er war mir ein gänzlich Unbekannter - und deshalb war ich auch nicht in der Lage, heftig um ihn zu trauern. Edith mag es ähnlich gegangen sein, den älteren Geschwistern ging der Tod natürlich wesentlich näher, schließlich war für sie nicht „der Vater" gestorben, sondern ihr „Papa", ein Mensch aus Fleisch und Blut, mit dem sie Jahre zusammen gelebt hatten, der sie erzogen hatte, mit ihnen gespielt hatte...

Besonders schlimm war es für meine Mutter – wie auch anders? Sie hatte immer noch gehofft, ihren Mann zurückzubekommen, wenn auch als Kriegsversehrten, denn von der schweren Verwundung hatte sie ja durch Herrn Wesner gehört. Viele waren in Gefangenschaft geraten und kamen spät erst wieder nach Hause (1955 kam noch einmal ein großer letzter Transport; Adenauer hatte Moskau besucht und die Freilassung vieler Tausender erreicht). Im Jahre 1948 bestand noch lange kein Grund, eine Rückkehr für unwahrscheinlich oder gar ausgeschlossen zu halten. Wie oft hatte sie – und wir Kinder auch – vor dem Radio mit dem magischen grünen Auge, das die Korrektheit der Sendereinstellung anzeigte, gesessen und die Suchmeldungen aus dem Lager Friedland, in dem Heimkehrer aller Art zusammengezogen und registriert wurden, abgehört. „Friedrich Maurer aus Kleinflottbeck sucht seine Frau Hermine mit ihren drei Kindern. Sie haben zuletzt in Hamburg-Wandsbek gewohnt." Unsere Mutter war durch die Todesnachricht so verzweifelt, dass sie, so erinnert sich Edith, ernsthaft daran dachte, ihrem Leben in der Delme ein Ende zu setzen. Aber der Gedanke an die Kinder war es, der sie am Leben hielt.

Erich hat sich intensiv um das Grab unseres Vaters gekümmert. Im August 2000 konnte er an der Einweihung der weitgehend fertig gestellten Gedenkstätte für die in Pillau und Umgebung Gefallenen teilnehmen. Ich hatte die Reise auch schon gebucht, musste dann aber in letzter Minute absagen. Viele Angehörige der dort zusammengetragenen Toten und verschiedene kirchliche Würdenträger kamen hier zusammen. 7452 in der Umgebung Gefallene hat man dort bestattet, die meisten in den letzten Kriegsmonaten; 1997 brachte man noch 1300 Tote aus anderen Bereichen Ostpreußens dazu und auch 204 Ertrunkene der „Wilhelm Gustloff", dem Flüchtlingsschiff, das noch in den letzten Tagen des Krieges mit etwa 5000 Flüchtlingen an Bord von einen russischen U-Boot versenkt worden war. Erich machte Fotos von dem Gedenkstein, der auch den Namen unseres Vaters trägt. Die Gebeine unseres Vaters liegen im Block N in der Reihe 23 unter der Nummer 4061.
So hat man wenigstens in gewisser Weise einen Ort vor Augen, an dem man seine Trauer lokalisieren kann, wenn man an den Vater denkt.

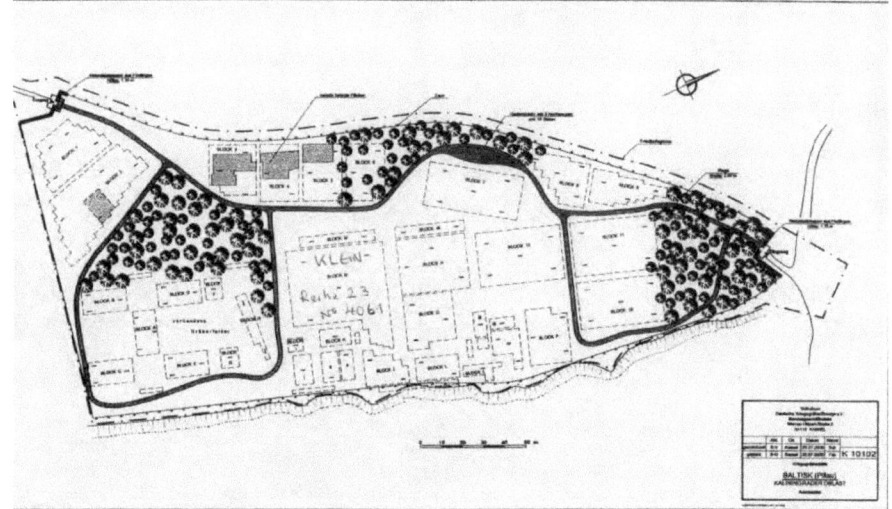

96.Der Soldatenfriedhof in Pillau

97. Der Friedhof

Zum Todestag unseres Vaters reiste Erich ein weiteres Mal dort hin und legte am Gedenkstein einen Kranz im Namen der ganzen Familie nieder.

98. – 100. Erich am Grab

Einige Zeit nach der Todesnachricht nahm unsere Mutter das Abhören der Suchmeldungen wieder auf. Sie hoffte nicht auf ein Wunder, sah es aber als möglich an, dass man im Chaos der letzten Kriegstage Personen und Namen verwechselt hatte, dass unser Vater noch lebte und dass doch noch im Radio verlesen werden könnte: „Rudolf Klein sucht seine Frau Leokadia mit ihren sieben Kindern..."